ジェンダーの政治経済学

福祉国家・市場・家族

原　伸子 著

有斐閣

目　次

序　章　福祉国家・市場・家族のジェンダー分析 ―――――――― 1
―― 本書の基本的視座

1　問題意識と課題 ……………………………………………………… 1
　　1.1　男女雇用機会均等法30年，ジェンダー主流化20年　1
　　1.2　本書の課題と方法　2
2　福祉国家の変容とケア ……………………………………………… 4
3　ジェンダー主流化とジェンダー平等 ……………………………… 5
4　本書の構成 …………………………………………………………… 7

第Ⅰ部　「家族の経済学」とジェンダー

第1章　「新家庭経済学」における家族 ―――――――――――― 13

1　「家政学（Home Economics）」と「新家庭経済学（New Household Economics）」 …………………………………………… 13
　　1.1　20世紀初頭のセンサス研究と「家政学」　14
　　1.2　「家政学」における消費研究　17
　　　　（1）カークの理論――経済学批判と消費（17）　（2）リードの理論――家計生産関数と無償労働論（17）　（3）ホイトの理論――消費と「生活の価値」（19）
2　「新家庭経済学」における家族 …………………………………… 20
　　2.1　「新家庭経済学」の論理　22
　　　　（1）家計生産モデル（22）　（2）政策的インプリケーション――少子化対策との関連（24）

i

目　　次

　　2.2　人的資本理論と統計的差別　25
　　　　　（1）ジェンダー化された「選好」（25）　（2）人的資本理論と職業分断化論──ポラチェクの理論（26）
3　「フェミニスト新古典派経済学」における家族
　　──パレート最適の組み換え ………………………………………28
4　「フェミニスト新古典派経済学」と新制度学派 ………………………32
　　4.1　取引費用理論　32
　　4.2　交渉ゲーム　33

第2章　フェミニスト経済学の成立──39

1　フェミニスト経済学の方法 ……………………………………………39
　　1.1　IAFFEの成立と *Feminist Economics*　39
　　1.2　経済学批判としてのフェミニスト経済学　40
　　　　　（1）経済学批判（40）　（2）「依存者（dependent）」の領域（41）　（3）ケア労働（43）〔ケア労働分析の理論的・歴史的背景（43）／家事労働論争とケア労働分析（45）〕
2　無償労働からケアへ ……………………………………………………47
　　2.1　労働概念の再検討　47
　　2.2　「現実的抽象」の方法とケア労働の分析　48
3　ケア・エコノミーの「発見」──効率性の転換 ……………………51
　　3.1　「ジェンダー主流化」と「ジェンダー・インパクト評価」　51
　　3.2　「有償経済」と「無償のケア経済」　53
　　3.3　効率性の転換　56
4　ケアの分析の理論的・実践的意味 ……………………………………57

第3章　フェミニスト経済学における家族分析──67

1　家族理論の再検討 ………………………………………………………67
2　フォルブレの家族組織分析──「拘束の構造」と「目的的選択」………68
　　2.1　「不完全に合理的でいくぶん経済人」による「目的的選択」　69
　　　　　（1）「不完全に合理的でいくぶん経済人（IRSEPs）」（70）　（2）「目的的選択（purposeful choice）」（70）　（3）「拘束の構造」（71）
　　2.2　新制度学派とフォルブレ　72

3 ハンフリーズとルベリの家族分析
── 家族の相対的自律性と経済学批判 ……………………………………74
3.1 現代経済学批判の方法　74
3.2 「家族賃金」論争の問題提起　76
3.3 家族の相対的自律性　78
(1) 家族＝労働市場の供給側面に対する相対的自律性アプローチ（79）　(2) 実践としての相対的自律性アプローチ（80）
3.4 「ファミリー・フレンドリー・エコノミクス」の理論と実践　82
(1) 「ファミリー・フレンドリー・エコノミクス」（82）　(2) 「ファミリー・フレンドリー」施策（82）

第3章・補論　産業革命期イギリスにおける家族と児童労働 ── 88
── 書評：Jane Humphries, *Childhood and Child Labour in the British Industrial Revolution*

1 課題と方法 …………………………………………………………88
2 内容と論点 …………………………………………………………90
2.1 「下からの歴史」　90
2.2 産業革命期における児童労働の動向と背景　92
(1) 児童労働の動向（92）　(2) 18世紀末における「男性稼ぎ主家族」の成立とその脆弱性（93）　(3) 拡大された家族 ── 労働者階級のネットワーク（94）
2.3 本書の意義　95

第II部　社会的再生産とケア

第4章　家族政策の主流化と経済的シチズンシップ ── 101

1 新たな「社会的リスク」と家族政策の主流化 ………………101
2 福祉の契約主義とシチズンシップ …………………………103
2.1 *Paine's Questions*　103
2.2 「福祉の契約主義」化　106
3 経済的シチズンシップとジェンダー平等 ……………………107
3.1 ケスラー-ハリスの見解　108
(1) アメリカにおけるシチズンシップ（108）　(2) 「市民的

目 次

　　　　　　シチズンシップ」と「社会的シチズンシップ」の分断（110）
　　　3.2　「市民的諸権利」と「社会的諸権利」の統一――
　　　　　　――「ワーク・ライフ・バランス」の論理　112
　4　「ワーク・ライフ・バランス」とシチズンシップ………………115

第5章　労働のフレキシビリティとケア ―――――― 119

　1　福祉国家・ジェンダー・子ども………………………………119
　2　ワークフェアと社会的投資……………………………………123
　　　2.1　アメリカ「ニューライト」と「福祉から就労へ」　124
　　　2.2　イギリス「第三の道」と社会的投資アプローチ　126
　　　　　(1) 社会的投資アプローチと「資産ベースの平等主義」(127)
　　　　　(2) 社会的排除と包摂 (127)
　　　2.3　子どもの貧困率の低下と所得格差の拡大　128
　　　　　(1) 子どもの貧困対策とワークフェア (128)　(2) 子どもの
　　　　　相対的貧困率の低下と所得格差の拡大 (129)
　3　労働のフレキシビリティとケアの不足・子どもの貧困………134
　　　3.1　労働のフレキシビリティの両義性　134
　　　　　(1) 第一の「労働のフレキシビリティ」――「柔軟性の権利」
　　　　　(134)　(2) 第二の「労働のフレキシビリティ」――「多様
　　　　　な働き方」の自由な「選択」(135)
　　　3.2　「タイム・バインド」とケアの不足・子どもの貧困　137
　4　おわりに…………………………………………………………140

第6章　社会的ケアとケアレジーム ―――――― 145

　1　福祉国家類型論とジェンダー平等……………………………145
　2　エスピン-アンデルセンの福祉国家類型の方法………………146
　　　2.1　「脱商品化」指標・「階層化」指標・「脱家族化」指標　146
　　　2.2　社会保険と公的扶助　148
　　　2.3　ジェンダー視点による批判　149
　　　　　(1)「脱商品化」指標におけるケア視点の不在 (149)　(2)
　　　　　保険原理と社会的諸権利 (150)　(3)「脱家族化」指標
　　　　　(151)
　3　ケアレジーム論…………………………………………………153
　　　3.1　「社会的ケア」――「発見的概念」　153

3.2　「社会的ケア」概念の構造と福祉国家の動態化　154
　4　「時間政策」の視点——ドイツにおける家族政策の事例……………156
　　　4.1　家族政策の「パラダイム転換」——「時間政策」　156
　　　4.2　『第七次家族報告書』の三つの柱　157
　　　　　(1)「親手当」(157)〔これまでの育児手当・親時間制度 (157)
　　　　　／「親手当」制度 (158)〕　(2) 保育施設の拡充 (158)
　　　　　(3) 家族によりよい時間を (160)
　5　福祉国家動態論へ……………………………………………………160
　【補足】　ドイツにおける家族政策の現状——2008年以降…………162
　　　　　(1)「親手当」における父親の育児休業取得率の推移 (162)
　　　　　(2)「世話手当（Betreuungsgeld）」の導入と違憲判決 (163)
　　　　　(3) コメント——揺れ動く社会国家ドイツ (163)

第7章　ドイツにおける家族政策の「転換」と企業の対応　167
　　　　——Robert Bosch Stiftung, *Unternehmen Familie*, 2006, における家族

　1　社会国家ドイツにおけるジレンマと家族政策の「転換」…………167
　2　「人口学上のパラドックス」…………………………………………170
　3　『企業としての家族』における家族の位置づけ……………………171
　　　3.1　課題と概観　171
　　　3.2　「企業としての家族」　174
　　　3.3　「時間予算（Zeitbudget）」　177

第Ⅲ部　福祉国家の変容と家族政策の主流化
　　　——ワーク・ライフ・バランス政策とジェンダー平等——

第8章　新たな福祉政治の登場　187
　　　　——「第三の道」と家族政策

　1　福祉国家の変容とジェンダー平等……………………………………187
　　　1.1　福祉国家のジレンマと新たな福祉政治の登場　187
　　　1.2　「承認と再分配」をめぐる議論　190

目　　次

　2　「第三の道」の理論と政策……………………………………… 192
　　　2.1　ニューレイバーの成立と Peckham　192
　　　2.2　「第三の道」の基本論理　193
　　　2.3　「福祉の契約主義」をめぐる議論　195
　　　　　　（1）契約的統治と「不寛容（illiberal）」な契約──フリードランドとキングの議論（196）　（2）「機能主義的社会民主主義」と「第三の道」──ホワイトの議論（198）
　3　社会的包摂論と社会的投資アプローチ………………………… 201
　4　「第三の道」とジェンダー平等………………………………… 203

第 9 章　日本におけるワーク・ライフ・バランス政策 ── 207

　1　ワーク・ライフ・バランス政策とジェンダー平等…………… 207
　2　ワーク・ライフ・バランス政策をめぐる議論………………… 209
　　　2.1　雇用の多様化論と労働市場改革　209
　　　　　　（1）「雇用のポートフォリオ」論（210）　（2）労働市場改革と WLB 政策（211）
　　　2.2　「統計的差別」解消の論理　213
　　　2.3　少子化対策論　216
　3　女性の「選好」と少子化対策──ハキムの「選好理論」の検討……… 218
　　　3.1　ハキムの「選好理論」と合理的選択理論　219
　　　3.2　女性の三つのグループ分け──政策的インプリケーション　221
　4　ワーク・ライフ・バランスの論理……………………………… 223

第 10 章　ワーク・ライフ・バランスの射程 ── 229
　　　　　　──時間政策とジェンダー平等

　1　福祉国家の変容とワーク・ライフ・バランス政策…………… 229
　2　「労働規律」の形成による仕事と生活の分離
　　　　──ワーク・ライフ・バランスの歴史的意味………………… 230
　3　EU におけるジェンダー平等とワーク・ライフ・バランス ……… 232
　　　3.1　「ジェンダー平等政策」「取り込み」「開放的調整政策」　232
　　　3.2　EU 雇用戦略──ワーク・ファミリー・バランス政策からワーク・ライフ・バランス政策への転換　234
　　　　　　（1）EU 雇用戦略における WFB 政策（234）　（2）社会的投資アプローチ── WFB 政策から WLB 政策へ（235）

3.3　「福祉の契約主義」とワーク・ライフ・バランス政策　237
　4　時間政策の視点——時間を取り戻す……………………………………238

参考文献―――――――245
あとがき――――――――267
索引（事項／人名）―――――273

本書のコピー，スキャン，デジタル化等の無断複製は著作権法上での例外を除き禁じられています。本書を代行業者等の第三者に依頼してスキャンやデジタル化することは，たとえ個人や家庭内での利用でも著作権法違反です。

序　章　福祉国家・市場・家族のジェンダー分析
　　　　　――本書の基本的視座

1　問題意識と課題

1.1　男女雇用機会均等法 30 年，ジェンダー主流化 20 年

　1975 年にメキシコシティで国連が開催した世界女性会議では，国際婦人年の目標達成のためにその後 10 年にわたり国内・国際両面にわたる行動への指針として「世界行動計画」が採択された。日本では 1985 年に「男女雇用機会均等法」(1986 年施行) が成立し，同じ年に国連の女性差別撤廃条約を批准した[1]。また 1995 年秋には北京世界女性会議において「すべての政策と計画が効力をもちジェンダー視点の主流化 (mainstreaming) が明らかとなるように，決定が下される前に，それが女性と男性それぞれに及ぼす効果について分析を行うように」(United Nations, 1995: 50) という呼びかけが行われた。「男女雇用機会均等法」から 30 年，北京世界女性会議から 20 年経った現在，果たして，ジェンダー平等はどの程度，そしてどのように達成されたのであろうか。

　日本では，2014 年末の衆議院解散で審議未了となっていた「女性の職業生活における活躍の推進に関する法律 (女性活躍推進法)」が，15 年 8 月に参議院本会議で可決され成立した。第二次安倍政権は，日本再興戦略の一環として「女性の活躍推進」を掲げ，さらに「産業競争力の強化に関する実行計画」(2015 年版) において，20 年までに指導的地位に占める女性比率を 30% にまで高めるという数値目標を掲げた。女性は「大きな潜在的労働力」と位置づけられており，まさに，少子・高齢化を背景とした「ウーマン・パワー」政策の新

たな展開である。かつて高度経済成長期から1970年代にかけて推進された「ウーマン・パワー政策」(竹中，1989：105)は，性別役割分業の社会システムのもとで女性を景気調節弁的労働力としての周辺労働力に配置した（竹中，1989；大沢，1993）。それに対して「女性活躍推進法」はどのような社会システムとジェンダー平等を目指そうとしているのだろうか。現実には，「女性活躍推進法」は労働市場の規制緩和を推進する「労働者派遣法改正」および「労働基準法改正」とセットになって提出されており，また日本再興戦略では，女性労働力の活用とともに若者・高齢者に加えて外国人労働力の活用も提言されている。[2]

実際には，われわれが直面しているジェンダー不平等の最も深刻な事態は，母子世帯とその子どもの貧困に現れているのではないか。『平成25年度国民生活基礎調査』によれば，日本における一般世帯の子どもの貧困率は16.3%であり，6人に1人が相対的貧困に陥っている。さらに一人親世帯ではその数値は54.6%にまで上昇する。日本の場合，父子世帯の出現率は母子世帯に比べて低く，この一人親世帯の多くは母子世帯を表している（岩田，2015：16-17）。日本の母子世帯は国際的にみて，戦後一貫して就労率が高いという特徴をもっているのだが，1980年代以降の福祉国家の縮減と福祉改革は，母子世帯の生活を一層困難なものにしている（藤原，2005；下夷，2008；周，2014）。労働市場では稼ぎ手として，家庭ではケアの担い手として二重の負担を背負っているシングル・マザーとその子どもの置かれている状況は，福祉国家におけるジェンダー平等の試金石であるといえよう（Hara, 2015）。

1.2 本書の課題と方法

本書の課題は，1990年代に登場したフェミニスト経済学に基づいて，ジェンダーの問題を考察することである。それは，「男女間賃金格差」や「ジェンダー格差」と呼ばれる労働市場における男女不平等の背後には，社会的再生産の担い手である家庭内における無償労働，とりわけケアを担っているのは主として女性であるという男女性別役割分業があること，そして経済学は家族を「ブラック・ボックス」のままにしてきた（久場，2002），という問題意識に基

づくものである。したがって，ジェンダーという用語は，社会的性差に基づく諸問題を言い表すとともに，「性差の社会的組織化がとる個別具体的な形態を研究する道」を開く一つの「方法」でもある（Scott, 1999=2004：訳15）。われわれはそれを，竹中のいう「性差別の政治経済学的分析」（竹中，1989：4）と言い換えることもできるだろう。竹中は「資本制経済の歴史的前提である労働力商品化体制が，なぜ性別分業を包摂せざるをえなかったか，その経済的基礎は何か」（同上：7）と問題を設定したが，それは本書の基底にある問題関心でもある。[3]

したがって，本書のアプローチは，「新家庭経済学」に基づく家族分析，少子化論や男女賃金分析（八代，1993；大沢・駒村，1994；大石，1998；山口，2008b），「選好理論」に基づく少子化論（Hakim, 2000；権丈，2008），さらに経済構造の「戦略的補完性」[4]という概念を用いた，ゲーム理論による「ジェンダー格差」論の展開（川口，2008）とは方法を異にする。総じてこれらの分析には，フェミニスト経済学の核心であるケアの分析がみられない。

もう一つ，筆者が家族の考察において示唆を受けた論点は，ジェーン・ハンフリーズ（Jane Humphries）とジル・ルベリ（Jill Rubery）による家族の相対的自律性論である（Humphries, 1977; Rubery, 1978; Humphries and Rubery, 1984）。ハンフリーズとルベリは，新古典派経済学，労働市場分断化論，マルクス主義理論，フェミニズム理論を検討して，そのいずれも，家族を資本蓄積に対して従属的に取り扱うか（還元主義的・機能主義的），あるいは経済学分析の外部に絶対的に自律して独立したものとして取り扱っているという。その問題意識は，1970年代におけるマルクス学派の家事労働論争における資本制と家父長制の二つの生産様式をめぐる論争，すなわち市場と家族を異なる生産様式として二元論としてとらえるか，あるいは資本制的に一元論としてとらえるかという論争にあったと考えられる。

ハンフリーズとルベリは，そのような論争の枠組みにおいては一元論に位置づけられる。しかし，そこで注目されるのは，『資本論』第1巻における労働力商品の価値が子どもや女性に分割される，いわゆる価値分割論の箇所に対する新たな読み方であった。多くのフェミニストは，その箇所を，「男性稼ぎ主

モデル」を前提とした家族賃金論に関連づける。それに対してハンフリーズとルベリは，その箇所を，カール・マルクス（Karl Marx）はそれ以上展開しなかったけれども，資本蓄積の不況局面における実質賃金の低下に対抗する家族の姿を動態的に描いたものであると読んだのである。そしてさらに，市場で獲得される実質賃金と家庭における無償労働を含む生活水準との量的乖離を読み取ることができるとした。その理論はイギリスの労働者階級家族の歴史分析を根拠にしたものであったが，その歴史的事実を超えて，理論的展開が試みられた。確かに1970年代における家事労働論争には，社会的再生産としての家族を主体としてとらえ，無償労働，ケアによって生活水準を生み出すという観点は前面に出ていなかった。それに対して，当時すでに，ハンフリーズとルベリが家族におけるケアの生産によって資本蓄積に対抗するという，家族の相対的自律性論を展開していたことが注目される。

　以上の問題意識と課題設定に基づいて，本書では，以下の考察を行う。一つは，家族とケアの理論を中心に，主流派である新古典派経済学の「新家庭経済学」，およびフェミニスト経済学におけるケア労働論と家族組織分析を取り上げて比較検討することである。これは第Ⅰ部の課題である。もう一つは，1980年代以降の福祉国家の変容と縮減過程における家族政策，とくにケアの政策分析と時間政策としての「ワーク・ライフ・バランス」政策がジェンダー平等に対してもつ意義を検討することである。これらは，第Ⅱ部と第Ⅲ部の課題である。

2　福祉国家の変容とケア

　日本における女性の雇用とケアをめぐる現状は，急激な変化の中にある。一つは前述の「女性活躍推進法」であり，もう一つは2012年に成立した「子ども・子育て関連3法」に基づいて15年4月1日から施行された「子ども・子育て支援新制度」である。この制度により「保育所と幼稚園への選択と競争の導入——準市場とサードセクターの再構築」（2015年2月のREITI政策シンポジウムでの後房雄氏講演テーマ，後（2015）参照）が実行に移されている。

すでに高齢者介護においては，2000年の公的介護保険制度の施行によって「準市場（quasi-market）」化による社会福祉基礎構造改革が進められている。「準市場」とはジュリアン・ルグラン（Julian Le Grand）らによって提唱され，イギリスにおけるブレア政権の「第三の道」の社会福祉改革において積極的に主張された手法である（Le Grand, 2003=2008, 2007=2010）。駒村（1999）のいうように，公的介護保険制度における「準市場」の導入は「単に，財源政策ではなく，……介護サービスの需要・供給構造に競争原理を導入する」（駒村，1999：276）ものであった。そこには新たに「契約制」が導入され，被保険者は「購入者」としてサービス供給者を「選択」する。そこでは福祉の原理はニーズではなく，需要に基づくものになる。「子ども・子育て支援新制度」においても，子どもは長時間利用と短時間利用とに区分され，保育利用要件は今まで以上に保護者の労働要件に左右される。女性の不安定雇用の進展が危惧される。[5)]

こうしてわが国においても，一方における成長戦略としての女性の労働市場参加と，他方における社会的ケアの「準市場」化との連携が進展しつつある。本書第5章で述べるように，1997年以降，イギリスの「ニューレイバー」のもとで導入された保育の「準市場」化は事実上，保育の市場化を推進することによって保育への支払いに困難を抱える世帯を増加させたといわれている。[6)]

3　ジェンダー主流化とジェンダー平等

ここで，ジェンダー主流化とジェンダー平等との関連について述べることにしよう。前述のように，1990年代には，一方でフェミニスト経済学という批判的経済学が成立するとともに，他方では北京世界女性会議においてジェンダーの主流化と制度化への方向性が示された。両者はともに，ジェンダーの問題を可視化するという側面においては並行して進むものであり，後者は前者の「実践」（Rubery, 2005: 1）という性格をもつ。けれども，フェミニスト経済学の課題は，ジェンダー視点が「経済学の論法（economic reasoning）の文字通りすべての側面に影響を与える，その道筋を明らかにする」（Kuiper and Sap, 1995: 4; Rubery, 2005: 2）ことであるのに対して，ジェンダー主流化は主として政策に対

するジェンダー視点のインパクト評価を行う。したがって，フェミニスト経済学にとって，その理論的分析の視点が，ジェンダー主流化の政策においてどのように達成されているかについて検討することが，重要な課題となってくる。

例えば，EU 雇用戦略におけるジェンダー主流化についてルベリ[7]は次のように述べている（Rubery, 2002; Rubery et al., 2003）。EU では 1989 年の「労働者憲章」，90 年の「第三次男女雇用機会均等計画」，92 年の「育児に関する勧告」，96 年の「親休暇および家族的理由による休暇に関する指令」というように，「ワーク・ファミリー・バランス」政策によってジェンダー平等政策が推進されてきた。しかし 1997 年に締結されたアムステルダム条約は，フレキシブルな EU 雇用戦略の道筋を示すものでり，雇用戦略を支える四つの柱の四番目にジェンダー平等の目標を掲げるという形式をとった。四つの柱とは，「労働者の就業能力（employability）」「適応性（adaptability）」「企業家精神（entrepreneurship）」そして「ジェンダー平等（gender equality）」である。本書第 10 章でも考察するように，EU 雇用戦略におけるジェンダー平等の視点は，北京世界女性会議におけるジェンダー主流化に基づくものであり，労働市場への女性労働者の比率を到達目標として明確に規定した。すなわち 2010 年までに女性の労働力率は 60％，男女総数の労働力率は 70％ という目標である。しかしこのジェンダー主流化政策は実際には，雇用戦略に取り込まれることになる。

ルベリは，EU 雇用戦略におけるジェンダー主流化とフェミニスト経済学との関連について二つの問題を指摘する。一つは，労働力供給主体である家族における女性の労働市場参加の問題を，もっぱら労働需要側の政策に基づいて「エヴィデンスに基づく問題（evidence-based cases）」（Rubery, 2005: 21）として処理することの難しさである。もう一つは，労働時間や保育に対する女性の「選好」という概念とそれに基づく働き方，例えばパート労働のような働き方が，実際には家庭内における性別役割分業という社会規範や利用可能なケアやケアの質に対する社会的現実を反映していることである（*ibid.*）。それらの問題は，いずれも短期的な「効率性」論議にはなじまないし，「数量的に測定が難しい」構造的問題として現れる。つまり，EU 雇用戦略では数値目標が先行しており，「雇用の質」をめぐる議論が欠如しているという[8]。またそこで重要になってく

るのは，ジェンダー主流化にとって，労働市場の供給側である家族と家族政策が最も核心的な領域になるということである（Rubery et al., 2001）。

4　本書の構成

　本書は三つの部からなる10章で構成されている。第I部の「『家族の経済学』とジェンダー」では，第1章で新古典派経済学による「新家庭経済学」を検討する。「新家庭経済学」の系譜は1920年代，後にシカゴ大学の最初の女性経済学部教授となったヘーゼル・カーク（Hazel Kyrk）に遡ることができる。カークの先駆的業績はその後，エリザベス・ホイト（Elizabeth Hoyt）やマーガレット・G. リード（Margaret G. Reid）らによって継承されることになる。彼女たちは，「家政学（Home Economics）」「消費経済学（Consumption Economics）」と呼ばれる分野に経済学の観点を持ち込んで，消費過程が一定の労働時間と財を必要とする生産過程であること，そして，その無償労働によって，市場で獲得される賃金とは異なる生活水準が形成されることを明らかにした。したがって，1960年代以降におけるジェイコブ・ミンサー（Jacob Mincer），セオドア・W. シュルツ（Theodore W. Suhultz）やゲーリー・ベッカー（Gary Becker）の「新家庭経済学」は，カークらによって展開された家庭における労働時間の投入と配分の問題を家計内生産関数を用いて継承したといえるのであるが，無償労働と，それが作り出す生活水準については，不問に付されたままであった。日本では，生垣（2010, 2013）がカークやリードを制度学派の観点で研究している以外には，両者の関係についてこれまでほとんど言及されていない。

　第2章ではフェミニスト経済学によるケア労働分析について，主としてスーザン・ヒメルワイト（Suzan Himmelweit）の議論を検討する。第3章では同じくフェミニスト経済学の二つの家族理論として，ナンシー・フォルブレ（Nancy Folbre）とハンフリーズおよびルベリを取り上げる。フォルブレはゲーム理論や取引費用理論と，ネオ・マルクス学派を接合した家族理論を展開する。それは，緩やかな「合理性」の理論と呼ぶことができる。それに対して，ハンフリーズとルベリは家族の相対的自律性論を展開する。あわせて第3章・補論に

は，イギリス国内のみならず国際的に注目され，2011 年度国際経済史学会の Georg Ranki 賞を受賞したハンフリーズの著書 *Childhood and Child Labour in the British Industrial Revolution*（Humphries, 2010）の書評を収めている。そこで注目されるのは，18 世紀末から 19 世紀初めの産業革命期にすでに，イギリスでは，「男性稼ぎ主モデル」が成立していたという歴史的事実である。

　第 II 部「社会的再生産とケア」では，福祉国家におけるケアに焦点を当てる。第 4 章では，1980 年代以降の新たな「社会的リスク」を背景として提起された，トマス・H. マーシャル（Thomas H. Marshall）のシチズンシップ論を補完するといわれる「経済的シチズンシップ」概念について検討する。第 5 章では，1980 年代以降の労働のフレキシビリティが「多様な働き方」の掛け声のもとで，一人親の母親とその子どもに所得の不足とともに，ケアの不足という「貧困」をもたらしていることを論じる。第 6 章では，イエスタ・エスピン - アンデルセン（Gøsta Esping-Andersen）の比較福祉国家類型論における「脱商品化」指標に対して，ジェンダーの観点によって提起されたケアレジーム論を検討する。本章で注目するのは，メアリー・デイリー（Mary Daly）とジェーン・ルイス（Jane Lewis）によって提起された，社会的ケアを「構造化された社会的・経済的現象」，ケアの担い手を福祉国家動態化の「主体」とする理論である。さらに，ケアレジーム動態化の事例として，2007 年以降，「パラダイム転換」を目指しているドイツの家族政策を考察する。第 7 章では，家族政策のパラダイム転換に対する企業の対応として，ドイツのロバート・ボッシュ財団が 2006 年に刊行した，『企業としての家族（*Unternehmen Familie*）』（Robert Bosch Stiftung, 2006b）の概要を載せている。ここで注目されるのは，グローバリゼーションのなかで揺らぐ，社会国家ドイツの姿である。

　第 III 部「福祉国家の変容と家族政策の主流化」では，福祉国家の変容のもとにおける「ワーク・ライフ・バランス」政策とジェンダー平等との関連について検討する。第 8 章では，新しい福祉政治としてイギリスのブレア政権と「第三の道」の理論と政策をめぐる議論，第 9 章では日本における「ワーク・ライフ・バランス」をめぐる議論を検討する。「ワーク・ライフ・バランス」政策は少子化対策と雇用政策を推進力としている。本章では，雇用の多様化論

と労働市場改革,「統計的差別」解消の論理, 少子化対策という三つの議論を検討するとともに, イギリスのみならず日本においても少子化対策の理論的な基礎を与えている, キャサリン・ハキム (Catherine Hakim) の「選好理論」を批判的に検討する。

最後に第 10 章では,「ワーク・ライフ・バランス」の射程として, 時間政策とジェンダー平等との関連について考察して, 本書を締め括る。日本における労働市場の現状, すなわち労働の規制緩和, フレキシビリティ化, そして長時間労働という現実に対して,「ワーク・ライフ・バランス」政策がもつ歴史的で本来的意味を確認することが, 本章の目的である。イギリスの労働法学者ヒュー・コリンズ (Hugh Collins) は『イギリス雇用法』(Collins, 2003=2008) のなかで,「仕事と生活の調和」という問題を資本主義社会における賃労働が孕む根本問題であるという。また, クリスティーン・エヴァリンハム (Christine Everingham) がいうように, われわれの社会時間は, 時計時間で測られる公的領域と,「自由」な「生きられた時間 (time lived)」に二分化されている。現実に進行する労働のフレキシビリティと長時間労働は, まさに時計時間が「生きられた時間」を侵食していることを表している。ここに時間政策としての「ワーク・ライフ・バランス」の歴史的視点はジェンダー視点に結びつく。「有給の出産休暇」「職場復帰する権利」さらに「育児休暇」はわれわれの「時間を取り戻す」(ibid.) 最初の一歩であり, 男性と女性の「両性が共に二つの生産領域を担いうる労働基準を確立すること」(竹中, 1989：27) が重要である。そのためには, 主流派経済学における労働と余暇の「時間の二分法」から, 労働とケアと余暇の「時間の三分法」への「経済学の論法」の転換が必要ではないか。それはフェミニスト経済学の視点でもある。

注
1) 1986 年は「戦後労働法制」が再編に向かって「ギア・チェンジ」した年といえる。男女雇用機会均等法と労働者派遣法が制定され, 労働基準法が大幅に規制緩和された。その結果, 労働現場は激変した。女性労働を中心としてパート化・派遣労働者化が進んだ (中野, 2006；ii-iii)。
2) 「労働者派遣法改正」は 2015 年 9 月 11 日に国会で成立し, 同月 30 日施行された。

ホワイトカラー・エグゼンプションを含む「労働基準法改正」は時間切れのため，今国会での審議は見送られた。
3) 藤原千沙と山田和代もまた，竹中のいう「労働力商品化体制」の理論的・政策的意義を述べている（藤原・山田（編），2011：11-39）。
4) 「戦略的補完性」とは，青木昌彦と奥野正寛の比較制度論（青木・奥野（編著），1996）による。その批判としては，金子（2001）と竹田（2001）を参照されたい。
5) 久場嬉子氏の報告「新自由主義とジェンダー平等——『労働力商品化体制』の現状と課題」（大原社会問題研究所女性労働史研究会報告，2015年10月10日，大阪市の「エル・ライブラリー」にて）。「子ども・子育て支援新制度」の発足と，その「準市場」化が孕む問題点については，久場氏のこの報告に多くを学ぶとともに，ご教示をいただいた。ここに感謝いたします。
6) イギリスにおける保育の「準市場」化とそれが子育て世代に与えた影響については，原（2015）を参照されたい。
7) ルベリは1991～96年，98～2007年，EUの「ジェンダー・社会的包摂・雇用に関する専門家グループ」のコーディネータであった。また，イギリスの同専門家グループのメンバーである。
8) EU雇用戦略においても，日本における女性活躍推進法においても，労働力の女性化はもっぱら数値目標として語られる。それは，1990年代後半以降の福祉国家の政策が社会的投資アプローチに基づいていることを背景としている。アントニオ・ネグリ（Antonio Negri）とマイケル・ハート（Michael Hardt）は，ジェンダー平等がいまだ達成されていないにもかかわらず，労働市場における女性の割合が急速に拡大しているという意味においてのみ「労働の『女性化』」という用語が使われていることに対して「辛辣な皮肉」を投げかけている。しかし彼らは，労働の質的変化にこそ，「労働の『女性化』」（Hardt and Negri, 2009=2012：訳218）が妥当することを明瞭に指摘している。すなわち一方では，労働のフレキシビリティが男女両方にとって労働の質的変化をもたらしている。パートタイムや非正規雇用，不規則な労働時間，複数の仕事のかけもちによって，労働時間と生活時間の時間的区別がつかなくなっている。他方，従来「女性の仕事」とされてきた情動的・感情的あるいは人間関係に関わる仕事に関連する特性（ケアや他者との関わりなど）が今や，すべての労働部門で重要性を増しているという。

第 I 部

「家族の経済学」とジェンダー

第 I 部サマリー

●家族の経済学の系譜は，1920年代から30年代に，シカゴ大学のヘーゼル・カーク（Hazel Kyrk）によって創始され，マーガレット・G. リード（Margaret G. Reid）やエリザベス・ホイト（Elizabeth Hoyt）らによって継承された「家政学（Home Economics）」と「消費経済学（Consumption Economics）」に始まる。彼女たちに共通するのは，三者とも家政学部と経済学部の教育に携わることによって，「家政学」と「家族の経済学」を連携させたことにある。その後，1960年代には，ジェイコブ・ミンサー（Jacob Mincer），セオドア・W. シュルツ（Theodore W. Schultz），そしてゲーリー・ベッカー（Gary Becker）によって「新家庭経済学（New Household Economics）」が成立し，現代における「家族の経済学」の「主流」派を形作ることになった。

●第 I 部では，まず第1章で，20世紀初頭における「家政学」の内容を概観したあとで，「新家庭経済学」を考察する。「新家庭経済学」の特徴は，新古典派経済学の方法に基づいて家族における男女間時間配分を，企業に見立てた家族内部における比較生産性原理によって説明することである。そこでは，カーク，リード，ホイトらによって主張されていた主要問題，すなわち「需要曲線の背後にある」家計における消費行動の意味や，女性によって担われる「無償労働」の社会的意味，そして「生活水準」をどのように説明するのか，という観点は消え去っている。他方，1970年代には「第二派フェミニズム」と「マルクス・ルネサンス」を背景として，「家事労働論争」が展開される。その理論的成果は，家族内部における無償労働の「発見」であり可視化であった。第2章と第3章では，1990年代に成立するフェミニスト経済学を，ケアの理論と家族理論に焦点を当てて検討する。1992年には「国際フェミニスト経済学会（International Association for Feminist Economics: IAFFE）」が成立した。IAFFE の成立と軌を一にして，第4回国連世界女性会議（1995年，北京）では各国政府や NGO に対して「ジェンダー主流化」への呼びかけが行われた。

第 1 章　「新家庭経済学」における家族

1　「家政学（Home Economics）」と「新家庭経済学（New Household Economics）」

　経済学は家族をどのように取り扱ってきたのであろうか。家族の経済学において理論的にも政策的にも「主流」の位置を占めているのは，新古典派経済学に基づく「新家庭経済学（New Home Economics, New Household Economics）」である。[1] 1960年代，コロンビア大学のジェイコブ・ミンサー，シカゴ大学のセオドア・W. シュルツとゲーリー・ベッカーによって確立された「新家庭経済学」は，家庭内における時間配分と消費行動に関するミクロ的基礎を確立した。[2] さらに1970年代には，シカゴ大学を中心に，時間配分の理論と人的資本理論の研究領域は，労働経済学，人口経済学，医療経済学，公共経済学などへと応用範囲を拡張した。その結果，New Home Economics は New Household Economics へと名称を「転換」したといわれている（Grossbard-Shechtman, 2001: 104）。

　一方，「家政学（Home Economics）」は，1920年代から30年代にシカゴ大学経済学部の最初の女性教授であるヘーゼル・カークや，カークの教え子であり同じくシカゴ大学のマーガレット・G. リード，さらにアイオワ州立大学のエリザベス・ホイトらによって確立された。彼女たちは，ともに家政学部と経済学部の両方の教育に携わっており，従来の商品学や家計管理学としての「家政学」に経済学の観点を導入することによって，消費を労働費用と時間投入を必

要とする家計生産過程であると位置づけた。それは一方で，古典派経済学や限界効用学派による消費の位置づけに対する経済学批判の観点をもつとともに，他方で，1960年代以降の「新家庭経済学」における家計生産モデルの理論的基礎となった。しかし「家政学」が家庭における女性の無償労働の意義を認め，それを数量的に算定する方法を求めようとしたのに対して，「新家庭経済学」にはそのような観点はみられず，時間配分の理論だけが引き継がれた。したがって両者においては，理論的な継承関係だけではなく断絶がみられる。果たして「新家庭経済学」は前者に対して「どのように新しいのだろうか」(Reid, 1977: 181)。[3]

1995年の北京世界女性会議における「ジェンダー主流化」宣言と，96年のカナダ国家統計局による無償労働算定の試みを受けて，*Feminist Economics* 誌では，リードに関する特集が組まれた。その序文でナンシー・フォルブレ (Nancy Folbre) は，「マーガレットに感謝をこめて (For Margaret, With Thanks)」というタイトルで，リードの無償労働論に対する功績を讃えた。それは，リードが「それまでの経済学者の考え方（あるいはむしろ経済学者がかつて考えたこともなかったその考え方）を変えた」(Folbre (ed.), 1996a: xi) ことへの賛辞である。本章では「新家庭経済学」の家族分析に焦点を当てるが，その前史として，まず1920年代から30年代に確立した「家政学」における消費についての考え方を検討することにしよう。

1.1　20世紀初頭のセンサス研究と「家政学」

1909年，アメリカ家政学会 (American Home Economics Association: AHEA) が成立した。それは，19世紀後半から女性たちによって展開された家庭生活に関する知識や運動，いわゆる「家政学運動」が「家政学 (Home Economics)」という新たな学問領域の確立に結実したことを示すものである（生垣，2014）。生垣 (2010, 2014) は20世紀初頭の家政学と消費経済学の研究に基づいて，当時の「家政学」は通常いわれる「家政学」とは内容的に異なるとして，「ホーム・エコノミクス」という名称を用いている。本章の問題関心からいえば，それは，従来の商品学や家計管理学としての「家政学」から経済学，すなわち家

計に生じる経済学の諸問題を研究する「家政学」への移行期の性格を表すものである，と考えられる。なお本章では「家政学」と「消費経済学」の両者を，「新家庭経済学」との対比という観点において，いずれも家庭における消費行動を経済学的に検討するものとしての「家政学」に含めることにする。

　カーク，リード，ホイトはいずれも，消費経済学研究を基礎に，経済学部と家政学部の両方の教育に携わっていた。例えば，アイオワ州立大学（当時はアイオワ州立カレッジ）では，消費経済学は，家政学部と経済学部の共通科目として設定されていたという（Diamond et al., 2000: 217）。

　従来の経済学はもっぱら生産と市場のみを重視して，消費に言及する場合も価格理論に必要な限りにおいて取り上げているのに対して，カークらによる「家政学」は，消費過程が労働費用と時間投入による家計生産過程であることを明らかにした。したがって生活水準を論じる場合にも，その規定要因として，貨幣で表される市場購買力だけではなくて，家庭における家計内生産活動としての消費も入ることになる。

　こうして20世紀初頭の「家政学」は，一方で，1960年代におけるベッカーの時間配分の理論よりも早く，すでに20年代から30年代にかけて，家計における労働と時間の投入の重要性を理論的に明らかにした。事実，リードは家計生産関数の先駆者として，シカゴ大学のシュルツやベッカーに大きな影響を与えている（Jefferson and King, 2001: 76-77）。他方，消費過程において主として女性によって担われている無償労働の意味を明らかにした点では，後のフェミニスト経済学の論点をすでに提起していたと考えられる。

　このように，「家政学」の理論的発展に対して，歴史的背景として二つの事柄を指摘できる。一つは，19世紀後半から始まる女性運動である。そのなかには，アメリカの「女性の地位向上のための同盟（The Association for the Advancement of Women: AAW）」にみられるように，女性の無償労働の評価をめぐる運動があった。フォルブレによれば，AAWは，アメリカのセンサスにおいて主婦が「非稼得労働者」と規定されていることに対して，1878年に議会に対して請願書を提出したという。そこでは「女性は労働者であり生産者であり，もっと注意深く，公正に計測するように」（Folbre, 1991: 463）という要請が

行われた。そして女性の家事労働が「人口や富の増減に影響する要因であることを，たとえ付随的にでも認めようとしない」(*ibid.*) 議会に対して，AAWは，センサスの「定義」をめぐって争ったのである。このような運動は，「家政学」の発展に大きく寄与したと考えられる。その論点は，ジョーン・W. スコット (Joan W. Scott) が『パリ産業統計 1847-48 年』の分析に基づいて「統計は労働をどう描いたか」(Scott, 1999=2004)[4]で述べたように，またマリリン・ウォーリング (Marilyn Waring) が国民経済計算体系の成り立ちについて述べたように (Waring, 1988=1994)，センサスの定義も価値中立的ではなくて，現実の見方や社会構造によってつくられたものであるということであった。

　もう一つは，すでに，1920 年代から 30 年代にかけて，スウェーデン，イギリス，アメリカなどで家事労働の計測が試みられていたという歴史的背景をあげることができる (Yi, 1996: 18; Jefferson and King, 2001: 74)。とりわけアメリカではその試みが 20 世紀初頭より行われており，例えばサイモン・クズネッツ (Simon Kuznets) は 1929 年時点で家事生産の価値は GNP の約 35% であると推計した (Jefferson and King, 2001: 75)。そして次のように述べている。「家庭経済による生産物を排除することは，ほとんどすべての国民所得計算を特徴づけているが，それは，あらゆる希少財・自由財の測定としては，その有効性に深刻な限界をもたらすことになる」(Kuznets, 1941: 11)，と。

　このような背景のもとで，カーク，リード，ホイトらは，従来，経済学において排除されていた家事労働およびそこで投下される労働と時間に焦点を当てることによって，女性が消費の主体であることと，無償の家事労働が生活水準を規定することの意味を明らかにしたと考えられる。それらの特徴は，20 世紀の初頭，「家政学」の教育を受けた女性経済学者たちが，消費の分析をとおして，従来の古典派経済学や限界効用理論を批判し，そこから新たな理論的・実践的改革を行おうとした知的営為を表すものである。

　以下，その独自性について概観することにしよう。

1.2 「家政学」における消費研究
(1) カークの理論──経済学批判と消費

カークは，*A Theory of Consumption* (Kyrk, 1923) のなかで，家庭における消費行動の問題を，従来の「家政学」における商品学の研究としてではなく，家庭における経済的問題の研究であると明確に定義した (*ibid.*: 4)。その特徴は二つに整理できる。第一は，ジョン・ラスキン（John Ruskin）や，ソースタイン・ヴェブレン（Thorstein Veblen）などの制度学派の影響を強く受けていることである。わけても，生垣（2010）がいうように，ラスキンによる消費規定の影響は大きい。ラスキンは，「この最後の者にも──ポリティカル・エコノミーの基本原理に関する四論文」のなかで，経済学の目的は「適切な消費の量と消費の方法を得ること」(Ruskin, 1862=2008：訳 153；生垣，2010：38) と述べているのであるが，カークもまた，生産理論の狭い枠組みに対して，消費理論の課題とは，需要曲線の背後にある問題，すなわち「個人の市場選択の背後にある動機，目的，利害の分析」を行うことであるという (Kyrk, 1923: 10)。[5]

第二は，第一の論点とも関わるが，経済学批判の観点が明確なことである。カークは一方で，アダム・スミス（Adam Smith）やジョン・スチュアート・ミル（John Stuart Mill）の理論を検討して，古典派経済学の体系では消費行動は「『自然的』経済秩序の一部」(*ibid.*: 7) にすぎず，その対象領域が生産第一主義になっている。そこでは消費において生じる経済問題や社会問題を取り扱うことができないと批判した。他方で限界効用理論に対しても，消費研究を「価格理論に必要な限りでしか考慮していない」こと，とくに，「家計の意思決定」に対する「マーケティングや広告」の役割を認めていないことを批判している (*ibid.*: 17)。この後者の観点は，リードやホイトにも共通するが，市場の不確実性を前提に，消費者教育や消費者保護に対する政府の公共政策や消費改革が国民所得の増大に寄与すると主張する。それらは，所得の再分配，女性の無償労働とその社会的地位，生活水準の低下に対する国家の介入政策の提唱にみられるように，カーク理論の実践的な問題意識を表している。

(2) リードの理論──家計生産関数と無償労働論

前述のように，リードの貢献は，何よりも家計生産における無償労働の社会

的意義を明らかにしたことにある。その著書 *Economics of Household Production* (Reid, 1934) は「家計は最も重要な経済制度である」、だが「われわれが貨幣価値に注意を注ぐにつれて、利潤原理によって組織されていない経済システムを見過ごすことになる」（*ibid*.: 3）という文章から始まる。リードは当時の経済学者による「家計が生産の重要な中心であったのは過去のことである」（*ibid*.）、「近代産業社会では女性は一般的に消費者であり、男性は一般的に生産者である」（*ibid*.: 3-4）という主張に対して、本書全体を通じて、家計が生産活動であるという課題に取り組んでいる。家庭における消費過程には市場財と生産的活動（労働時間）が投下され、それが家族の「生活水準」を規定する要因になっているという（*ibid*.: 118）。とくに以下の家計生産の規定は、機会費用の枠組みにおいてではあるが、現代の無償労働評価の一視点を示している点において重要である。

「われわれは今や、家計生産の規定を次のように定義する。家計は家計メンバーによる他のメンバーのために行われる無償の活動（unpaid activities）からなっている。その活動は、所得、市場条件、個人的志向の条件次第で、家計集団の外部の人間に代理することができる。」（*ibid*.: 11）

従来、経済学におけるリードの実質的貢献はシュルツやベッカーによる「新家庭経済学」の確立よりも早く、すでに 1930 年代に、家計生産モデルと時間配分の理論を確立したことであるとされていた（Yi, 1996: 17-18; Jefferson and King, 2001: 77）。しかし、上述のように、リードの無償労働評価の研究は、フェミニスト経済学の観点に通じるものである。さらにリードは、論文「新家庭経済学はどのように新しいのだろうか？」（Reid, 1977）のなかで、ファーバーとバーンバウム（Ferber and Birnbaum, 1977）によるベッカー批判に対して、次のように述べている。ファーバーとバーンバウムは、ベッカーの世帯内時間配分の理論と「時間のコスト」概念に対して、夫の所得増大と妻の労働市場進出は両立しうることを時系列的に明らかにした。それに対してリードは、一方で、時系列的論拠が必ずしも、横断的状態を前提としたベッカーの理論モデルを論

駁できるものではないと述べながらも，他方で，「新家庭経済学」の「新しさ」とは，ベッカーの時間配分の理論に対して，その理論的彫琢のみならず経験的に「テスト」する多くの研究が生み出されていることであるという。リードはシカゴ大学の新古典派経済学の伝統のもとで研究を進めたが，「市場の将来の不確実性と不完全な知識とは人生の本質である」(*ibid.*:182) と述べる。そして，育児のコストや減少しつつある家計生産を前提とした，女性研究者の一層の貢献を期待している。

(3) ホイトの理論——消費と「生活の価値」

ホイトは，経済学者であると同時に，文化人類学者でもあり，アイオワ州立大学の女性教授（そして二番目の教授が後にシカゴ大学に移るリード）である。また現在の「消費者物価指数」の創設者であり，アカデミズムだけではなく，政府や労働組合，生活協同組合などとの実践的活動においても多大の業績を残している。最初の著書 *The Consumption of Wealth* (Hoyt, 1928) には，「消費」を「文化」と定義して，文化人類学的概念を強調している。そこには，カークと同様に，ラスキンの影響をみることができる。また 1926 年から 27 年にかけて，アイオワの 147 の農場を調査して，「生活の価値 (value of living)」のサーベイを行ったといわれている (Diamond et al., 2000: 216)。しかしホイトは，家計に関する理論として最終的には，以下にみられるように限界効用理論の枠組みにとどまることになった (Jefferson and King, 2001: 77)。

> 「しかしながら，限界効用分析はその深意において，消費分析の核心である。……最大量の満足が得られるために，われわれはあらゆる種類の潜在的満足度と，その相互関係を研究しなければならない。また貨幣，時間，エネルギーが最も経済的に支出されるために，満足度を保証するための相対的コストを知らなければならない。」(Hoyt, 1938: 381)

以上，1920 年代から 30 年代の「家政学」を担った，カーク，リード，ホイトの三人の女性経済学者の消費研究をみることによって明らかになったのは，一つは，従来の経済学に対する批判の観点であるといえるだろう。すなわち，

女性によって担われていた家計と消費をもっぱら生産に従属するとした考え方への批判であり,家事労働やケアからなる無償労働が生活水準を作り出すことを評価する視点である。そこには,ラスキンやヴェブレンなどの制度派経済学による影響と,フェミニスト経済学に連なる観点をみることができる。もう一つは,公共政策によって生活水準を高めようとする理論的・実践的問題意識である。消費者教育,政府による規制,世帯への所得の再分配などの必要性の主張は,市場は決して完全ではないという考え方の表れであった。

2 「新家庭経済学」における家族

前節でみてきたように,「新家庭経済学」は,1920年代から30年代における「家政学」の伝統を引き継いで家族における時間配分と消費行動を対象にしたのであるが,カーク,リード,ホイトらが腐心した家族における家事労働やケアの社会的評価の問題は不問に付されたままであった。「家族の経済学」は,新古典派経済学のモデル分析に収斂する形で理論としての正統性を証明する道を歩み始めたのである。そこでは,家族は一つの集合体として単一の効用関数をもつとされた。すなわち家族内部の経済行動と時間配分における性別役割分業は比較生産性原理に基づいて,いわば「合理的」に処理されることになった。とりわけベッカーは,論文 "A Theory of the Allocation of Time" (Becker, 1965) のなかで,労働市場や企業活動と同様に,家族のなかに経済学的な分析の道具立てを導入して,労働市場におけるジェンダー格差と家族における性別役割分業を同一の理論的枠組みで合理的に説明する方法を確立したといえよう[6]。

1974年に刊行されたシュルツ編の論文集 *Economics of the Family* (Schultz (ed.), 1974) は,ベッカー (Becker, 1965) の理論的影響を決定的にした。本書は1972年と73年に NBER (National Bureau of Economic Research) と Population Council によって開催された二つの会議に提出された論文を中心に編集されたものである。1970年代,家族に対する経済学的関心は高まり,新古典派経済学は,従来は外在的要因と考えられていた家族の意思決定を,家庭内活動と支払労働に対する時間配分,子どもの「コスト」と出産,少子化の国際比較,教

第1章 「新家庭経済学」における家族

育と人的資本投資へと拡大していった。

　シュルツは本書の序文で，出生率の低下の分析，マルサス人口論批判，そして家族規模の縮小と少子化対策についてのミクロ経済学的分析の重要性を主張するとともに，「新家庭経済学」の特徴として「人的資本投資」「労働時間配分」「家計生産関数」「消費者選択と家計生産決定を包括するという家族観」の四つを掲げている（*ibid.*: 16）。フェミニスト経済学の理論家フォルブレ、は本書刊行の「衝撃」について，次のように述べている。

　　「シュルツ編の本書は，大学院に進学したばかりの私に大きな影響を与えた。今でも鮮明に思い出すのは，古いキャッシュレジスターから近代家族の顔（夫と妻と二人の子ども——引用者）がポップアップしたハードカバーの表紙である。……シュルツによって編集され，本書に含まれた論文のほとんどがシカゴ大学の新古典派モデルを応用したものであり，もちろん，今を時めくスターであるベッカーもそのなかに含まれていた。」(Folbre (ed.), 1996b: xiii)

　その後，ベッカーは1987年にアメリカ経済学会（American Economics Association）会長となり，92年にはノーベル経済学賞が授与された。こうして，新古典派経済学のミクロ応用理論である「新家庭経済学」は経済学の王道となっていった。しかし，皮肉なことに，「新家庭経済学」が主流派の位置を確固たるものにするその過程は同時に，新古典派経済学の内部においても外部においても，「新家庭経済学」に批判的な潮流を生み出すことになった。

　新古典派経済学内部においては，「フェミニスト新古典派経済学」（Gustafsson, 1997: 39）と呼ばれる潮流が登場する。「フェミニスト新古典派経済学」とは，新古典派経済学のモデル分析を基礎としながらも，そこにフェミニスト的視点を導入するものである。つまり，新制度学派と呼ばれるゲーム理論や取引費用理論などを用いて，性別役割分業規範をミクロ経済学理論によって分析しようとするものである。他方，「主流」派の外部には，「フェミニスト経済学 (Feminist Economics)」が登場する。フェミニスト経済学は「新家庭経済学」が

家族を生産単位として扱いながらも，その内部における性別役割分業に基づく時間配分を，単一の家計生産モデルによる効用最大化によって説明することにより，ジェンダーという構造関係を無視していることを批判する。すなわちフェミニスト経済学はジェンダー視点に基づく経済学批判である。

それでは以下，「新家庭経済学」と，「フェミニスト新古典派経済学」について考察することにしよう。

2.1 「新家庭経済学」の論理
(1) 家計生産モデル

> 「人的資本の特化から生じる収益の増大は，既婚の男女間における時間配分や人的資本投資に関して，分業を作り上げる強力な動因となっている。さらに育児や家事労働はレジャーや他の家庭内活動に比較して，より労働集約的である。したがって，市場の観点からみれば同一の人的資本をもっている男女間においても，既婚女性の時間当たり所得は男性に比較してより低いものとなるし，女性も（社会的——引用者）需要が低い仕事を探すことによって，市場労働に費やす時間を節約することになる。男女間の所得格差や職務上の格差の主たるインプリケーションとは，既婚女性が育児や家事労働に責任をもっていることである。」(Becker, 1985: 33)

この文章は，ベッカーの論文「人的資本，労力，性別分業（"Human Capital, Efforts, and the Sexual Division of Labour"）」(Becker, 1985) からの抜粋であり，新古典派経済学においては，市場における男女間賃金格差のみならず，既婚女性と単身女性との賃金格差，さらに子どもをもつ女性とそうでない女性との格差など，労働市場における格差一般を説明する共通理解となっている。その特徴は，家族を小さな工場のような存在と考える点にある。そこでは家族における性別役割分業は家計生産モデルのもとで男女間の比較生産性の違いによって説明される。ベッカーによれば，市場で企業が労働力と原材料と資本とを投入して市場生産を行うように，家計は妻（または夫）が生活（家事）時間と市場財を投入

して家計生産を行うと考えられる。両者のアナロジーは「家計内生産物」(*ibid.*) という概念によって明らかである。

ベッカー・モデルは，モデルの出発点では，家族内部の構成員である男性と女性が，同一の知性と教育水準をもつという前提から出発する。しかし，その論理はしだいに，生物学的性差に基づくものとなる。すなわち，もし夫婦が子どもをもつと仮定するならば，女性が生物学的にみて，家事労働においてより生産的であり，家事生産においてより優位性を発揮することになる。したがって，家事責任はあらかじめ女性特有のものであると前提されている[7]。

ところで実際には，このような事態が成立するためには，家計内生産物が，分離された家計よりもより多くの福祉を生み出さなければならない。つまり家族は諸個人のコミュニティであり，そこでは資源のプーリングや，家族内分業関係によって特別の利益が享受されることになる。この点について，例えばヨラム・ベン-ポラス（Yoram Ben-Porath）は，ベッカー理論に基づきながらも，取引費用理論の観点から，ベッカーの標準的な家計生産モデルを三つのタイプの家族取引に区別して，そのそれぞれにおいて分離された個々の家計に比較して，より多くの余剰を形成することができる，とした。

(1) 生産共同体（producer cooperative）としては，家族メンバーは家族内部の取引関係をとおして，市場労働と家事労働に特殊化することによる比較優位を利用することができる。

(2) 消費協同体（consumer cooperative）としては，家族は不可分財の共同使用を可能にし，規模の経済によるコストの低下を引き起こす。

(3) 保険連合（insurance group）としては，家族は相互支援の約束を取り交わすことによって安心を生み出す（Ben-Porath, 1980: 19-22）。

後に取り上げるヌスバウム・オトゥ（Nussbaum Ott）もまた，ゲーム理論の観点から，家計内生産における潜在的な利益の実現には，「家族内部における長期的契約関係が必要である。なぜならそのような契約に同意する諸個人の意思は，諸個人の福祉に依存しており，また家計内生産物の分配は家族メンバーの行動に依存するのであるから」（Ott, 1995: 81）として，ベッカー理論の短期的視点の狭い枠組みを批判して，世帯内ジェンダー間の交渉モデル分析に力点を

(2) 政策的インプリケーション——少子化対策との関連

　以上にみられる，ベッカーらの家計生産関数アプローチは，わが国をはじめ各国における少子化対策の主要な理論になっている。ここで，家計生産関数を用いた政策的事例として，以下の大石亜希子の論文「子供のコストと少子化対策」（大石，1998）による説明をみることにしよう。

　つまり家計生産関数によれば，子どもは「家庭内生産物」として，両親はその消費から「効用」を得るとされる。その論理は次のとおりである。

　　「家計は市場から調達した財・サービスに家事労働時間を投入して『子供』や『団欒』といった家庭内生産物（Z）を生産し，Zの生産から効用を得ている。……子育ては膨大な時間投入を要求し，その大半を母親が担っているのが現実である。多くの女性は出産や育児のために休業したり離職したりするが，就業中断は単に中断した期間の所得機会の逸失にとどまらず，中断による人的資本の蓄積ストップや減価を通じて将来所得をも減少させる。」（同上：23-24）

　ここで大石が述べている「家庭内生産物」としての子どもには時間，主として女性の時間が配分されている。女性の労働力化の進展のもとでは，「女性が働きながら産める環境」づくりが必要になってくる。そこで，政府は子どもの「コスト軽減」のために，育児世帯の税や社会保険料負担の軽減，児童手当の充実などを行うだろうが，大石によればその政策的有効性は限られている，という。その理由として第一に，女性の就業継続や男女間賃金格差の縮小によって時間コストが上昇し，子どもの「相対価格」が上昇する。第二に，子どものコストが軽減されて，たとえ子どもへの需要が増大しても，質の充実に向けられれば少子化対策にならない。第三に，年功賃金から能力給への移行，すなわち雇用形態の多様化が同時に生じるならば労働者の所得リスクを増大させるために，さらなる晩婚化を生じさせるかもしれない（同上：24），という。

　その結果，大石は，少子化対策として「労働時間の短縮と弾力化」（同上：

25) が有効であるとする。それは男性労働者の時間短縮も含んでいる。すなわちワーク・ライフ・バランス政策である。けれども，上述のように「新家庭経済学」における家計生産モデルに基づく少子化対策の基本論理は，「子供のコスト」と女性の「機会費用」との関係に求められる。それによれば，一方で，労働時間の短縮と女性の負担の減少という方向性が主張されながらも，他方では，育児への諸手当や各種所得控除は「子供のコスト」を減らすとしても，女性の労働市場進出や男女間賃金格差縮小があれば「機会費用」を上昇させて，少子化対策としては有効ではないということになる。そして結局は，「正規雇用においてもフレックスタイムや裁量労働制，在宅勤務などによる労働時間の弾力化」（同上）という労働のフレキシブル化の推進に帰着する。ここでは，労働力供給の主体である家族における「少子化」という構造的問題が，あくまで，市場における価格との対応関係でのみとらえられることになる。

2.2 人的資本理論と統計的差別
(1) ジェンダー化された「選好」

フェミニストによる新古典派経済学に対する批判は，「新家庭経済学」の枠組みを侵食し始めている。例えば，ベッカー理論も初期と後期でかなり異なる分析枠組みを用いている。ベッカーは初期の分析では，男女間分業はそれぞれの選好を反映して所与であるとしていた。しかしその後，「安定した選好 (stable preference)」概念に対するフェミニストによる批判が提起される。この批判とは，「新家庭経済学」は「現在の結果が，選好へのフィードバック効果によって，自己実現の予測を生み出しうるという道筋を無視していること」(Humphries, 1995b: 55) や，ベッカーのモデルは「人間性の分割モデル (separative model of human nature)」となっており，そこでは「自律した，社会的影響に盲目」な「自己 (self)」(England, 1993: 37) が前提されているというものである。

ベッカー自身，後期の分析では，家族・結婚を「二人からなる企業」であるとして家族では配偶者の一方が他方を雇い，比較優位による時間配分の効率的結果としての特化が生じるとして，生物学的前提を排除しようとした。けれど

も当然のことながら,「ジェンダー化された結果は,ジェンダー化された比較優位を生む」ことになり,その「循環論」の立場は維持される。結局は,「ベッカー自身の議論には,経済分析が嫌うはずの生物学的決定主義が含まれている」(Humphries, 1998: 226) のである。家族は「本来的に同等の家計メンバー」からなるという前提においても,女性の低賃金は「女性の自由選択の結果」であって,女性は生産性を高める人的投資が少ないから賃金が低いということになる。

(2) 人的資本理論と職業分断化論——ポラチェクの理論

ここで,ベッカーの「新家庭経済学」のヴァリアントとして,ベッカーの人的資本理論と企業による統計的差別理論に基づきながらも,そこに職業分断化という制度的要因を導入しようとする,ソロモン・W. ポラチェク (Solomon W. Polachek) の説明 (Polachek, 1995) をみることにしよう。ポラチェクは,フェミニストから「新家庭経済学」に向けられた批判,すなわち現実における男女間の労働市場分断化をどのように説明するのかという問いに答える形で,女性の市場活動の中断および男女間賃金格差を以下のように説明している。

ポラチェクの基本的立場は,ベッカー理論と同様に,「差別的企業は長期的には,競争力によってビジネスから追い出される」(ibid.: 74) という市場均衡化論である。したがって,この理論においては,家族内におけるジェンダー化された分業が女性の「自由選択」であるならば政策介入の問題ではないが,「市場差別の産物」であったり「社会的規範の産物」であったりする場合は,「差別的」で「非効率」ということになり,機会均等政策の対象となるという。しかし,ポラチェクの説明に対しては以下の問題点を指摘することができる。

ポラチェクの理論においては,図1-1にみられるように,出発点に「社会的差別」(=性別役割分担意識) という制度的要因が置かれているのではあるが,しかしそれに続く「家族内分業」,すなわち家族内部の意思決定過程を問題化することはできない。なぜなら,家族内分業は,両性の「選好」に基づくものではあるが,その「選好」は社会的差別に適応するという意味で,「合理的」で調和的ということになるからである。つまり,女性は出産・育児によって

図1-1 人的資本理論と職業分断化論

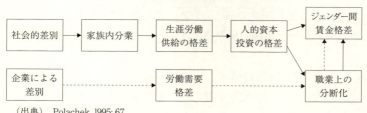

(出典) Polachek, 1995: 67.

「間欠的に労働市場に参加」するのであり，そのため労働市場中断の「コスト」が最小限となるような職業を「選択」するというのである (*ibid.*: 67)。そして労働市場の供給主体である家族と家族内分業は，男女の結合効用関数によって「効率性」を最大化していることが想定されている。したがって，ここでの問題は，ポラチェクの理論は一方で，男女間の労働市場分断化を説明することができたとしても，他方では，機会均等化政策の対象となるような「市場差別の産物」や「社会的規範の産物」であることを説明する方法が見当たらないことになる。

ここでもまた，伝統的な新古典派経済学による方法論的個人主義が問題となる。方法論的個人主義とは，合理的個人を社会的なものに優先させる。言い換えれば，個人の「選好」と選好に基づく「選択」を構造に対して優位に置く点にその方法的特徴がある。それは例えば，ジェンダー差別を問題化する際にも，労働市場における相対的価格と相対的生産性を歪め，非効率な時間配分をもたらすか否かに焦点が当てられる。

ポラチェクの理論においては，市場でのジェンダー間賃金格差が家族内部にフィードバック効果をもち，その結果，女性の決定（選好と選択）を形作り，それがまた，労働供給に反作用を及ぼすというような論理は入る余地はない。市場の効率性に第一義的重要性を置くことから，人的投資の格差も女性の「自由選択」でない場合にのみ均等政策の対象になるとされる。しかし，この「自由選択」が何に規定されているのか，背後にある構造的な力の偏在を問うことはできないだろう。

第Ⅰ部　「家族の経済学」とジェンダー

3　「フェミニスト新古典派経済学」における家族
　　──パレート最適の組み換え

　「フェミニスト新古典派経済学」とは，ベッカーによる「新家庭経済学」の基本的論理にフェミニスト視点を導入し，そのことによってより最適な「効率性」が達成されるというものである。このような「フェミニスト新古典派経済学」に対しては，二つの異なる評価が存在する。一つは，新古典派経済学内部からのものである。例えば，シフ・グスタフソン（Siv Gustafsson）は，人的資本モデルに基づく新古典派的ツールとジェンダー視点の接合によって，「より経済効率的」な社会改革的政策提言を可能にすることができるとしている（Gustafsson, 1997: 39）。ここでいわれている政策提言とは，育児休業や児童手当，さらにワーク・ライフ・バランス政策などの家族政策や，アファーマティブ・アクション，クォーター制などの機会均等政策を指している。[8]

　もう一つの評価は，フェミニスト経済学によるものである。例えば，ジェーン・ハンフリーズ（Jane Humphries）とジル・ルベリ（Jill Rubery）は，「フェミニスト新古典派経済学」によって用いられるゲーム理論や取引費用理論が，現実の離婚率の上昇や出生率低下などの家族の変容に対して提言しうる政策的意義を評価しつつも，その理論的枠組みが，新古典派経済学の伝統的なモデル分析に基づいている限り，結局は達成すべき現状を「パレート最適」と「効率性」によって均衡論的に説明することになる点を批判する（Humphries and Rubery, 1995: 398-400）。つまり，そのような理論によって，ジェンダー不平等という構造的問題を説明できない，ということである。しかし，それはひるがえって，政策とそれを支える理論との関係を際立たせることになる。すなわち，フェミニストの問題提起を受けながら，新古典派経済学の方法論的個人主義によって，労働市場と家族を架橋する試みが，その方法の限界性を際立たせるということである。それでは以下，グスタフソン（Gustafsson, 1997）による「フェミニスト新古典派経済学」についての説明をみることにしよう。

　グスタフソンは，「フェミニズムは経済理論を変更しようとしている」（*ibid.*:

36）として，経済学に対するフェミニストの影響を以下の三つに分類した。

　「第一の見解は，新古典派経済学を拒否し，フェミニスト経済学のオルタナティブが必要であると議論する。」（*ibid.*）

　「第二の見解は，フェミニスト・パースペクティブを既存の経済学に適用することによって，異なる政策的インプリケーションが引き出されうるとする。」（*ibid.*）

　「第三の見解は，フェミニストは，新古典派経済学の男性バイアスを取り除くことによってその理論を改善し，さらにそのことによって，全体としての経済的効率性を増大しうるであろうとする。」（*ibid.*）

　すなわち第一の見解は，新古典派経済学による方法論的個人主義を拒否するものであり，第二と第三の見解は，方法論的個人主義を家族内部に拡張する新古典派経済学の分析方法に基づくものである。ただし，グスタフソンによれば，第二の見解は新古典派経済学の枠組みの変更を伴わないのに対して，第三の見解は，その方法を「改善」するとされている。グスタフソン自身は，上記第二の見解の立場に立っており，一方で，ベッカー理論の本来もつ短期的性格，すなわち「新古典派経済学は価格と所得に関するマージナルな変化に関するものであり，長期的変化をわれわれに与えるものではない」（*ibid.*: 39）という理論的立場を堅持しながらも，他方で，新古典経済学のツールとジェンダー視点を組み合わせることによって，「より経済効率的で，しかもフェミニスト視点により接近する方向へ社会を改良する議論をわれわれに与えることができる」（*ibid.*）としている。例えば「新家庭経済学」の人的資本理論とジェンダー視点の接合が取り上げられる。前者は子どものいない女性のキャリアを説明できるのに対して，後者は育児手当などによって，子どもをもつ女性のキャリアを可能にする，という（*ibid.*: 36）。

　ところで，グスタフソンは第二の立場に立ちながらも，以下で述べるようにオトゥやオサ・ロセン（Åsa Rosén）らによる新しい「第三の見解」を紹介するとともに，高く評価している。

第Ⅰ部 「家族の経済学」とジェンダー

表 1-1 ベッカー・モデルとオトゥ・モデル／ロセン・モデルとの対比

〈家族内部の分業について〉

ベッカー・モデル	オトゥ・モデル
分業および交換は，特化（specialization）による利益をもたらす	分業は家事労働を行うパートナーの「脅迫点（threat point）」を低め，結婚は拘束され，出産は「囚人のジレンマ」のようになる
フェミニストの目標は効率性と平等のトレード・オフによってしか達成しえない	フェミニストの目標は，パレート最適，すなわち経済効率性を同時に改善するような政策によって達成されうる
フェミニストの目標を促進するような政策は特化による利益を減少させるため，経済効率性を低下させるであろう	フェミニストの目標を推進する諸政策，例えば，児童手当や，両親の休暇に対する支払いや，共稼ぎ世帯に有利な税体系は，経済効率性を増大させるであろう

（出典） Gustafsson, 1997: 44.

〈差別について〉

ベッカー・モデル	ロセン・モデル
雇用者は差別嗜好をもっており，雇用されている女性に対して，主観的コストに基づく低賃金を支払うことによって女性を差別する	雇用者は，ジョブ・オファーを行わないことによって女性を差別する。その結果，女性は，男性に比較してより非効率的なジョブ・マッチングを受け入れることになる
フェミニストによる均等賃金という目標は，ある条件のもとでは，時の経過とともに自動的に達成されるに違いない。なぜならば非差別的な雇用者が利益を上げ，差別的雇用者をビジネスから追い出すからである	差別的均衡は唯一の安定した均衡であるがゆえに，フェミニストの目標は，行動なくしては実現しえないであろう
差別係数に影響を及ぼさないような，アファーマティブ・アクションや割当制などによって，より生産性の低い人物が雇われることになり，そのことによって経済の効率性を低下させることになるかもしれない	アファーマティブ・アクションはよりよいマッチングを生み出すことによって，経済の効率性を増大させるであろう

（出典） Gustafsson, 1997: 50.

　表1-1は，グスタフソンによるベッカー・モデルとオトゥおよびロセンのモデルとの対比であり，「フェミニスト新古典派経済学」の特徴がよくわかる。家族内部の分業について，オトゥは家族内成員間にコンフリクトがあるという交渉モデルを新古典派経済学に導入して，家庭内分業の調和は長期的には非効

率をもたらすとする。他方，差別について，ロセンは，ベッカーが女性に対する賃金差別から理論を組み立てるのに対して，女性に効率的な仕事が与えられないというマッチング差別から出発して理論を組み立てている。こうして，本来，ベッカーと同一の理論モデルをその出発点とする「フェミニスト新古典派経済学」から「異なる政策的インプリケーションを導出しうる」(*ibid.*: 36) ということになる。しかし，前述のように，「フェミニスト新古典派経済学」においてもジェンダー不平等という構造的問題に対して，方法論的個人主義による理論と政策が，どのように，そして，どこまで不平等の是正を提示できるのかが重要な論点となる。この点については，次節で詳述する。

ところでわが国においても，統計的手法を用いた実証研究のなかから，フェミニスト新古典派経済学と呼びうるいくつかの試みがみられる。ここでは，中田 (1997) と永瀬 (1997) について簡単に触れておこう。

中田は男女別賃金関数を比較して，現実に存在する男女間賃金格差がどのような要因に基づいているのかを検討している。そして問題は，男女間に「労働生産要素 (労働者の属性)，例えば，教育水準・年齢・勤続年数・職種経験年数差」(中田, 1997：182) についての差があるのか，あるいは「労働生産要素差は大きくなく，それら要素の市場価格に男女差があるため，つまり女性に対する『賃金差別』が男女賃金格差の主たる理由」(同上) なのか，であるという。中田は，労働生産要素のなかで，とくに「年齢」に注目して次のように述べている。「日本の男女賃金格差は，年齢という労働生産要素に対する市場価格設定が性に基づき大きく格差をつけられていることにより生み出されていると言える」(同上：188)，と。そこでは「社会文化的前提」としての「男女役割分業観」が強調されることになるのであるが，それは同時に「統計的差別に基づく潜在的訓練投資量差仮説」に対する批判となっている。この仮説は，人的資本理論に基づいており「女性の非定着的な就労行動」の結果，「企業は統計的差別に基づいて女性労働者に対しては訓練投資を控え，その訓練投資量の男女差を反映」(同上) して，賃金格差が生じるとするからである。

他方，永瀬は，正社員，パート，非正規就業 (自営業，家族就業，内職など) という既婚女性の働き方と低賃金との関係を統計的に検証し，その結果，女性

にとっての就業形態の選択を自発的な選択の結果として説明する「保障賃金差モデル」を批判している。すなわち,そのモデルは,「賃金差の一部のみしか説明をえられない」(永瀬, 1997:308)ことを明らかにしたのである。「家庭内生産,消費活動との両立のしやすさが,賃金率や労働時間と同様に既婚女性の就業選択の重要な選択変数である」(同上:292)とするこのモデルは,永瀬によれば正社員と非雇用就業(自営業,家族従業,内職など)者の賃金差を説明することはできるが,正社員とパート間格差を十分説明することはできないという(同上:305)。永瀬は,仕事と両立する家庭内活動水準の低さの代償としての低賃金が,正社員とパートとの賃金差の一部しか説明しないこと,パートに対しては,「税制や社会保険上,または配偶者手当てなどの雇用慣行上,被扶養主婦優遇等」(同上)がとられていることや,「企業側の選別によって,正社員の入り口が狭いこと」(同上)を説明要因としてあげている。

4 「フェミニスト新古典派経済学」と新制度学派

「フェミニスト新古典派経済学」は,主流派経済学が「契約」によって家族組織を説明しようとするのに対して,結婚の存在と安定性を取引費用理論や交渉ゲームによって説明しようとする。以下でみられるように,「フェミニスト新古典派経済学」は,家族と労働市場に回路を設定しようとするのであるが,その試みは同時に,新古典派経済学の方法論的個人主義と両立不可能になっていくのではないか。以下,「フェミニスト経済学」の観点から,方法論的検討を行っているハンフリーズ (Humphries, 1994, 1995, 1998) を主として取り上げながら,取引費用理論と交渉ゲームの二つのアプローチを検討することにしよう。

4.1 取引費用理論

取引費用理論は,本来,企業と生産組織における垂直的統合(ヒエラルキー)を考察の対象とするものである (Williamson, 1975: i; Ben-Porath, 1980: 2; Pollak, 1985: 582-584)。したがって,家族組織への取引費用アプローチの適用は,当然,家族組織におけるヒエラルキーを問題にすることによって,人的資本への投資が,

家庭内における配偶者間の行動にどのような影響を与えるのかを明らかにすることになる。

　それは次のような論理である。すなわち、結婚生活に関する夫婦間の人的投資の差異は、市場におけるその他の産出物との交換比率という意味での取引価格に依存し、その取引価格は今度は、投資がなされた後に明らかになる将来の情報に依存している。投資と交換に関する限定的合意は、取引費用価格を将来の交渉に委ねたまま最適化することになる。すなわち、ここで問題となるのは、「結婚生活上の人的資本への特殊的投資が、多期間にわたる家計内生産と交換に先立って行われなければならない」(Humphries, 1995: 64) という点にある。したがって、ここでは次のような問題が生じることになる。第一に、「モラル・ハザード問題」であり、第二に、結婚における「市場の失敗」とその帰結である契約の終了（離婚）による第三者（離婚調停）の介入である。前者は、すべての「不完全な契約」に際して発生する問題である。すなわち、それぞれの配偶者は、所得や家事労働、養育などの分割の諸条件を正確に明記しないまま、それぞれの労働に特化し、交換しあうという一般的条件のみに合意している。それは、どちらかの（あるいは双方の）機会主義的行動によって損害が生じ、その完全な分割ができない場合には、諸個人は他人に損害を与え、自らの効用最大化を求めてしまうことになる。この場合、契約期間の終了を導くこともある。また、ここで例えば、女性が家庭の外の市場の資本に投資し、結婚の外部にオプションを確保し、家庭内部の力関係が変わることがある。ただし、その場合の選択や許容の内部に、例えば「父親の育児休暇」のような選択肢が入れば、新たな水準での特化の効率性と、家族資本への投資水準のトレードオフが生じ整合的になることもある。

4.2　交渉ゲーム

　ここでは、家計内意思決定が問題となる。また、ベッカーの「利他主義モデル (altruist model)」における、「結合選好の順序付け」や「家計内意思決定モデル」は放棄されることになる。あらかじめ述べるならば、ここで重要なのは、第一にこの種のゲームに対する解決の不確実性と、第二に特定の不均衡な選択

第I部 「家族の経済学」とジェンダー

図1-2 夫と妻の休暇選択に際しての満足度

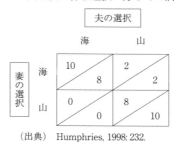

（出典） Humphries, 1998: 232.

の背後には，力関係が潜んでいるということである。

以下，この二つの点を確認するためにハンフリーズ（Humphries, 1998）によって示された，家族内意思決定に関するきわめて単純化された交渉モデルを取り上げることにしよう。

次のような場合を想定しよう。休暇を過ごすのに，妻は海を，夫は山を希望している。その場合，両者は個人的選択をめぐって争うことになる（battle of the sexes game）。選択に伴う満足度を表したものが図1-2である。それぞれが，各人の希望を貫き仲違いするよりも，ともに休暇を過ごすほうが満足度は大きいとしよう。例えば，夫が海を選択し，妻が海を選択した場合は上段左枠のなかに，妻10点，夫8点という得点が表示される。お互いがそれぞれの選択を強力に主張した場合は，上段右枠と下段左枠になる。しかしそれは，両者にとって低い得点である。選択は上段左枠か下段右枠かである。それでは交渉の結果，果たしてどちらが選択されるであろうか。

標準的な均衡概念では，上段左枠と下段右枠（「ナッシュ均衡」）であるが，そのどちらを選択するのかの判断は，効率性の観点からは困難になってくるだろう。両者が平等なパートナーシップを築いているのならば，隔年ごとにそれぞれの希望の場所で休暇を過ごすという交渉結果もありうるが，そうでない場合には，他の要因，例えば所得や稼得能力などに依拠することになる。すなわちここで家族における交渉ゲームが示しているのは，「この種のゲームにおける決定の不確実性と，特定の（不平等な）結果の背後には力関係が入り込んでい

るということである」(*ibid.*: 232)。

　ここで,「フェミニスト新古典派経済学」が一方で,制度的な構造を問題にしながらも,他方で,「新家庭経済学」の均衡モデルを前提にしている,その理論的性格をまとめることにしよう。二つの事例を取り上げる。一つは,離婚率についてである。「新家庭経済学」の場合には,離婚率の増大は「結婚から生じる利益を減少させるような技術変化」に起因することになるが,現実は女性の労働市場参加率の増大に伴う男女間の力関係の変化などに基づいている。ゲーム理論や取引費用理論のような新制度学派は,そのような力関係をとらえながらも,最終的には,利害グループや諸個人は経済環境の変化に応じて「予定調和的で制度的対応を行う」(*ibid.*: 233) ことになる。もう一つは,家計内意思決定についてである。「新家庭経済学」における家計内意思決定は効用最大化とパレート最適をもたらすが,交渉モデルでは,意思決定は家族労働への特化と市場労働への特化の間の配分関係の変化に伴う「将来の交渉上の地位」(Ott, 1995: 85) に基づく。例えば,オトゥ (Ott, 1995) は,そのような契約状況は,「部分ゲームをもつ勤学モデル」(*ibid.*) によって記述されるとするが,そこでは,市場労働参加率が低い配偶者ほど,将来における補償賃金が高いという結論が導き出される。さらに,出産の決定に関しても「新家庭経済学」では,出産と養育は家族における福祉の増大であるが,交渉ゲームでは,「家計内生産の増大が,メンバーの一方の福祉を減少させるような家族内部における分配と結びつく可能性」(Humphries, 1998: 234) が生じる。しかし,例えば「出産休暇」によって,女性の「交渉力」や「脅迫点」が低下すると判断すれば,女性は子どもを産むことに合意しないという均衡が導かれる。

　すなわち,「フェミニスト新古典派経済学」は,家族の多様化や少子化などの現実分析に際して,「取引費用理論」や「交渉ゲーム」を用いるのだが,最終的には制度的調和の体系となる。以下の文章は,両者の関係について適切に述べている。

　　「経済学者はジェンダーバイアスによって女性の割合が少ないと認識す

第Ⅰ部 「家族の経済学」とジェンダー

る場合には、アファーマティブ・アクションを許容する。経済学者は実証主義的フェミニスト（新古典派フェミニスト――引用者）の主張による、方法的規範の修正には耐えるかもしれない。……しかし、より科学的なアプローチのためには、男性性を排除することだという主張に対してはほとんど耳を貸さない。経済学者が許容できないのは、より深い方法論的批判なのである。」(Humphries, 1994: 483. Fleetwood (ed.), 1999: 16, 参照)

注―――
1) 1980年代以降の福祉国家の変容過程で家族政策は主流化した（原、2009a, 2009b）。しかしそこで採用された少子化対策やワーク・ライフ・バランス政策などの家族政策の論理は、基本的には新古典派理論に基づく「新家庭経済学」の枠内にとどまっている。それは、社会構造における問題（ジェンダー関係など）と主体としての個人の関係をいかにとらえるのかという、より根本的問題に関わる。「フェミニスト新古典派経済学」は、新古典派経済学の枠組みにフェミニスト視点を導入しながら、経済理論的には交渉ゲームによって家族間の協調と対立の問題を論じたり（少子化対策や未婚・非婚の問題）、取引費用理論によって家族組織を論じていくのであるが、そこで取り扱われる制度的問題は、政策的な介入の結果、パレート最適と効用最大化をもたらすことになる。すなわち、「新家庭経済学」においては家族への介入の正当化は、アレッサンドロ・シグノー（Alessandro Cigno）が述べているように「現在の政策、慣習、制度、不合理な男女雇用差別など経済学的に正当化されえない経済現象が家族の効用最大化行動を制約している場合」(Cigno, 1991=1997：訳185〔訳者解説〕) に限られる。例えば、大沢・駒村（1994）、駒村（1998）、大石（1998）、大沢（1998）、Cigno（1991=1997）、山口（2008a）などを参照。
2) ミンサーは、カークやリードによる「家政学」の影響を強く意識していたといわれている（Grossbard-Shechtman, 2001: 104）。すなわち、ミンサーは労働市場における労働供給は家庭における女性の家事労働やケアに大きく影響されること、家事労働への時間投入は、家庭における時間の価値に影響を与え、さらに労働市場における賃金に影響を与えることを述べていた（Mincer, 1963）。
3) 1972年と73年に、National Bureau of Economic Research と Population Council の後援でコンファレンスが開催された。その後コンファレンスに提出された論文はシュルツの監修のもと、*Economics of the Family* (Schultz (ed.), 1974) として一冊の本にまとめられた。そこに収められた論文は、シュルツとベッカーの時間配分の理論と人的資本理論に基づいて、それらを発展させる経済学の「新アプローチ」と呼ばれている。

リードは，シンポジウムのコメンテーターであり，シュルツによるリードへの謝辞もみられる（ibid.: 3）。シンポジウムの影響は大きく，1970年代には，「新家庭経済学」の「新アプローチ」をめぐって，多くの議論が展開された。その一つとして，*Journal of Consumer Research*, Vol. 4（1977年）の特集があげられる。マリアンヌ・A. ファーバー（Marianne A. Ferber）とボニー・G. バーンバウム（Bonnie G. Birnbaum）によるベッカーの時間配分のモデル批判（Ferber and Birnbaum, 1977）に対して，リードは "How New is the 'New Home Economics'?"（Reid, 1977）のなかで，コメントを述べている。ファーバーとバーンバウムは，女性の就労に注目して，時系列的な資料を用いて夫の所得が増大しても妻の就労は減少しないことを証明した。それはベッカーの時間配分の理論に反する結論である。その批判の論点としてあげられたのは，①ベッカーにおける家族のモデルは現実を反映していない，②人々は常に合理的に行動するという仮定は，不可解なインプリケーションを導く，③モデルは一定の状態を前提するものであり，その状態の将来予測をしない。つまり，その状態がいつどこで起こるかを説明しないし，文化の問題，技術変化の影響を受けない社会が前提されている，ということである（Ferber and Birnbaum, 1977; Ried, 1977: 181）。

それに対するリードのコメントの要点は以下のとおりである。第一に，理論はテストされなければならない，1970年代における経済学の「新アプローチ」はデータの蓄積による理論の検証を行うものである。第二に，ベッカーの理論はクロス・セクションの状態を前提しており，それに対して，ファーバーとバーンバウムは時系列的な研究によって，動態的分析を行っている。ベッカーの時間配分の理論はクロス・セクションでは正しい結論を提示するが，時系列的にはそのモデルに反した結論が出てくる。第三に，動態的資料については，多くの要因，例えば少子化，保育施設などの要因が作用する。第四に，家計は共通の資源のプールを伴う以上，「コンセンサス」に基づく一つの単位である。しかし，この「コンセンサス」には貨幣，時間，エネルギーをめぐる「複雑な家計内行動」が伴っていることをファーバーとバーンバウムは明らかにした（Reid, 1977: 182）。

ここで注目されるのは，リードが理論の「テスト」を強調していることと，ベッカーの家計内時間配分の背後にある「コンセンサス」の分析を強調していること，また，ベッカーにおいてもその理論的分析は現実の「一定の状態」を想定していることを明らかにしたことである。

4) スコットは「統計は労働をどう描いたか」について次のように述べている。「統計報告書は，現実の見方や社会構造のモデルが作られ修正されていった過程を示す好例である。最終的にできあがった統計が確実で絶対的——そしてなぜか真実——であるように見えたとしても，実際にはその中身には疑問や多様な解釈の余地がある」（Scott, 1999＝2004：訳242）。

5) 生垣（2010）はカークに対するラスキンの消費規定や，ヴェブレンによる制度学派

の影響を詳しく説明している。
6) 後述するように，そこには，男女間の生物学的差異も導入されている。Ben-Porath (1980) による適切な論評を参照。
7) ベッカーは，後に，家族・結婚を，「二人からなる企業」とみなしている。そこでは配偶者の一方が他方を雇い，比較優位による時間配分の効率性を最大化するために，それぞれの仕事の特化が生じることになる。このような論理に対しては，フェミニストによって，ジェンダー化された特化はジェンダー化された比較優位を生むという循環論に陥るという批判が提起された。
8) 例えば，ワーク・ライフ・バランス政策に関しても，ジェンダー平等，雇用政策，少子化対策などの論理が絡み合っている。原（2011，本書第9章に収録）参照。
9) 第一の見解は，フェミニスト経済学である。この見解は第2章，第3章で検討するように，1960年代から70年代にかけての家事労働論争を前史としながら，90年代に成立した。その理論的特徴は，家庭におけるケア労働の分析から出発したといってもよいだろう。フェミニスト経済学はまた，現代経済学批判という性格をもっているのだが，その方法は多様である。例えば，フォルブレやアマルティア・セン（Amartya Sen）は，マルクス経済学の構造理論と新古典派経済学から派生した新制度学派（取引費用理論やゲーム理論）の接合を主張する（Folbre, 1986, 1994a, 1994b; Sen, 1990）。それに対して，ハンフリーズやルベリらは，新制度学派における新古典派経済学の方法と，構造的分析とは相容れないことを主張する（Humphries and Rubery, 1984; Humphries, 1998）。

第 2 章　フェミニスト経済学の成立

1　フェミニスト経済学の方法

1.1　IAFFE の成立と *Feminist Economics*

　1990 年，ワシントン D.C. におけるアメリカ経済学会で，「フェミニズムは経済学に居場所をみつけることができるか」というタイトルの会議が開かれた。それはフェミニズムという冠をつけたアメリカで初めての会議であった。その後，1992 年には，「国際フェミニスト経済学会 (International Association for Feminist Economics: IAFFE)」が設立され，95 年春には学会誌 *Feminist Economics* が刊行された。[1]刊行当初より編集主幹を務めているダイアナ・ストラスマン (Diana Strassmann) が創刊号 (1995 年) において述べたように，フェミニスト経済学の課題は「この 20 年間に培われたフェミニスト独自の理論的概念と思想的・実践的課題を経済学にもちこみ，経済学の領域の問題として再考することをとおして，従来の経済学の体系と方法を問い直し，経済学のフェミニズムによる再概念化を試みるものである」，そして批判的視点と開かれた議論と対話によって，経済理論と経済政策に対して重要な変化をもたらす「触媒」の働きをすることである (Strassmann, 1995: 1-5) という。「触媒」の働きとは，既存の経済学にジェンダー視点を導入するというよりも，むしろ，ジェンダー視点によって経済学のパラダイムそのものを見直すことを意味している。

　IAFFE は，経済学批判の立場に立って，経済学のオルタナティブを追求するという課題のもとで成立したのであるが，同時に，フェミニスト視点をもつ

経済学の諸潮流によるアソシエーションの形をとっている。第1章で述べたように，グスタフソンは，フェミニスト経済学の諸潮流は以下の三つに分類できるという。第一の立場は，新古典派経済学を拒否し，フェミニスト経済学によるオルタナティブが必要であるとする。第二の立場は，フェミニストの視点を既存の経済学に適用することによって，これまでとは異なる政策的含意を引き出すことができるとする。そして第三の立場は，新古典派経済学はフェミニスト視点を導入することによって，その男性バイアスを取り除き，さらなる理論の改善と経済効率性を増大するという (Gustafsson, 1997: 36)。前章では，第二と第三の立場を「フェミニスト新古典派経済学」(*ibid*.: 39) と呼んで，「新家庭経済学」とともに考察の対象とした。それに対して，本章および第3章で検討するフェミニスト経済学は，第一の立場を指している。それを第二と第三の立場と区別して「フェミニスト政治経済学」という場合もあるが，本書では，通常呼び慣らわされているようにフェミニスト経済学という名称を用いる。それでは以下，まずフェミニスト経済学における「経済学批判」の観点とは何かについて考察することにしよう。

1.2 経済学批判としてのフェミニスト経済学

(1) 経済学批判

フェミニスト経済学は，既存の経済学の枠組みを批判的に検討することによって新たな経済学を目指すという意味において，「経済学批判」の観点に立っている。したがってそれは，主流派経済学である新古典派経済学だけではなくて，マルクス経済学を含む経済学の諸潮流に対しても，批判的検討を行うものである。しかし当初よりその主たる対象は，「新家庭経済学」の方法に向けられた。その背景として，以下の二点があげられる。

一つは，家族における性別役割分担や時間配分に関する分析を経済学として体系化したのは，1960年代から70年代にかけての，ミンサー，シュルツ，そしてベッカーによる「新家庭経済学」であった。けれども，第1章でも検討したように，「新家庭経済学」の系譜は，シカゴ大学のカーク (Kyrk, 1923, 1929) やリード (Reid, 1929, 1934)，そしてアイオワ州立大学のホイト (Hoyt, 1928, 1938)

第2章　フェミニスト経済学の成立

らが1920年代から30年代にかけて確立した「家政学」に遡ることができる。「家政学」においては家計内生産における女性によって担われる「無償労働」の社会的意味や生活水準の問題が論じられるとともに、古典派経済学や限界効用理論などの既存の経済学に対する批判が行われた。それに対して「新家庭経済学」では、無償労働の問題は不問に付されたまま、もっぱら家族における性別役割分担に基づく時間配分の問題と労働市場における男女間賃金格差の問題が、比較生産性原理や人的資本理論に基づいて、いわば「合理的」に説明されることになった。フェミニスト経済学は、まずこのような「合理的」方法を批判的検討の俎上に載せたのである。

　もう一つの背景としてあげられるのは、デヴィッド・ハーヴェイ（David Harvey）が指摘しているように（Harvey, 2005=2007）、1970年代末から80年代にかけての資本主義経済の蓄積構造の変化と、福祉国家の変容そして新自由主義の登場である。ハーヴェイはそれらを、世界の社会経済史における「転換」（*ibid*.：訳9）と呼んでいるが、「転換」の基礎は、市場自由主義のイデオロギーと新古典派経済学の方法に求められる。さらにアカデミズムにおいては、その「転換」に呼応するかのように、1970年代末から80年代にかけて現代経済学批判による「新たな政治経済学」を目指す諸潮流が相次いで成立した。フェミニスト経済学はこうした諸潮流と連携して、新古典派経済学を主たる批判の対象とした。それは、「自律的個人」による「合理的選択」の理論的・政策的有効性を問うという視点に基づくものであった。[3]

(2)「依存者（dependent）」の領域

　国際フェミニスト経済学会（IAFFE）の学会誌 *Feminist Economics* が、1995年の創刊号より一貫して研究テーマとして取り上げているのが、ケア労働の理論的・実践的意味とケアが行われる家族の組織分析であったことは、フェミニスト経済学の方法的立場をよく表している。ケアは無償労働として、主として女性によって担われている。しかし、彼女らは、その多くが「扶養家族（family dependent）」として社会的には「依存者（dependent）」の立場に置かれている。われわれの社会において、女性・子ども・高齢者・障がい者など、dependentの位置づけが与えられている人々とその領域を、果たして「自律的

41

個人」による「合理的選択」という方法は説明できるのか,そしてそのオルタナティブとはどのようなものか。フェミニスト経済学の方法と研究対象を規定したのは,以上の問いであった。

　ナンシー・フレイザー（Nancy Fraser）とリンダ・ゴードン（Linda Gordon）は,政治哲学と歴史学の融合という観点から,「依存者」という言葉の歴史的系譜をたどり,それが経済的・社会的・政治的・心理的そして規範的文脈の変遷のなかで意味合いを変え,さらに人々の意識によって「依存者」が作り出されてきた道筋を明らかにした（Fraser and Gordon, 1994）[4]。彼女たちの目的は,「依存の系譜を再構成し,その言葉をめぐるアメリカの議論につきまとう人々の臆見（doxa）を払いのける」（ibid.: 310）ことであった。系譜学で明らかになったのは,前工業化社会においては,independent は雇用される必要のない資産保有者,dependent は雇用されることによって生活の糧を得るものであったが,工業化社会における資本主義的賃労働の登場と「ラディカル・プロテスタンティズムによる個人の独立の積極的イメージの称揚」（ibid.: 315）のもとで,雇用されることによって生活の糧を得る自立した賃金労働者こそが「独立者」となり,勤労せずに慈善の対象となるものが「依存者」と呼ばれるようになったという。

　依存はさらに19世紀末からの「家族賃金」の成立とともに,ジェンダー規範を受け取ることによって,妻子もまた「依存者（dependent）」と呼ばれるようになった,という。そして,1980年代以降の福祉国家の変容と市場主義化のもとで,「依存者（dependent）」は新たな装いをまとうことになる。すなわち,福祉改革のもとで,dependent は,良い dependent（貧困に陥って福祉を受給する者）と悪い dependent（貧しいだけではなくて,十代の黒人で「怠惰」で「未熟」な未婚の母）に分化するという。こうして「依存者（dependent）」という言葉は,本来の「従属（subordination）」という意味を超えて,現代においては,侮蔑的な意味合いを込めて,労働市場において賃金労働を行う努力を怠っているがゆえに福祉に従属している一人親の女性たちという「臆見」になったという。

　フレイザーとゴードンによる「依存の系譜学」は,フェミニスト経済学の視点と重なりあう。なぜなら,新古典派経済学による「合理的経済人（rational economic man)」仮説には dependent は入る余地がないからである。そして以下で検討するように，ケア労働は家庭において，女性という「依存者（dependent）」によって担われている。

(3) ケア労働

上述のように，1980年代以降の福祉国家の変容のもとで，「依存者」という言葉はその領域を拡張したかのようである。すなわち，一方における「扶養家族（family dependent）」と，他方における「福祉依存者（welfare dependent）」である。一方は，家族において育児や介護などの無償のケア労働を行っている女性とその子どもたちであり，他方は，家族における育児と労働市場における雇用の狭間にある welfare mother と呼ばれる一人親の女性たちである。けれども両者に共通するのは dependent が，労働市場における雇用労働に結びつけられていることである。フェミニスト経済学が，ケア労働の理論的・政策的意味と，それが主として女性によって担われている家族組織の分析を対象としたことは，「依存者（dependent）」をめぐる議論につきまとう「臆見」を取り払うという，フレイザーとゴードンの問題意識と重なっている。

〈ケア労働分析の理論的・歴史的背景〉

本章では，フェミニスト経済学によるケア労働論を検討するのだが，その理論的・歴史的背景として，以下の三点を指摘できる。

第一は，1960年代後半以降のフェミニズムによる労働概念と，その分析方法に関する理論的成果である。竹中（2001）は，その成果を以下のように整理している。「(1) 労働概念の広義化（支払労働と無償労働との分析方法における二分法批判，ならびに歴史・人類学的方法の提起）。(2) 時間利用調査へのジェンダー視点の導入と，無償労働の測定・評価・政策化。(3) 無償労働の独自性の発見，とくにケア概念の再概念化。(4) 社会的市民権におけるジェンダー分析と，その再構築アプローチ。(5) 労働力再生産構造のグローバル化」（竹中，2001：17）。1990年代以降におけるフェミニスト経済学は，このようなフェミニストによる理論的遺産を引き継ぐ形で，労働分析とりわけ家族組織内部における無償労働の分析を行うことになったのである。

第二は，1960年代から70年代にかけて，ミンサー，シュルツ，ベッカーら

によって確立した「新家庭経済学」[5]に対する批判という観点である。「新家庭経済学」は，前述のように，従来主として社会学や人類学の対象であった家族分析を経済学の分析枠組みのなかに位置づけたのであるが，しかしその分析は，労働市場におけるジェンダー格差と家族における性別役割分業とを同一の理論的枠組みで「合理的」に説明しようとするものであった（原, 2001：259-260）。そこでは，家族はやはり「ブラック・ボックス」のままである（久場, 2002：27）。

第三は，1980年代以降の福祉国家の「危機」のもとで，家族政策をはじめとする福祉政策が大きな変容を迫られるとともに，福祉国家を支えてきた公私二分法の論理が議論の俎上に載せられたことである。戦後福祉国家のイデオロギーである社会民主主義は，古典的リベラリズムが目を逸らしてきた社会的不平等が政治的平等を掘り崩しているという認識のもとで，貧富の差によってもたらされる社会的不平等を福祉給付（社会権）によって緩和し，自由と同時に平等を補強しようとした。それは，ケインズ＝ベバリッジ型福祉国家の歴史的意義であるとともに，トマス・H. マーシャル（Thomas H. Marshall）のシチズンシップ論における社会的正義を意味するものであった。だがここで問われたのは，リベラリズムにおいても，私的領域の問題は「形式」的なままであり（衛藤, 2003：17），政治の外に排除されたままだったのではないかという批判である[6]。

キャロル・ペイトマン（Carole Pateman）は，このような福祉国家の公私二分法と女性のシチズンシップとのジレンマを「ウルストンクラフトのジレンマ」（Pateman, 1989: 197）[7]と呼んだが，その論点は，家族におけるケアと市場における労働，そして女性のシチズンシップとの両立をどのように説明するのかということであった。フェミニスト経済学は，ケア労働の分析をとおして，一方では，福祉を不要とみなすリバタリアンと新古典派経済学による市場均衡理論（市場自由主義）を，他方では，福祉国家における公私二分法と女性のジレンマを問題にしたといえる[8]。

1990年代，福祉国家類型論を展開したイエスタ・エスピン-アンデルセン（Gøsta Esping-Andersen）が福祉国家類型の比較指標を「脱商品化」指標と「階

層化」指標に置いたこと（Esping-Andersen, 1990=2001）に対して，ジェーン・ルイス（Jane Lewis）やダイアン・セインズベリー（Diane Sainsbury）ら，ジェンダーの立場に立つ社会政策研究者は福祉国家における社会政策がジェンダー関係を再生産していると主張して（Lewis, 1992, 1997; Sainsbury, 1993, 1996），「男性稼ぎ主モデル」（Lewis (ed.), 1998）の強弱やその歴史的発展過程に注目する必要性を主張した。それは，リベラリズムの公私二分法に対する批判であるとともに，福祉国家の類型化に際して私的領域としての家族におけるジェンダー関係を分析することの重要性を主張したものである[9]。

〈家事労働論争とケア労働分析〉

以上にみられるように，フェミニスト経済学は，ケア労働分析と家族の組織分析を中心に理論を展開している。本章では，まず，1970年代における無償労働の「発見」とケア労働分析との関係を明らかにするために，スーザン・ヒメルワイト（Susan Himmelweit）の見解（Himmelweit, 1995=1996）を中心に検討する。ヒメルワイトは，「第二派フェミニズム」と「マルクス・ルネサンス」を背景とした，1970年代イギリスにおける「価値論論争」と「家事労働論争」に関わった論者である。この二つの論争は，マルクス『資本論』体系の理論的問題を取り扱うものであり，前者は，価値と価格との関係，複雑労働と単純労働との関係，固定資本の価値移転の問題などをめぐって論争を展開した。後者は，家族における無償の家事労働は，労働力商品を通じて資本主義的生産過程における剰余価値生産に入るのか否かを中心論点とした。1990年代におけるフェミニスト経済学は，70年代における無償の家事労働の「発見」を前提としながら，さらにそれをケア労働の分析へと発展させた。

ここで，家事労働論争の主要論点と，その理論的成果について簡潔にまとめておくことにしよう。家事労働論争の主要論点は，資本主義的生産過程と家族における再生産過程の理論的関係についてであった。すなわち，家族における労働力の再生産過程に入る無償の家事労働（炊事，洗濯，育児など）は，労働力の価値を形成するのだが，それは資本との交換関係をとおして資本主義的な生産過程すなわち剰余価値の生産過程に入るか否かであった（Beechy, 1987=1993；竹中，1984；Kuhn and Wolpe (eds.), 1978=1986：訳者（上野）解説；久場，1987b；伊

藤，1990；中川ほか（編），2014）。そこで提起された論点は多岐にわたるが，1990年代における「フェミニスト経済学」によるケア労働分析との理論的関係という観点でみるならば，論争の成果を以下のように整理できるであろう。

　第一に，労働力の供給（労働力の再生産過程）と資本主義的生産過程という二つの生産過程の比較という観点から直接に導出されるのは，労働者が市場で受け取る実質賃金と現実の生活水準との量的関係である。ここでは，両者の関係が可視化される。つまり，家族における無償労働は生活水準を形作り，それは実質賃金を上回るということである。すなわち，労働者が市場で受け取る実質賃金と家族における生活水準の比較によって，無償労働による福祉の生産という視点が明らかになった（Humphries, 1977）。けれどもそれは1970年代においては，もっぱら無償労働が剰余価値・利潤の生産に関わることの「根拠」とされており，社会的分業の一環をなす無償労働という論点に直接に結びつけられた。そこでは，ケアと無償労働との違いは明確でなかった。それに対して，1990年代のフェミニスト経済学は，労働論としてのケアの分析に向かっていったのである。

　第二の論点は，家族内部における生産関係，すなわち市場における支払労働を担う男性と，無償労働としての家事労働を担う女性との，性別役割分担関係についてである。前述したように，「新家庭経済学」はこのような性別役割分担を比較生産性原理で「合理的」に説明するのだが，家事労働論争においては，家族における「家父長制」の問題として論じられた。したがってそこから，家族における家父長制的生産関係と市場における資本制的生産関係の二つの関係をいかにとらえるのかという主要な論点が出てくる。1990年代のフェミニスト経済学では，この「家父長制」を前提するのではなく，むしろその構造分析へと論点が移っていった。

　第三の論点は，資本主義の発展とともに無償労働の市場化という形態による社会化の進展がみられることである。そして，その過程で，無償労働は家事労働とケア労働の二つに分かれることによって，ケア労働の社会化の難しさが指摘されるようになった。これは，1990年代におけるケア労働分析の現実的背景をなすものであり，ケアの「関係的」「情緒的」性格という独自性の析出に

つながっていく。しかし，1970年代の家事労働論争においては，例えば，ジーン・ガーディナー（Jean Gardiner）にみられるように，ポスト工業化社会における生産力の発展とともに，ケアを含めた無償労働全体の社会化が進むであろうという見解もまた有力な地位を占めていた（Gardiner, 1997: 90-91）。

2 無償労働からケアへ

2.1 労働概念の再検討

1970年代，イギリスの社会主義経済学者会議(Conference of Socialist Economists: CSE)[12]を中心に繰り広げられた価値論論争，家事労働論争の論客の一人であったヒメルワイトは95年に創刊された *Feminist Economics* 誌に「"無償労働"の発見――"労働"概念の拡張の社会的諸結果」（Himmelweit, 1995=1996）を発表した。まさに1990年代のフェミニスト経済学は「ケアの意味と組織の両者をめぐって議論を形作ってきた」（Folbre and Himmelweit, 2000: 1）ともいえる。

ヒメルワイトのケア労働分析の特徴を整理すれば，以下のとおりである。

第一に，ヒメルワイトは，ケアという労働概念が市場における労働概念の直接的適用では解明できない特殊な性格をもつという。それは，1970年代における無償労働の「発見」を前史としながらも，ケア労働が理論的にも実践的にも独自な性格をもっているという主張である。

1970年代の家事労働論争における無償労働の「発見」は，一方で，家族における性別役割分担とジェンダーの力関係を明らかにするとともに，他方で家事労働は市場で獲得された商品の単なる消費過程ではなくて，労働力を再生産する社会的再生産過程であることを明らかにした。それは，無償労働を「労働」として社会的に認知するという意義をもつことになった。そして，1980年代には生活時間利用調査へのジェンダー視点の導入，90年代には国連SNA（国民経済計算体系）へのサテライト勘定の導入などの成果を導くことになった。[13]

けれどもヒメルワイトの主たる論点は，そのような無償労働の「評価」の過程において「あるものが失われた」（Himmelweit, 1995=1996：訳117）のではないか，という点にある。「あるもの」とは，無償労働のうち，「個人的」で「関係

的」「情緒的」な性格をもつケア労働の意味と，それを発見する「能力」である。ヒメルワイトは，市場における労働概念の三つの要件を次のように説明する。①労働はそれ自身のためになされるものではないがゆえに機会費用概念が成立する，②社会的分業に位置づけられる，③活動の主体が誰かに関係なく，労働者とその労働との間に距離があるということ（ibid.：訳121），である。それに対して，ケア労働には，③の概念が当てはまらない。なぜならケア（さらに自己充足活動など）は，ケアの担い手と受け手との関係が「情緒的」で「関係的」（ibid.：訳124）だからである。

第二に，ケア労働によって充足されるニーズの社会的性格についてである。すなわち，市場取引における労働は貨幣によって明確な数字で表すことができるのに対して，ケアによって充足されるニーズは「経済にとって外見上，ほとんど重要性をもっていない」（ibid.：訳126）かのように現れる。事実，1970年代以降の労働力の女性化とともに，無償労働は二分化し，一方では，炊事・洗濯などの家事労働が市場化という形態で社会化するが，他方では，無償労働のうち育児や介護などのケアは社会化が困難な労働として家族という私的領域にとどまり続ける。それは，前述のように，ケア労働は市場化される労働の要件を満たしていないことに起因する，という。

2.2 「現実的抽象」の方法とケア労働の分析

1970年代における家事労働論争は，同時に，価値論論争と連携していた。本項において問題となるのは，二つの論争の中心的論者であったヒメルワイトにおける価値論論争と家事労働論争との関係，および1990年代以降のケア労働分析との関係についてである。

ヒメルワイトはサイモン・モハン（Simon Mohun）との共著論文（Himmelweit and Mohun, 1977, 1978, 1981）のなかで，価値の実体を，歴史的規定性をもつ関係概念とする抽象的労働論の立場に立っていた。それは1920年代ソ連の価値論論争におけるイサーク・イリイチ・ルービン（Исаак Ильич Рубин）の抽象的労働論（Rubin, 1994）にその理論的基礎をもつ。価値論論争を回顧して新たな展開を目指すモハンによって編集された著書（Mohun (ed.), 1994）には，冒頭にマ

ルクスの価値形態論とともにルービンの論文「マルクス体系における抽象的労働と価値」(1927年)が収録されている。ルービン論文は1970年代における欧米価値論論争に重要な影響力をもつものであった。

モハンとともにヒメルワイトが主張していた抽象的労働論とは，ルービンと同様に，価値を資本主義的で歴史的な関係概念であるとして，そこでは生産過程における抽象的労働は流通過程における貨幣との交換を通じてはじめて価値に「なる(werden)」(マルクス，1859)というものであった。そこで重要な役割を果たすのは貨幣である。したがって抽象的労働論は一方では，現代におけるマクロ的貨幣的価値論の流れに連なっている(フォリー，1986=1990)[16]。モハンの編著(Mohun (ed.), 1994)には価値論論争に関して1973年から91年までに発表された主要な論文，および現時点での各論者の「後記」が収録されているが，興味深いのはヒメルワイトによる次の叙述である。ヒメルワイトは「価値論はこの15年間，私の主たる関心事ではなくなった」が，この論争からは一般的方法としての「現実的抽象(real abstraction)」の方法を確認することができると述べている。「現実的抽象」とは「思考における抽象として理論を構築する際に，その抽象の背後には抽象と実在(reality)とをつなぐ現実の過程が存在していなければならない」，言い換えれば「理論的カテゴリーは歴史的に根拠づけられねばならない」(Himmelweit, 1994: 172)という立場である。そのような方法は，ヒメルワイトにとって「生産と再生産との関係」や「熟練の社会的構成およびそれが賃金に与える影響」の分析などにとってきわめて有用であったと述べられている。

それでは，「現実的抽象」の方法は，ケア労働概念の分析にどのような意味をもったのだろうか。またそれは，ヒメルワイトがかつて採用していた「抽象的労働論」といかなる関係にあるのか。ヒメルワイトによれば，1960年代以降の「労働力の女性化」によって家事労働は市場化され，社会的分業の一部に組み込まれることによって，貨幣を媒介として自ら「労働」であることを明示することができるようになった，という。すなわち，無償労働の「発見」であり可視化である。それはニーズを満たす手段が貨幣となることを意味している。だがその過程で，無償の「ケア」労働はその特殊な労働の性格ゆえに社会的ニ

第I部 「家族の経済学」とジェンダー

ーズを形成する「労働」の評価から取り残されていく。その過程で，時間と貨幣をめぐる不平等は世帯内部においても世帯間においても増大することになる。

このようなケア労働の分析は，ヒメルワイトがかつて主張していた抽象的労働論，および「経済学批判」の観点においてどのような意味をもっているのだろうか。その論理を整理すれば以下のようになる。すなわち貨幣による社会的ニーズの実現という現象は，資本主義社会で進行する「現実」過程である。それは貨幣と交換される抽象的労働が価値になる（werden）という立場とも整合的である。価値はあくまで市場において評価されるニーズに対応するのであり，それは歴史的で資本主義的な関係概念である。具体的には経済指標としてのGDPや総付加価値のように貨幣単位によって表現される一定の貨幣量として現れる。その結果，無償の家事労働は二分化され，その一部（炊事，洗濯など）は資本主義の「表層」[17]（流通過程）において貨幣化が進み，「深層」（家族における生産過程）では，無償のケア労働が市場における「労働」概念から取り残されていく。ケア労働は，社会的再生産における「労働力商品化体制」（竹中，2001）の重要な役割を担っているにもかかわらず，貨幣による社会的ニーズの実現からは取り残されていく。

ヒメルワイトは，このように資本主義社会において進行する現実過程とそれを正当化し叙述する経済学を批判し，オルタナティブに転換していく「能力」（Himmelweit, 1995=1996：訳117）が必要であるとする。それは，ジェンダーに固有の領域を超えて，他の批判的経済学と連携する可能性をもつ（Fraser, 2014=2015）。

1990年代におけるフェミニスト経済学は，労働力の女性化とともに進行した。家族におけるケアをめぐる問題は，労働市場における男女間賃金差別の問題とともに，理論的にも実践的にも，ジェンダー平等を目指すフェミニストにとって，車の両輪をなす。女性が家族の外で，経済的・政治的独立を達成しようとするのに必要なのは，皮肉にも，家族の内部で女性が果たす無償労働，ケアの意味を社会的に認知することなのである（Folbre (ed.), 1996a: xi）。

ヒメルワイトによる以下の文章は，抽象的労働論，貨幣的価値論の背後に隠れてみえない（あるいは家事労働の一部が市場化されることによって可視化された），

無償のケア労働によるニーズ充足の社会的意味を「経済学批判」の観点から述べたものである。

> 「ニーズを満たす唯一の手段として貨幣を見るという傾向は，時間を，金が支払われる時間と稼いだ金を消費する時間とに分割する。これは，有償労働が，より一層"労働"となる傾向，つまり，効率を追求することで仕事の人間的かつ関係的な側面を削り取りながら，労働者と労働とを完全に分離させるという労働のあの抽象的特長に次第に順応していくようになるのである。」(Himmelweit, 1995=1996：訳129)

3　ケア・エコノミーの「発見」——効率性の転換

イギリスにおける「女性予算グループ (Women's Budget Group: WBG)」は，無償労働によるケア労働の領域を「隠された経済 (hidden economy)」「無償のケア経済 (unpaid care economy)」と呼び，「有償経済 (paid work)」とともに総経済を構成する一環として位置づけることを主張する。それは，市場において貨幣に転化する有償労働だけではなくて，家族やコミュニティの私的領域における無償労働をも含む新たなマクロ経済モデルの提示である。そこではケア労働による生産過程（個人の社会化と潜在能力の生産）は，社会システムの再生産に不可欠の領域として位置づけられている。それは同時に，経済学の「効率性」に関する議論が市場における有償経済にのみ向けられていることを批判する視点を含むとともに，「効率性」「コスト」「成長率」などの伝統的概念を理論的な検討の俎上に載せることになる。

3.1　「ジェンダー主流化」と「ジェンダー・インパクト評価」

1995年に開催された国連「北京世界女性会議」は各国政府に対して，政府の施策の企画・立案・実施・実施後の見直しなどの各段階に男女平等の視点を組み込む「ジェンダー主流化」と「ジェンダー・インパクト評価」を求めた (United Nations, 1995: 125-128)。ジェンダー予算は「ジェンダー・インパクト評[18]

価」の有効な手段であり,現在世界のほぼ50ヵ国で実践されているといわれているが,日本ではまだ定着してはいない(村松,2004:4)。従来の経済政策は,それがある特定グループ(例えば特定の企業)に向けられたものであったとしても,最終的には社会全体に正の効果が得られることが想定されている。マクロ経済政策の変数は,貨幣額で示される GDP,総需要・総供給,貯蓄・投資,財政収支,輸入・輸出,国際収支,為替レートなどであり,それらは一見してジェンダーに「中立的」にみえる。だが現実には,社会階層を構成するさまざまなグループに対して,異なった作用,あるいは「意図せざる結果」をもたらしている(Himmelweit, 2002: 49;村松,2005:146)。ここに「ジェンダー・インパクト評価」が成立する根拠がある。[19]

ここで注目されるのは,「予算を特定のグループへのインパクトに敏感になって分析する試みはジェンダー予算だけに限らない」ということである(村松,2004:3)。例えば,国際レベルの試みとしては,「貧困緩和予算(pro-poor budget)」や「環境調和的予算(environment-sensitive budget)」などがある。これは,ジェンダーの問題が他の社会階層および非市場的領域において生じる問題と連携していることの証左である。その批判的視点は,市場に全幅の信頼を置く新古典派経済学批判という文脈において,ジェンダーやフェミニズムの枠を超え,他の批判的経済学と連携することによって,現代経済学批判への広がりをもつことになると思われる。[20]

イギリスは「ジェンダー・インパクト評価」が制度化されている主要な国の一つであり,「女性予算グループ(WBG)」が存在する。[21] WBG は,「経済政策のもつジェンダー・インプリケーションに関心をもつ大学関係者,労働組合,さらに NGO から構成」されており,政策決定に積極的に関与している(Himmelweit, 2002: 49)。各国のジェンダー・インパクト評価は多様だが,イギリスの WBG の特徴はメンバーのすぐれた分析力と構想力であり,とりわけ「新雇用創出計画や所得税控除に対象を絞り,女性でもより不利な状況にある人々に焦点を当てた政府支出や政府歳入の帰着分析を行い,今日では財務省と定期的な意見交換」を行うまでになっている(村松,2002:14)。「ジェンダー・インパクト評価」の目的は,社会制度的な組織モデルの「改革」にとどまらず,ジ

ェンダー視点からする「転換」である（Elson, 1997）。

3.2 「有償経済」と「無償のケア経済」

　ジェンダー予算についてヒメルワイトは，経済を市場における「有償経済」と家族における「無償経済」から構成されるとしたうえで両者の相互関係を述べ，市場経済を対象とした経済政策と家族を対象とした社会政策との連携を説く。その目的は「政策立案者に伝統的経済学の領域の外で経済政策を追求させることができる」（Himmelweit, 2002: 51）こと，「政策が男女の行動へもたらす影響はジェンダー化」（*ibid.*）されており，その背後にはケア活動を主として女性が担うという「ジェンダー化された社会的規範」（*ibid.*: 55）に基づく「構造」が存在することを明らかにすることである。

　図2-1は，ジェンダー視点に基づいた国民所得循環図である。その特徴は以下のとおりである。

　第一は，理論的な意味である。伝統的な国民所得循環図と比べてみよう。経済の担い手として私的セクター，公的セクター，家計セクターの三つがあげられているのは図2-1においても同様であるが，家計セクターは個人消費の担い手であるだけではなくて，生産を担う「無償経済」の主体として「有償経済」と同等に位置づけられている。無償のケア労働は市場労働と同等に正当化され，そこでは，「個人の社会化と潜在能力」が育成される。この「個人の社会化」とはコミュニティにおける市民的権利と責任，規範，善意や社会秩序などであり，社会の信頼関係を維持することである。これらは，「潜在能力」とともに社会的枠組み（fabric）を構成することになる。ここで注意されるべきは，ケア労働は，前項でみたように資本主義経済における労働概念の三つの規定を充足しないけれども，社会の再生産にとって不可欠な構成要素に位置づけられていることである。

　第二は，この図の政策的な意味である。資本主義の発展に伴って，市場による家事労働の社会化が進む。しかし，ケア労働はその「関係的」「情緒的」性格のために市場化がきわめて「困難」である。ここでの「困難」性とは，たとえ育児や介護などのケアが市場化されても，それは，資本主義社会における

第Ⅰ部　「家族の経済学」とジェンダー

図2-1　有償経済と無償経済の相互関係

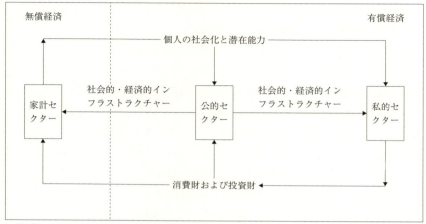

（出典）　Himmelweit, 2002: 52.

「効率性」の論理にはなじまないということである。したがって、その社会化は特殊な形態をとる。図2-1にみられるように、「個人の社会化と潜在能力」を作り出すケア労働の「コスト」は家計、公的部門、企業からなる社会で担わなければならないが、そこで行われるケア労働はその特殊な「関係的」「情緒的」性格を十分に考慮したものでなければならないということになる。それはまさに、ケアの受給者である子どもや高齢者の福祉の質を規定することになる。

現実には、福祉国家の縮減過程において、育児や介護などケアの「準市場化」が進んでいる。わが国において2000年に導入された公的介護保険制度や15年4月より施行された「子ども・子育て支援新制度」のように、そこにはケア供給主体のガヴァナンスをはじめ、ケアの質の低下など多くの「困難」が生じている。ルイス（Lewis, 1997; Lewis (ed.), 1998）、メアリー・デイリー（Mary Daly）（Daly and Lewis, 1998, 2000）やセインズベリー（Sainsbury, 1996）の福祉国家レジーム論で検討されているように、実際には、EUに典型的な公的なケアの供給と、アメリカに典型的な市場化されたケア供給モデルが存在するのであるが、重要なのは、ケアの意味を社会的に認知することである。それは市場に

おける「効率性」の論理では説明できないということである。「政策立案者は全体的としてのコストを検討」(Himmelweit, 2002: 54)しなければならない。

以上にみられるように、われわれは、図2-1のなかに、ケア「労働」とケア・エコノミーを読み取ることができる。主流派の新古典派経済学においては、家族におけるケア労働の担い手である女性が労働市場に入っていくことによって雇用率が上昇し、それは成長率の上昇につながるといわれる。だがその場合、家庭におけるケア労働の不足を社会が政策的に「保障」しなければならない。さらに、それは、ケア「労働」の「関係的」「情緒的」性格を質的に十分に配慮したものでなければならない。

ここで注目されるのは、ジェンダーに関するEUの「ジェンダー・社会的包摂・雇用に関する専門家グループ」の中心であり、イギリスWBGのメンバーであるルベリの見解(Rubery et al., 2001)である[23]。ルベリは「ジェンダー主流化」に基づくEUの女性雇用政策(2010年までに女性の労働力率を60%にまで高めるという目標)が実際には、各国の足並みの乱ればかりが目立ち、初期の目的を達成できていないのは「雇用重視の政策(work first policy)」になっていて、適切な家族政策が伴っていないためであると述べている。とくに「保育(child care)に関する論点は、もっぱら労働市場に向けられており、子どもたち自身の利害には向けられていない」(*ibid.*: 43)。重要なのは「家族と社会のネットワークと責任」(*ibid.*)であるという。実際、労働市場における低賃金のパート労働と、家庭におけるケアと「貧困」の選択に迫られる一人親の女性たちの存在は切実である。彼女たちの「選好(preference)」と「選択(choice)」は、ジェンダー化された社会的規範に基づくというよりも、むしろ労働市場における低賃金(ケア責任のため長時間労働は不可能)とケアの「コスト」を裁定した結果である。ここでは、女性の労働市場進出による雇用増と、そのことによる福祉支出の削減によって、「経済効率性」を高めようとする経済政策の「効率性」の意味が問われることになる。一人親の女性たちが直面する問題は、経済政策がジェンダー視点を伴っているかどうかの最も重要な論点となる。

3.3 効率性の転換

経済政策は幾重ものレベルにおいてジェンダー不平等をもたらす。その影響は以下の観点から検討される。①個人所得および家計所得への影響，②有償労働と無償労働とへの男女間分業，③世帯内部における交渉力，④政策のもつ家計行動への影響，である（Himmelweit, 2002: 60）。

例えば，イギリスにおいて導入された「勤労者家族タックス・クレジット（Working Family Tax Credit: WFTC）」[24]は上記の論点すべてに影響を与えた事例である，という。ここでは，経済政策と家族政策，とりわけ保育政策との相互関係をみることができる。この制度は1999年，労働党ブレア政権のもとにおけるワークフェア政策の一環として発足した。だが他の多くの先進国と同様に，個人単位の税制度（イギリスでは1989年より個人ベース）と家族単位（「男性稼ぎ主モデル」）の福祉国家制度の「不安定な妥協」（ibid.: 61）によって成立した。その目的は，一方では福祉支出の削減を目指して勤労を重視すること，他方では失業中や働き手がいないために福祉に依存している子どものいる家族と，共働きで高所得の家族への両極化のもとで，子どもの貧困を救済することである。WFTCは従来の「家族クレジット」に代わるものであるが，「家族クレジット」と異なり，所得が支給基準額を超えた場合の給付の控除率は，「家族クレジット」の70％から55％に引き下げられる。これにより，働いて得た収入がより多く手元に残るように」（下夷，1999：178）なっている。また多くの家族の就労の障害を取り除くために，同時に「保育タックス・クレジット」が導入されている。

しかし，WFTCの結果は「ジェンダー・インパクト評価」の観点からは，「矛盾に満ちた」ものであったといわれている（Himmelweit, 2002: 62）。それは，一方ではWFTCが「保育タックス・クレジット」と組み合わされることによって，「家族クレジットが補足できなかった一人親のうち2万4700人から3万4000人分の雇用を創出した」（ibid.）という。またWFTCの受給者の52％が一人親であったといわれている（そのうち男親は2％）。したがってこの制度は，一人親の就労に関してはジェンダー平等効果をもたらしたといえるのだが，その一方，「家族クレジット」からWFTCに制度変更が行われることによって，

「夫が勤労者である家族の既婚女性の2万人から2万9050人が労働市場から抜け落ちたといわれている」(*ibid.*: 63)。すなわち二人が16時間以上働けば「保育タックス・クレジット」の対象になるが，貧困世帯では勤労所得の増大によりWFTCが減額になり，結果として総所得が減少する場合がある。こうして，WFTCは，共働き家族に関しては，女性労働の労働市場からの脱落をもたらしジェンダー不平等を促進したのである。

「家族クレジット」が，「性別役割分業の核家族モデル（夫が働き，妻が家事・育児を担当）を想定」（下夷，1999：178）していたのに対して，このWFTCはきわめて「寛大」な政策であったがゆえに，その政策の長期的な「効率性」（雇用率の上昇，貧困率の減少）を上げるという観点からも期待されていたという。ここにわれわれは，経済政策が家庭におけるケア労働と市場における有償労働の双方に影響を与えること，ジェンダー視点の必要性，そして「効率性」とは何かについてのひとつの重要な事例をみることができるのではないだろうか。

4　ケアの分析の理論的・実践的意味

本章では，1990年代におけるフェミニスト経済学の成立を，ヒメルワイトのケア労働の分析に焦点を当てて検討を進めてきた。ヒメルワイトによるケア労働概念の「拡張」に関する研究は，フェミニスト経済学の理論的・政策的独自性を理解するための，重要な研究に位置づけられるであろう。以下，これまでの考察によって得られたケア労働分析の二つの意味について整理しよう。

一つは，ケア労働分析の理論的意味についてである。本章でみてきたように，フェミニスト経済学は当初より，新古典派経済学に対峙してきた。他方，マルクス経済学に対する経済学批判の観点については，1970年代における家事労働論争の方法と90年代以降のフェミニスト経済学の方法とを比較検討することが重要である。

1970年代には，価値論について，ヒメルワイトはモハンとともにルービン理論による抽象的労働論の立場に立っていた。すなわち資本主義社会における価値とは，市場における貨幣との交換によって初めて生成し，現実化するとい

う流通主義的立場であった。それは実際には，資本主義における物象化された「現実」を説明する理論であって，1970年代当時の価値論論争においては，イアン・スティードマン（Ian Steedman）をはじめとするネオ・リカーディアンによる生産主義的価値論批判の意味をもっていた。ヒメルワイトやモハンによる1970年代における抽象的労働論に基づくならば，家庭における無償労働もまた，それが市場において貨幣に転化できない限り価値を生まないことになる。それは，資本主義的生産における「現実」であるとともに，その転倒した物象的性格を表すものである。したがって，家事労働論争に対しては，その論争が無償労働を可視化することによって家族内部における性別役割分担というジェンダー関係を明らかにしたという意義を認めながらも，その一方，家事労働が労働力商品を介して剰余価値・利潤を形成することにはならない，といわざるをえない。

　それでは，1990年代におけるケア労働の分析と70年代における家事労働論争との理論的関係はどのように説明できるのだろうか。ヒメルワイトは1990年代において，70年代における価値論争の「回顧」に際して，「現実的抽象」という方法の重要性について述べていた。「現実的抽象」とは「思考における抽象として理論を構築する際に，その抽象の背後には抽象と実在（reality）とをつなぐ現実の過程が存在していなければならない」（Himmelweit and Mohun, 1994: 171）というものであった。

　つまり，家事労働論争とケア労働分析との関係に関しては，次のようにいえるであろう。1970年代末以降の「労働力の女性化」によって家事労働は市場化され，社会的分業の一部に組み込まれることによって，貨幣を媒介として自ら「労働」であることを明示することができるようになった。しかしそれは，家事労働の一方を表すのにすぎないのであって，育児や介護からなるケア労働は，その労働の独自性ゆえに，市場化が「困難」な労働として可視化されないままある。前者の家事労働は，市場労働との対比，すなわち「機会費用」によって計算が可能となるのであるが，その一方，無償のケア労働は，「関係的」で「情緒的」という独自性ゆえに，社会的ニーズを形成する社会的「労働」の評価から取り残されていく。その過程で，時間と貨幣をめぐる不平等は世帯内

第2章　フェミニスト経済学の成立

部においても世帯間においても増大する。このような不平等は，現実には，一人親の母親の世帯とその子どもの貧困に典型的に現れている。

　こうしてみると，1970年代の価値論論争と家事労働論争における抽象的労働論と，ケア労働分析における「現実的抽象」の方法は基本的に同一であると考えられる。むしろ，その方法によってこそ無償の家事労働が二つに分かれケアの不可視の存在が明確になったといえる。ここで重要なのは，資本主義的生産において不可視化されるケアの社会的意味を評価する「能力」と，新たなオルタナティブをもった経済学である。実際，前述のように，家事労働論争における成果の一つは，市場において資本との交換によって獲得される実質賃金と，家族において生産される「福祉」，すなわち生活水準の量的乖離を明らかにしたことである。1990年代におけるフェミニスト経済学は，この量的乖離の背後には無償労働があり，ケア労働があることを明らかにしたといえる。

　最後に，ケア労働分析の実践的課題について述べておこう。本章ではジェンダー予算との関連で，「効率性」の転換をもたらす可能性について述べたが，ここでは，ケア労働分析の実践的意味について，二つの論点を取り出すことができる。一つは，ケア労働の社会化は，市場における「効率性」の論理になじまないこと，もう一つは，ケアの「コスト」は社会的に担われなければならないことである。そこで，わが国における公的介護保険制度の事例を取り上げることにしよう。なぜなら，わが国において，2000年の公的介護保険制度の導入以降，「準市場化」による社会化が急速に展開しているからである。「準市場化」とは規制された「市場化」であり，そこでは，保険料の納入と利用者による自己負担金の支払いのもとで，介護を受ける側の「選択の自由」が保障されるというものであった。

　『平成23年度社会生活基本調査』によれば，介護保険制度の導入後，一人当たり介護・看護労働時間の推移は減少傾向にあるが，介護者（介護を行う人）の数，および介護・看護時間総量は増加の一途である。しかし介護者のうち職業的介護労働者（ケアワーカー）の支援を利用している人の割合は約3割にとどまっている。2004年時点では，この値は9.9％であったことを考えると，この10年間に介護保険制度が定着してきたといえるのであるが，その一方，

06年度以降，介護支援を利用していない人の増加率（30.3%）は介護支援を利用している人の増加率（22.6%）をはるかに上回っている。しかも，介護者の介護・看護時間総量でみれば，その約7割を女性が担っている。このような実態をみれば，わが国における育児や介護の社会化が「家族主義」を変化させたとはいえない（落合ほか，2010）。しかも，一方におけるケア労働者の低賃金と労働強化，ケア労働時間の分断化と質の低下，他方における低所得層における支払困難による介護保険制度からの離脱がみられる。つまり，介護の供給総量は増加しているのであるが，世帯間で「時間と貨幣をめぐる不平等」が深刻化している。ここには，ケア労働の市場化をめぐるクリティカルな問題領域が浮かび上がっている（原，2013c：56）。

注
1) 日本におけるフェミニスト経済学の紹介・検討としては，久場（1999, 2002），足立（1999），竹中（2001），山森（2002），原（2001, 2005）などに詳しい。久場は制度派経済学としてのフェミニスト経済学の議論を展開している。足立はフェミニスト経済学の成立と意義に関する包括的な紹介・検討を行っている。竹中は1960年代後半以降のフェミニストによる無償労働の発見と90年代以降のフェミニスト経済学の連携を重視するとともに，「稼ぎ手であり介護者である」という，福祉国家のケア供給モデルについて述べている。山森はアマルティア・センのケイパビリティ・アプローチをフェミニスト経済学の視点から検討している。原は本章でも取り上げるイギリスにおける歴史的視点をもつフェミニスト経済学の問題提起に注目しながら，市場と家族の理論的関係について検討している。

　なお，*Feminist Economics* 誌の編集委員として，Diana Strassmann, Bina Agarwal, Nancy Forble, Susan Himmelweit, Jane Humphries, Tony Lawson, Julie Nelson, Jill Rubery, Amartya Sen など，常時，25名前後のメンバーが名を連ねている。本誌は学術ジャーナル編集者会議（CELJ）から，1997年度の新ベストジャーナル賞を得ている。わが国においてもIAFFEと連携をとりつつフェミニスト経済学研究の発展を目指すフォーラムとして，JAFFE（Japan Association for Feminist Economics）が設立され，2004年4月に設立大会（於：法政大学）が開催された（現在は，「日本フェミニスト経済学会」に名称を変更）。
2) 「フェミニスト新古典派経済学」は，フェミニストの視点を新古典派経済学の体系に導入する。理論的には，取引費用理論やゲーム理論によって，家族内部の性別役割分業や結婚をめぐるコンフリクト，さらに少子化を分析する枠組みを提示しうるとい

第2章　フェミニスト経済学の成立

う。代表的論者としては，グスタフソン（Gustafsson, 1997），オトゥ（Ott, 1995），ロセン（Rosén, 1993）などがあげられる（本書第1章参照）。また新制度学派のロバート・A. ポラック（Robert A. Pollak）は，取引費用理論を用いて，家族・世帯分析を行った（Pollak, 1985）。ポラックの研究は，フォルブレやポーラ・イングランド（Paula England）ら，アメリカにおけるフェミニスト経済学に対して大きな影響を与えている（England and Folbre, 2003, 本書第3章参照）。しかし，フェミニスト新古典派経済学に対して，ハンフリーズは次のように，その方法論的個人主義を批判した。「フェミニスト新古典派経済学」は，政策的にはアファーマティブ・アクションやクォーター制などの「機会の平等」政策と結びつくが，それは，ジェンダー平等をどの範囲まで問題化し，支持しうるのか。すなわち，主流派の方法である「微積分学は機会均等のパースペクティブを問題化しうるのか，そしてフェミニスト新古典派経済学による代替的な微積分学はその地位を占めうるのか」（Humphries (ed.), 1995: 393），と。

3）　1980年代に相次いで登場した現代経済学批判の潮流として例えば「批判的実在論」（Lawson, 1997）と「レトリカル・エコノミクス」（McCloskey, 1986=1992）をあげることができる。両者はその方法を異にしているのであるが，1980年代以降の経済学の転換のもとで，新古典派経済学のモデル分析を批判するという意味においては，共通の問題意識に立っている。そしてフェミニスト経済学もまた，この流れに連携すると考えられる。例えば，ハンフリーズ（Humphries, 1998）は，次のように述べている。「フェミニスト経済学による，家族と労働市場を架橋する取り組みによって照射されるのは，……方法論的個人主義は，エージェンシー・社会的構造，そしてその両者の相互関係の研究とは，相矛盾するということである」（ibid.: 224）。けれども，フェミニスト経済学の内部には，その批判の方法に関して多様な見解がみられる。例えば，ハンフリーズやルベリ（Humphries and Rubery, 1984）が，新古典派経済学に対する方法的批判を重視するのに対して，フォルブレやイングランド（Folbre, 1994a, 1994b; Folbre (ed.), 1996b; England and Folbre, 2003）は，取引費用理論やゲーム理論の影響を受けながらマルクス派理論と新制度学派の融合を目指している。アマルティア・センもまた，公共選択理論に基礎を置きながらも，フェミニスト経済学としては，家族組織分析にゲーム理論を用いている（Sen, 1990）。

4）　フレイザーとゴードン（Fraser and Gordon, 1994）は，1980年以降の福祉改革のなかで，共和党も民主党もともに，「福祉依存者（welfare dependent）」を未熟な二流市民とみなしている点では同様であるという。民主党政権下，1997年に制定された「個人責任および就労機会調整法（Personal Responsibility and Work Opportunity Conciliation Act）」はその典型例である。

5）　わが国における，「新家庭経済学」については，八代（1993），大沢・駒村（1994）を参照。また，Cigno（1991=1997）の巻末には訳者（田中・駒村）による「家族の

第 I 部　「家族の経済学」とジェンダー

経済学」についての詳しい「解説」がある。
6) このソーシャル・リベラリズムにおけるシチズンシップの「形式性」とシビック・リパブリカンやコミュニタリアンにおけるシチズンシップの「実体的」把握については，衛藤 (2003：17) を参照のこと。なお，衛藤はラディカル・フェミニズムの影響力が弱まってリベラル・フェミニズムが登場することによって，シチズンシップとジェンダーをめぐる理論が，イギリス連邦やヨーロッパのフェミニスト研究者の間で最も関心を引き付けるテーマの一つになったと述べている。
7) 「ウルストンクラフトのジレンマ」とは，「家父長制的」福祉国家の枠内では女性が要求するシチズンシップは実現しえないというものである。女性は一方で，福祉国家のシチズンシップが彼女たちに拡大されることを望んだ。しかし他方で，女性は同時に母としての特殊な仕事，「福祉を供給する無償労働」であるケアを行う。それは「市民としての女性の仕事」とみなされており，公私二分法のもとでは，福祉国家のシチズンシップの外に存在することになる，というのである。ここで問われているのは，市民としての権利が市場への参加に結びつけられているという論理それ自体のもつジェンダー不平等の問題である。詳しくは，本書第 8 章を参照。
8) 公私二分法の問題は衛藤が述べるように，「公的領域と私的領域とを連続的にとらえ，私的領域に置き去りにされた問題のなかに政治社会の全ての市民に共通の政治課題があることに気づく」(衛藤，2003：14) という意味において，ジェンダーやフェミニズムの視点を超えるものである。また福祉国家の変容と新古典派経済学との関係について，小林 (2004) は，福祉に関する限り，市場均衡論 (「理論経済学」としての新古典派経済学) と規範理論 (リバタリアニズム) の連合による「市場の絶対化」であると，適切に述べている (小林，2004：284)。
9) エスピン-アンデルセンはその後，フェミニストからの批判を受け止めて，「脱商品化」指標と「階層化」指標に加えて，第三の指標として，新たに「脱家族化」指標を提起した (Esping-Andersen, 1990=2001)。わが国における，ジェンダー視点からの比較福祉国家動態論としては，武川 (1997)，居神 (2003) を参照のこと。
10) この観点を明確に打ち出したのは，ハンフリーズ (Humphries, 1977) である。ハンフリーズは，19 世紀末のイギリス労働者階級家族における実質賃金と生活水準の量的相違を明らかにした。それは，家族におけるケアの意味を歴史的に明らかにするものであった。この論点は，家族賃金をめぐるハイジ・ハートマン (Heidi Hartmann) との論争において重要な論点となった (本書第 3 章参照)。他方，ハンフリーズは次のように述べている。家事労働論争においては，カール・マルクス (Karl Marx) が家事労働を「無視」しているという批判がなされるのであるが，それに対して「マルクスによる労働力の価値規定が，雇用構造に対する労働者階級家族の反応 (sensitivity) から抽象されていることについては，ほとんど注意が払われていないことは，驚きである。なぜなら，これは同様に，マルクス価値論の再構成を示唆する

ものだからである」(*ibid.*: 245)，と。『資本論』のこの箇所は，いわゆる労働力の価値分割として論じられている個所であるが，ハンフリーズは，18世紀から19世紀にかけての労働者階級家族と資本蓄積過程の分析を踏まえたうえで，マルクス価値論の再評価を示唆している。1990年代以降のフェミニスト経済学によるケア労働分析と労働概念の再検討や，家族における福祉の生産の研究は，家事労働論争におけるハンフリーズの主張が説得的であることを示していると考えられる。

11) 家父長制と資本制との関係については，竹中 (1993) を参照のこと。竹中は，上野 (1990) に代表される，資本制と家父長制の二元論を批判して，資本制的家父長制による一元論を主張する。

12) CSE は，1966 年から 70 年のイギリス労働党政権の社会民主主義運動の限界性を見出した経済学者たちによって 70 年にロンドンで設立された。その後，ラディカル・ケインジアンによる当時の政策や社会民主主義に対して，「オルタナティブ」を提起するという共通の認識のもとで，マルクス経済学に対する関心が盛り上がった。アカデミズムの分野においても，『新マルクス・エンゲルス全集 (新 *MEGA*)』の刊行などを背景として，1960 年代末から 70 年代にかけて「マルクス・ルネサンス」の時代と呼ばれた。とくに 1972 年から 76 年にかけて，価値論論争，家事労働論争にとどまらず，生産的労働と不生産的労働に関する論争，蓄積と恐慌理論，帝国主義理論などをめぐる論争が広範な広がりをみせた。論争の主たる舞台を提供したのが，CSE の機関誌である *Capital & Class* であった (Mohun (ed.), 1994)。1990 年代に入って，当時の論争参加者による回顧と展望に関する書物が出版され始めた。

13) 93 SNA (The UN's System of National Account 1993) におけるサテライト勘定は機会費用の手法によって無償労働を評価したという意味において実践的に重要な意味をもっているのだが，「そのような有形的な家庭内生産の包含は決定的であるとはいえない。なぜなら無償労働の多くは家庭やコミュニティ内部におけるサービスの生産だからである」(Himmelweit, 2002: 67)。それに対して，イギリス国家統計局は 2002 年にさらに改良を重ねたサテライト勘定を作成している。これについては，橋本 (2010) を参照されたい。

14) 無償労働は価値を生まないとする，センサスの取扱いに対する女性からの批判は，すでに 19 世紀末にみられる。例えば，1878 年，アメリカの「女性の地位向上のための同盟 (The Association for the Advancement of Women: AAW)」は，センサスにおける「主婦は収入を生み出す労働者ではない」という意見に対して，「労働者であり生産者である女性の数をより注意深く，正しく数え上げて考慮するように」という嘆願書を提出している (Folbre and Abel, 1989: 545. 本書第 1 章参照)。

また，マリリン・ウォーリング (Marilyn Waring) は 1988 年の著書『新フェミニスト経済学』(Waring, 1988=1994) のなかで次のように述べている。国連国民経済計算体系のなかには，「私の国にとって重要な次のようなものがすべて——公害のない

環境，安全な飲料水となる河川，国立公園・散歩道・海岸・湖・ナギモドキやブナ林などに行けること，原子力や核エネルギーがないこと――が計算されていないことがわかった。それらは個人消費支出や一般政府支出や国民総資本形成には計算されていなかった。ところが，これらの制度体系はあらゆる公共政策の決定に使われてきたのである。環境それ自体の測定が不正確だとしたなら，その保存を約束した政策的手段など何ら『価値』あるものとなりえないだろう」(*ibid.*：訳3-4)。ここには，ジェンダー予算と環境予算などとの実践的な連携を読み取ることができる。

15) ルービンの論文は，本来ネップ期のソヴィエト・ロシアにおける価値論論争のなかで発表されたものである。1920年代の論争の主要論点は抽象的労働を価値の実体，すなわち一定量の生理学的エネルギーの支出というように「超歴史的性格を有する範疇」とみなすのか (А. Ф. コーン)，あるいはルービンのように抽象的労働を資本主義社会に独特な関係概念とみなすのかということであった。それは理論的問題であるとともに政治的に最大限の重要性をもつ問題であった。なぜなら，社会主義のもとで社会的価値の量的測定が可能か否かという現実的問題と直接に絡んでいたからである。そしてそこで，ルービンが腐心した問題とは「生産」と「流通」との関係についてであった (Рубин, 1930=1993：訳者 (竹永) 解説；竹永 (編・訳)，1997；原，2000)。

16) ダンカン・K. フォリー (Dancan K. Foley) のマクロ的価値論 (フォリー，1986=1990) においては，「貨幣の価値」と「労働の価値」という独自の概念がその理論的性格を表している。「貨幣の価値」は「社会の総付加価値を貨幣単位で測定すること」(*ibid.*：訳24) から産出される。例えば1ドルは15分の1時間の社会的労働を表すというように。また労働力の価値は「労働者が一時間あたりに受け取る社会的労働時間」(*ibid.*：訳50) であり，貨幣賃金と等価である。式で表せば，$w^* = mw$ (w^* は労働力の価値，m は貨幣の価値，w は貨幣賃金) である。

17) 資本主義的生産の「表層」と「深層」，すなわち生産と流通の二層把握については，正木 (1999)，ルービン (1981) を参照。

18) 村松 (2002, 2004, 2005) は日本ではまだ定着していないジェンダー予算概念についての詳しい叙述とともに，オーストラリアや南アフリカなどの先進的な取り組みとその多様性について紹介している。ジェンダー予算の独自性は，第一は査定・評価の単位が世帯と同時にそのなかの個人であること，第二は社会の総生産活動として無償労働によって生産される「再生産部門」の貢献を認めることである。他方，ジェンダー予算がきわめて「政治的」な意味を有することも事実である。例えば，1984年オーストラリアの労働党フォーク政権下で成立した世界最初のジェンダー予算の策定，および女性問題担当顧問フェモクラット (フェミニスト官僚) は確かに女性運動の成果ではあったが，96年に労働党が敗北し保守党政権が復活した年に「女性予算表」は廃止されたからである。しかし，ここで重要なのは，保守党はジェンダー主流化の動きを止めることはできず，いったん制度化されたジェンダー統計の整備とジェンダ

19) 日本においても 2000 年に日本評価学会が設立されている。その機関誌『日本評価研究』Vol. 4, No. 1, 2004 年の特集は「ジェンダーの主流化とインパクト評価」であった。
20) フェミニスト経済学と「新たな政治経済学」の理論的連携については，Humphries（1998）を参照。
21) イギリスの「女性予算グループ」については，Elson（1997, 2001, 2002），Himmelweit（2002）を参照。
22) 「横浜方式」と呼ばれる保育の社会化は，現実には，保育の株式会社化によって達成されている。
23) ルベリほかのこの論文も，ヒメルワイトと同様の問題意識のもと，労働市場と家族におけるケア政策との連携を問うものである。「ジェンダー主流化」の流れを，まず経済政策において実現し，そのことによって伝統的経済学の転換につなげていく方向が求められている。
24) イギリスの家族クレジット・児童給付・障害者手当については下夷（1999），村松（2004）を参照。下夷はモデル世帯の給付の計算例を提示している。また，イギリス・ニューレイバーの経済思想については，深井（2006, 2011），原（2012b），本書第 8 章を参照。

第3章　フェミニスト経済学における家族分析

1　家族理論の再検討

　フェミニスト経済学は市場と家族の問題を，二つの観点から取り上げている。一つは，前章で検討したように，ケア労働の分析である。1960年代から70年代にかけて，コロンビア大学のミンサーや，シカゴ大学のシュルツ，ベッカーによって確立された「新家庭経済学」は，家庭における性別役割分業を比較生産性原理によって説明するとともに，家計は単一の「家計生産モデル」によって効率性を最大化するとみなした。そこでは，「新家庭経済学」のルーツである，1920年代から30年代にかけて「家政学」によって提起された「需要曲線の背後にある」(Kyrk, 1923: 10) 重要な問題，家計における主体としての女性とその無償労働の意味については不問に付されたままであった。

　本章では，フェミニスト経済学による家族分析として，フォルブレおよびハンフリーズとルベリの見解を取り上げることにしよう。両者はともに，主流派経済学に代わる家族の経済学を作り上げるということ，またフェミニズム理論による「家父長制」は「物語の半分しか述べていない」(Folbre, 1994a: 1) として，その経済的基礎である家族分析や行動分析の解明を志向する点において，共通の立場に立っている。しかし以下で検討するように，両者の理論的方法の違いも明白である。その違いは，現在のフェミニスト経済学の内部における，理論的な二つの方向性を表しているとも考えられる。

　一方は，フォルブレに代表されるように，新古典派経済学から派生した新制

度学派，すなわちゲーム理論や取引費用理論の枠組みを用いながら，新古典派経済学の合理性に代わるオルタナティブとしての新たな「合理性」を追求するものである。実際，この流れには，アマルティア・センを含めることができる。センは，ゲーム理論の「交渉モデル」を用いて，家族を「協調的対立 (cooperative conflict)」(Sen, 1989, 1990) の場として描く。そして家族における男女間不平等は，制度としての家族が対立の「調停手段」(Sen, 1989: 172) になっていることによるとする。そこでは，ゲーム理論の方法に基づいて，所与の「脅迫点 (threat point)」の設定のもとで「協調的対立」が描かれている。それは以下で述べるように，事実上，新制度学派とネオ・マルクス学派の理論との融合理論であるとも考えられる。

　他方，ハンフリーズとルベリの課題は歴史的考察に基づいて，労働者階級家族存続の物質的根拠および市場と家族の関係を理論的に明らかにすることである。その特徴は，以下で述べるように，家族は資本蓄積過程において相対的に自律しているという理論である。すなわち産業革命期や19世紀から20世紀初頭にかけての家族分析によって明らかにされるのは，家族（擬似家族を含む）は，新古典派経済学の方法にみられるように，効率性最大化を目指すものではないし，構造的機能理論によって説明されるものではないということである。家族は，「男性稼ぎ主モデル」における家父長制の権力関係を内にもちながらも，ケア労働による福祉の生産によって結びつこうとする，一つの紐帯をもっているという。それは，第3章・補論における産業革命期イギリスの家族と児童労働の分析によっても，明らかにされた点である。それでは以下，フォルブレおよびハンフリーズとルベリの検討に移ることにしよう。

2　フォルブレの家族組織分析——「拘束の構造」と「目的的選択」

　フォルブレは，*Who Pays for the Kids?: Gender and the Structure of Constraint* (Folbre, 1994a) と，編著 *The Economics of the Family* (Folbre (ed.), 1996b) において，「拘束の構造 (structure of constraint)」という概念を用いることによって，家族における社会的再生産の理論を展開している[1]。以下，フォル

第3章　フェミニスト経済学における家族分析

ブレの問題意識とその理論的特徴を述べることにしよう。

フォルブレの問題意識は，第一には「社会主義フェミニズム」と「合理的フェミニズム」の両者を超克することである。「社会主義フェミニズム」に対しては，その資本制と家父長制という二重システム論[2]，つまり構造的に単純化された枠組みを批判する（Folbre, 1994b: 38）。それに対してフォルブレは，新古典派経済学の「合理性」概念の影響を受けたフェミニズムを「合理的フェミニズム」（ibid.: 25）と呼ぶ。そしてジョン・スチュアート・ミルに始まるリベラル・フェミニズムは，皮肉にも，男性と同様の「合理性」，そして「利己心」を要求する論理であるという。ここでフォルブレが提起するのは，「合理性」概念の再定義である。「合理性」は新古典派経済学では，欲望のランク付けという意味で用いられている。つまり，交換において，財 Y を手放して財 X をどの程度手に入れることができるかを計算する能力である。しかし，フォルブレは，日常の用語では，「合理性」とは，単に人々の行動を「根拠づけ」る能力であり，自らの欲望を知ること，目標に対する手段であるという（ibid.: 26）。そこからフォルブレは，新たな分析概念として，新古典派経済学の「合理性」に代わる「合理性」の一般理論，すなわち「目的的選択（purposeful choice）」概念を提起する。

第二は，フォルブレ自身は家族の組織分析を志向することになるのであるが，その理論的枠組みとして，ネオ・マルクス学派による構造分析（「拘束の構造」）と，それを「補完」するものとしての新制度学派のゲーム理論（「交渉モデル」）および取引費用理論を用いている。こうして，マルクス理論と新制度学派の融合はフォルブレの理論的特徴をなしている。実際，フォルブレは上述の編著（Folbre (ed.), 1996b）の「序文」においても，新古典派経済学と新制度学派によるその批判のダイアローグに注目して，次のように述べている。すなわち，両者のパラダイムのぶつかりあいは「経済学全体に対して利他主義と利己主義を含む深刻な問題」（ibid.: xiii-xiv）を照射する，と。

2.1 「不完全に合理的でいくぶん経済人」による「目的的選択」

家族を含む社会的制度の変化の解明は，フォルブレにおいては，構造分析の

なかに制度に拘束された主体としての個人を導入することから始まる。すなわち，個人の行動（agency）と集団（group）との関係を解明する枠組みをつくることである。個人はなぜ共通のアイデンティティのもとで家族（集団）を形成するのか，なぜ家族は調和を壊すのか（離婚）などである。フォルブレは，そのような調和と対立を生み出す構造を，「拘束の構造」と呼んでいる。

(1) 「不完全に合理的でいくぶん経済人（IRSEPs）」

それでは，「拘束の構造」における経済主体の性格はどのように定義されるのだろうか。フォルブレは，新制度学派における主体概念を「不完全に合理的でいくぶん経済人（imperfectly rational somewhat economic persons: IRSEPs）」と呼び，そこから，さらに「目的的選択（purposeful choice）」概念を作り出す。この二つの概念は，フォルブレの理論的特徴を最も適切に表現すると考えられる。

IRSEPsとは，新古典派経済学の方法において想定されている「合理的経済人（rational economic man: REM）」に対置される新制度学派独自の主体概念であるとされる。フォルブレは，一方では新制度学派が最終的には「還元主義」に[3]陥ることを批判しながらも，他方，IRSEPsは合理性が不完全であることの不完全性（市場の不確実性，不完全情報，相互依存的効用）と主体が「利己心」に基づいていることの両方の行動を許容する概念であるとして，評価している（Folbre (ed.), 1994a: 15, 27）。そのうえで，フォルブレは，以下で論じるように「目的的選択」概念を提起する。その概念は，事実上，新古典派経済学の規定とは異なる日常的用語として「合理的選択」を読み替えたものであるという。この点において，イングランドやエレイン・マクレイト（Elaine McCrate）も，合理的概念の制限を緩めることや（England, 1989, 1993），新古典派経済学の形式的合理性に代わる実質的合理性（McCrate, 1988）の必要性を主張している。

(2) 「目的的選択（purposeful choice）」

フォルブレの理論的特徴は，新古典派経済学の「合理的選択」概念は「強く正当性のない」仮定に基づくものであると批判しながらも，「合理性」という概念自体を否定しない点にある。フォルブレによれば，例えば家族における「集合的行動のジレンマ」とは，「合理的選択」の役割を重視せざるをえないものである，という（Folbre, 1994a）。ここでジレンマというのは，フォルブレに

よれば，諸個人は自らの根拠づけに基づいて「合理的選択」を行いながら，なぜ自らを特定の集団のメンバーとみなすのか，そして集団としての利害を追求するのか，さらに場合によっては，なぜ自己を犠牲にしてまでも集団の利害を優先させるのか，ということである。

ここでフォルブレが，新古典派経済学の「合理的選択」概念に代えて提起するのは「目的的選択」概念である。「目的的選択」概念は，主体による意識的な熟慮を含みながらも「より達成度が低くフレキシブル」な概念であるとされる (ibid.: 17, 27)。すなわち，個人の行動において「選択は重要な役割を演じているが，諸個人は，完璧で合理的な効用最大化を行うことはできない。だが彼らは売買を決定し，種々の社会活動に従事する決定を行う目的をもった主体である。彼らの選択は，効率性という経済学者の伝統的仲裁者としての相対価格，期待収益によって影響を受けながらも，それはまた，諸個人の選好と文化規範からなる構築物によって形成されている」(ibid.: 38-39)，と。

つまり「目的的選択」自体，先行する選択と特定の社会構造の帰結ということになる。この社会構造を規定するのが「拘束の構造」である。それは，資産分配，政治的ルール，文化規範，個人的選好などからなる。

(3)「拘束の構造」

こうして，フォルブレによれば，「目的的選択」という概念を用いることによって，理論的には個人の選択の合理性と非合理性の二元論を避けうるという。そして，フォルブレはそのことによって，集合的アイデンティティと個人的行動に関するより「広義の理論」(ibid.: 17) を展開することができるという。つまり諸個人は，一方で集団としての家族，民族，階級，国家への「コミットメント」によって社会化するが，他方で他者への「コミットメント」の実現と表現の過程自体が個人的過程であるという理解である。図3-1は，フォルブレによる「フェミニスト・アプローチの定式化」である。図3-2と図3-3は，それとの対比で掲げられた，「新古典派制度学派」と「ネオ・マルクス学派」の定式化である。

第Ⅰ部 「家族の経済学」とジェンダー

図3-1 フェミニスト・アプローチの定式化

> **構造的要因**：資産，ルール，規範，選好
> **主体**：個人，選択集団，所与集団
> **過程**：強制，生産，交換，調整
> **場**：企業，国家，市場，家族

（出典） Folbre, 1994a: 49.

図3-2 新古典派制度学派モデル

> **部分的に内生的要因**：ルール，規範，選好
> **主体**：個人，利害グループ
> **過程**：交換，交渉，調整
> **場**：市場，社会制度

（出典） Folbre, 1994a: 24.

図3-3 ネオ・マルクス学派モデル

> **構造的要因**：資産，ルール，規範
> **主体**：階級，階級のような集団，個人
> **過程**：強制，生産，交渉，交換，調整
> **場**：資本主義企業，国家，市場，家族

（出典） Folbre, 1994a: 35.

2.2 新制度学派とフォルブレ

フォルブレのフェミニスト・アプローチが，新古典派制度学派モデルとネオ・マルクス学派モデルとの融合であることは，この図をみれば，一見して明らかである。そこでは，個人の社会における配置を規定する要因として，ネオ・マルクス派の構造的要因である「資産」「ルール」「規範」（「規範」とは法的ルールを補完する「暗黙のルール」）に加えて，個人的「選好」があげられている。さらに，主体として，「個人」と「選択集団」と「所与集団」があげられている。ここでいわれる「所与集団」は，ネオ・マルクス学派では階級に属する個人であり，「選択集団」は，個人がボランタリーに選択する各種集団である。

このようにみてくると，フォルブレの家族組織分析にとって重要な「拘束の

構造」と「目的的選択」概念に基づく理論は，新古典派制度学派とネオ・マルクス学派を超克するという意図のもとで，むしろ両者の融合，あるいは折衷になっているのではないだろうか。

その論理は，理論的系譜からみれば，ロナルド・H. コース（Ronald H. Coase），オリバー・E. ウィリアムソン（Oliver E. Williamson）の「取引費用理論」と，その先行者である制度学派のコモンズ理論に大きな影響を受けていると考えられる。それは第一に，集団と個人の統合によって個人主義を超えるというフォルブレの理論的方向性が，ジョン・R. コモンズ（John R. Commons）による集団的個人行動の重視の視点に対応すると考えられるからである。ウィリアムソン自身，コモンズによる集団的個人の行動理論との関係について，次のように述べている。「効率性が実現されるために必要とされる程度の協同は，利害の予定調和から生じるのではなく，対立のなかから秩序を生み出すような制度を発明することから生じる」（Williamson, 1975: 9），と。第二の特徴は，選好や人間行動の重視は，ウィリアムソンにおける「機会主義」と重なりあうことである。ウィリアムソンの理論にとって重要な要因は，「取引費用の原因となる基本的に重要な人間の属性」であり，それは「限定された合理性と機会主義」である。この機会主義とは「ミクロ経済学全体をとおして用いられている支配的な行動仮説に類似しているけれども，機会主義の諸帰結は，企業と市場の伝統的な経済モデルにおいては不完全にしか展開されていない」（*ibid.*: 18）と述べられている。そしてウィリアムソンは，「取引費用理論」によって，その概念をさらに展開することになる。

このようにフォルブレは，一方でネオ・マルクス学派による「拘束の構造」と，他方における新制度学派とりわけ「取引費用理論」を接合し，それを家族に適用して新たな「合理性」の一般理論を作り上げようとする。そこでは，主体としての個人は新古典派経済学の「合理的選択」とは異なって，「内生的選好」（McCrate, 1988: 235）に基づいた構造的要因によって配置されており，その配置のなかで「目的的選択」を行うという。それが「拘束の構造」である。そこでは，個人は他者と共通のアイデンティティをもって集団を形成する。

以上，フォルブレによる「拘束の構造」を検討してきたのであるが，筆者に

は，それは，「拘束」であると同時に，社会的「調和」であると考えられる。例えば，女性を例にとるならば，前述の図3-1における「資産」とは再生産と性的資源，「ルール」とはジェンダー特殊的権利と責任，「規範」とは女性性という理念，「選好」とはケア関係を楽しむことということであり，その構造が個人を女性の集団に配置するからである。ここでは，個人と集団の対立が，「協調的対立」(Sen, 1990)にみられるように，絶えず発生する可能性が存在するけれども，その全体の構図自体は，制度的均衡をもたらす体系になっているのではないだろうか。

3 ハンフリーズとルベリの家族分析
―― 家族の相対的自律性と経済学批判

3.1 現代経済学批判の方法

　本節で取り上げるハンフリーズとルベリによる家族の理論は，新古典派経済学における「合理性」の再検討という点において，フォルブレと問題意識を共有しながらも，理論的方法は異なっている。フォルブレは，前述のように，新制度学派のゲーム理論や取引費用理論の成果を積極的に取り入れて，新たな「合理性」に基づく家族の行動原理を求めようとする。それに対して，本節で取り上げるハンフリーズとルベリの見解は，歴史研究に基づきながら，新制度学派による現実の説明と方法論的前提の矛盾を指摘することによって，経済学批判の方向性を目指している。そして「新家庭経済学」，さらに新制度学派における「合理性」や「効率性」概念を転換することによって，フェミニスト経済学の理論領域を超えて，現代経済学批判と新たな政治経済学構築の展開を目指すとされている。

　一方におけるフォルブレに代表される見解と，他方におけるハンフリーズとルベリに代表される両者の見解の違いは，フェミニスト経済学の現在置かれている理論的な状況を表すとともに，実践的には，ジェンダー平等をめぐる政策の理論的基礎をどこに置くのかという問題を含んでいる[4]。

　ハンフリーズ (Humphries (ed.), 1995) は，フェミニスト新古典派経済学が機

第3章　フェミニスト経済学における家族分析

会均等原理を達成するために，アファーマティブ・アクションの政策介入が必要であるという主張をすることに対して，一方では，その政策提言の実践的意義を認めつつも，他方では，そのような政策介入の基礎をなす理論的枠組み（パレート最適）は政策介入を否定する正統派経済学の方法論と親和的であると指摘する。そして次のように問う。「経済理論はそれ（政策介入——引用者）をどの範囲まで問題化できるのか，あるいは支持しうるのか」，また「伝統的経済学の微積分学は機会均等のパースペクティブを問題化しうるのか。それに代替的な微積分学はその地位を占めうるのか」(*ibid*.: 393)，と。つまり，政策と，その政策を根拠づける理論との整合性それ自体が問題となる。

　以下，ハンフリーズとルベリ（Humphries and Rubery, 1984），およびハンフリーズ（Humphries, 1977; Humphries (ed.), 1995; Humphries, 1998）を取り上げながら，その家族分析を検討することにしよう。まずハンフリーズとルベリのアプローチの特徴を上げるならば，それは第一に，資本主義社会における家族と市場との関係を，労働者階級家族存続の物質的根拠と資本蓄積との歴史的・動態的関係として理解することである。家族は新古典派経済学にみられるように，資本蓄積に対して絶対的に独立したものでもなく，またマルクス経済学や労働市場分断化論にみられるように，絶対的に従属したものでもないという（Humphries and Rubery, 1984）。生産共同体としての家族は，その意思決定に基づいて，相対的に自律して自らの生活水準を守るという。それは，家族におけるケア労働を，市場で獲得される貨幣賃金とともに，生活水準を規定する要因とみなすという視点を根拠にしている。この視点は次項で検討するように「家族賃金」論争においても重要な論点となってくる。またそれは，1970年代における家事労働論争の一つの成果でもあった。ハンフリーズ（Humphries, 1977）は，家事労働論争の問題設定が，資本主義社会では，家事労働は価値を形成するか否かという問題設定になっていることと，そのことによる価値概念の一方的拡大の方向性を批判していた。そして労働力商品の再生産の場である家族の現実の生活水準と市場で獲得される賃金とが，量的にも質的にも乖離するということを歴史と理論の双方において問題にした。[5)]

　第二の特徴は，新古典派経済学に対する批判の観点である。ハンフリーズ

(Humphries, 1977) は，第1章で検討したグスタフソン，オトゥ，ロセンにみられる「フェミニスト新古典派経済学[6]」の理論的成果がもつ政策的意義を評価しながらも，それが新古典派的枠組みを前提にしている限り，均衡論的な合理性の達成しか導かないだろうという。

それでは以下，「家族賃金」論争におけるハンフリーズ（Humphries, 1977）の見解を考察することにしよう。

3.2 「家族賃金」論争の問題提起

1970年代後半から80年代前半にかけて，19世紀末に成立したとされる「家族賃金」概念の成立の条件，その推進主体をめぐって，ハートマンとハンフリーズによる論争があった[7]。前者は，家父長制と資本制の二つの強制による「家族賃金」の観念の成立を強調しており，後者は，当時のブルジョア・イデオローグによるその観念の流布があったにもかかわらず，労働者階級家族にとっては，それは，生活の場である「家族擁護」とそのことによる「階級的利害の追求」を引き起こすことになった，という。

この論争については，例えば，木本（1995）による丹念な紹介をあげることができる。木本は，ハートマンの見解に対しては，「歴史的事実の探求による慎重な立論というよりも，『家族賃金』観念の定着がもたらした諸結果からの，かなり強引な演繹によって論理を組み立てているきらいがある」（木本，1995：70-71）という正当な批判を行いながらも，論争全体の評価としては，ハンフリーズに対して家族の「内部矛盾を把握しようという視角をもたない」，「家族・親族的絆が社会的義務感を涵養する土台となり，階級的連帯へ結びつくという単純な理論図式がそのベースにある」，家族＝「『愛の生活共同体』説の欠陥と共通のものが見出される」，「ジェンダー視点の欠如したマルクス主義家族論の限界をここにも見て取ることができよう」（同上：72-73）と，かなり手厳しい批判を行っている。

しかし，木本によるハンフリーズに対する批判で見過ごされているのは，家族における紐帯としての，無償のケア労働の理論的意味である。その中心的課題は，資本主義のもとで制度としての労働者階級家族が存続していることの歴

史的・物質的根拠は何か，ということにある。この論争のなかで提示された家族の位置づけは，現在もなお，ハンフリーズの中心的論点を形作っている。以下，この論争を概観してみよう。

ハートマンは，"Capitalism, Patriarchy and Job Segregation by Sex"(Hartmann, 1976) のなかで，「家族賃金」観念の成立を家父長制の確立という観点から説明した。その論理は次のとおりである。すなわち，労働者階級の男性は，女性雇用の増大による男女の競合関係が労働市場で形成されることに対する危機意識から，女性労働の排除へと進んだのであり，それは資本主義のせいではなく，家父長制によるものである。そこで男性は二重に利益を得る。一つは，労働市場における性別職域分離構造によって，もう一つは，家庭における男性の支配的地位の安定によって。そこでは組織された男性労働者の推進力と資本の推進力とは対等に位置づけられている。

それに対して，ハンフリーズは，"Class Struggle and the Persistence of the Working-class Family"(Humphries, 1977) のなかで，「家族賃金」観念について論及している。それは，制度としての労働者階級家族の存続の物質的条件を解明するという課題との関連で述べられている。すなわち「家族賃金」キャンペーンは「婦人の不安定性と家族の統合を強調するブルジョア・イデオローグによって支持されていたのではあるが」，他方，労働者階級にとっては「労働市場から，一定数の労働者階級のメンバーを引き上げることによって，労働市場にとどまる労働者の実質賃金を上昇させることをとおして，労働者階級の生活水準を改善させることができた」のであり，それは労動者階級にとって「労働供給に対する管轄権とコントロールを行使する能力を高めていったのである」(*ibid.*: 244)，と。すなわち，「家族賃金」キャンペーンは，結果として，労動者階級の階級的凝集力を高めたということになる。その媒介論理として重視されているのは，生活水準を作り出す家族構造の維持への「強い動因」(*ibid.*) である。それは，歴史の発展過程における生活の場＝家族のもつ重要な役割認識と結びついている。階級意識の形成について，ハンフリーズは家庭生活との関連において次のように述べている。「階級連帯は，孤立した諸個人が，自ら境遇を共有しており個別的には弱いけれども集合的な力はもっているのだ，とい

うようなことを突然認識することから生じるのではなくて，現実の生活経験の結果，時間をかけてゆっくり発展していくのである。家族の相互依存は，個人主義を促進するよりはむしろ，階級共同体や階級利害とうまく協調することができるのである」（*ibid*.: 255），と。[8]

　さらに，労働者による「家族構造」擁護の理由は以下のように述べられている。

　第一は，「制度としての家族」は，「分配と社会的相互活動に関する個人的な非市場的方法を求めようとする人々の願望によって形成されてきた」（*ibid*.: 251）。このような願望や信念が，人間の行為の方向づけ（労働者の階級意識）に演じた役割を無視することは，労働者階級家族の存続の説明に失敗することになる，と。ハンフリーズは，歴史的発展の各局面で，家族＝「非市場」的場面が果たした役割を考察するのだが，その基本的観点は，社会の再生産のためには，社会的富は労働力と非労働力の双方に再分配される必要があり，それは国家による官僚主義的な再分配制度が登場する以前は家族（擬似親族的結合〔quasi kinship tie〕による家族を含む）による非官僚主義的再分配に基づいていたという点である。ここでいわれている家族とは，血縁に基づく一夫一婦制家族である必要はまったくなくて，むしろ，歴史上，現に存在した，生活の場としての「社会関係のネットワーク」（*ibid*.: 242）を指している。[9]

　第二の理由は，前述の「家族賃金」観念の成立で述べたように，家族を擁護することによる「労働供給のコントロールが有するインプリケーションに関わる」（*ibid*.: 51）。これは，資本主義の発展に対して家族は相対的自律性をもち，資本蓄積に対して能動的に働きかけることができるという観点である。以上にみられるような家族の位置づけは，ハンフリーズとルベリの基本認識であり，後述するように現代経済学批判の主要な論点を形成することになる。

3.3　家族の相対的自律性

　ハンフリーズとルベリは，その共著論文 "The reconstitution of the supply side of the labour market" (Humphries and Rubery, 1984) において，家族と生産領域との関係に関する主要な諸見解に対する方法論的批判に取り組んでいる。批

判の基準は，まず，各理論の方法論レベルにおける一貫性の有無であり，アドホックな方法論の採用は，その理論の存在根拠を失わせるという視点である。そこでは次のように述べられている。「新古典派から，マルクス主義そしてフェミニズム論に至る理論的アプローチの全体をとおして，生産領域と再生産領域（労働市場の供給側である家族における「社会的再生産」）との関係分析のために，広範囲に同様な方法が用いられている」(*ibid.*: 332)，と。この「広範囲に同様な方法」とは，二つの対立はするが，同様に不適当な方法であり，第一の「絶対的自律性アプローチ」と，第二の「還元主義的・機能主義的アプローチ」を指している。前者では，家族は生産領域から独立しており，経済から独立して発展する「与件」である。後者では，それは，より広範な生産領域に統合された一部か，あるいは適合的な一部であり，したがって，本質的に，経済システムのなかの従属変数となる。そこでは，新古典派経済学，労働市場分断化論，マルクス理論，フェミニズム論が検討されているが，問題は，各理論における方法的一貫性の欠如である。これらの諸理論においては「経験的現実に意味をもたせるために，しばしば，一方の方法論と他方の方法論との間の揺れを含みながら，アドホックな判断がなされている」(*ibid.*)，という。

（1） 家族＝労働市場の供給側面に対する相対的自律性アプローチ

それでは，相対的自律性アプローチについてみることにしよう。ハンフリーズとルベリの説明は以下のとおりである。労働の供給側面は「生産領域の変化に対応して発展するが，このような対応の形態は歴史的に規定される。その対応形態は，生産領域の要求に対して，あらかじめ決められるわけではなくて，『社会的再生産』のダイナミクスに依存するものである」(*ibid.*)。そしてそのアプローチの基礎は次の「四つの原理」(*ibid.*: 339) である，とされる。

第一の原理——「社会的再生産」（労働の供給側としての家族）の領域は，生産領域に接合され，経済を統一する一部である。家族構造は生産構造にインパクトを与え，それを規定する。例えば，安価な女子労働力が，一定の技術や産業や企業を維持するために利用されうるということであり，この場合，家族構造は労働力の供給を構成し（その態度，訓練，市場労働へのコミットメント），新技術のペース，方向，配置に影響を与える。

第二の原理——「社会的再生産」は，生産領域から相対的に自律している（家族は「家父長制」下にあるものとして，自動的に規定されるわけではないし，また，需要構造のインパクトにスムースに，あらかじめ調和的に反応するわけでもない）。

第三の原理——生産領域と「社会的再生産」領域との関係は，歴史的に理解されうるのであって，あらかじめ決定されているわけではない。

第四の原理——その関係は，非機能主義的パースペクティブの枠内で研究されねばならない。資本と労働との利益に合致するか否かという因果連関は一方向的ではない。かつて原因であったものが，今度は結果となりうるし，また逆もありうる。[10]

（2） 実践としての相対的自律性アプローチ

ところで，この「四つの原理」からなる家族の相対的自律性アプローチは，歴史的文脈のなかで分析・検証されていくとともに，「実践」（ibid.: 341）において，「経済発展の方向を形作ることができる」（ibid.），とされている。この論点はきわめて重要な位置を占めており，後述するハンフリーズ（Humphries, 1998）による「家族とケアを中心とした経済学」という「新しい政治経済学」の方向を提起するに際しての理論的・歴史的論拠ともなっている。

以下，二つの「実践」的意味について述べてみよう。

第一の「実践」的意味は，労働市場における労働供給構造を家族が「潜在的にコントロール」（Humphries and Rubery, 1984: 341）する可能性である。上述の第一の原理にみられるように，家族の組織を，経済分析にとってのコア要因とみなすことによって，賃金と生活水準との直接的リンクは壊されることになる。家族の相対的自律性アプローチは，労働市場への労働力供給を「家族単位で潜在的にコントロールしうる」（ibid.）ことを想定することによって，労働市場に対して能動的に働きかけることを可能にする。非賃金労働（非市場領域としての家族における無償労働）の割合が労働市場の動向によってのみ規定されるならば，家事労働は単なる「資本主義システムの補助金」（ibid.）になってしまう。「労働者階級が賃金労働市場における参加率を低下させることができるなら，そして，この制限的な労働供給を，雇用者一人当たりの実質賃金を上昇させるための手段として使用することができるならば，その場合には，労働者は彼ら

第3章　フェミニスト経済学における家族分析

の生活水準と，この生活水準を達成するために支出しなければならない労働に対する何らかのコントロールを実践することができるであろう」(*ibid.*)。ハンフリーズとルベリがここで考えているのは，19世紀イギリスの実質賃金をめぐる闘争に関する研究の意味である。そこでは，家族システムは，資本主義的労働市場の荒々しさから個人を守る重要な役割を演じていたのである。そしてそれは，現代においても，普遍的意味をもつ論点であると考えられる。

　第二の「実践」的意味は，「価値と分配の諸理論は，家族の構造と組織を，労働市場の構造と組織と同様に考慮に入れる必要がある」(*ibid.*) ということである。この文言は，すでにハンフリーズが述べていたように，「制度としての家族は，分配と社会的相互活動に関する個人的な非市場的方法を求めようとする人々の願望によって形成されてきた」(Humphries, 1977: 251) という観点に関わってくる。ここでいわれる「制度としての家族」は前述したように，一夫一婦制家族だけではなくて，「社会関係のネットワーク」(*ibid.*: 242)，あるいは「擬似親族的結合 (quasi kinship tie) によって，現実には親族関係にない人たちを結びつけるコミュニティ」(*ibid.*: 249) のようなものを指している[11]。すなわち，社会的生産物の再分配は社会総体の存続を保証するためには，「直接労働に従事している人々を超えて，諸個人のネットワークの広がりを含まなければならない」(*ibid.*: 246) ということである。そこから，理論的には剰余労働と必要労働の概念規定自体の再検討という課題も生じてくる。すなわち非労働力である，子ども，老人，病人，「不生産的」であるが社会的に必要な仕事をしている人々に対する給付が存在しないような社会は，「弾力的であったり，進歩的であるとはいえない」(*ibid.*) ということになる。

　ハンフリーズとルベリにおいては，労働者の階級意識を醸成するのは，家族＝生活の場であり，その存続を保証しない社会に対しては，「実践」的に，能動的に働きかける必然性が生じてくることになる。

　以上にみられるように，ここには，階級関係の主要な場を労働市場においてのみ位置づける偏狭さに対する批判が含意されている。例えば，エドワード・P. トムスン (Edward P. Thompson) が『イングランド労働者階級の形成』(Thompson, 1980=2003) において述べているように，19世紀初期にはパン価格

の高騰は民衆の不満の最も敏感な指標であり，消費者の意識は積極的に階級意識の進化を導いたという歴史的事実も，労働者の階級意識と生活の場との連携を示唆するものであろう。

3.4 「ファミリー・フレンドリー・エコノミクス」の理論と実践
(1)「ファミリー・フレンドリー・エコノミクス」

ハンフリーズ（Humphries, 1998）は，新古典派経済学と新制度学派における家族組織の取り扱いを検討することによって，これまでみてきたような家族に関する相対的自律性アプローチが，理論的・政策的にどのようなインプリケーションをもちうるのかについて，具体的に展開している。「ファミリー・フレンドリー・エコノミクス」とは，そのような検討の結果提起された「新しい経済学」の一つの方向を示すものである。それは同時に，現代経済学批判をとおして，新古典派経済学に対して，合理性や効率性の概念を再考し，その転換の方向性を探ろうとする試みである。そのような意味において「フェミニストたちは他の批判者たちとの収斂」（*ibid.*: xx）を目指す必要がある。またわが国においても現に進められている「ファミリー・フレンドリー」施策は，市場効率性に基づくコスト・ベネフィット分析に基づいており，「諸個人の自発的な相互行為」とは無関係に進んでいる。そのような小手先の変化ではなく，「経済学における大きな変化」が求められているというのが，ここでの基本的見解である。それでは以下，アメリカにおける「ファミリー・フレンドリー」施策の成立と，それをめぐる対立の構図について考えてみよう。

(2)「ファミリー・フレンドリー」施策

家庭生活と仕事の調和という目標を掲げる「ファミリー・フレンドリー」施策についての事例研究は，とりわけ欧米において，公的議論の中軸を占めている。日本でも，この施策についての意識が高まりつつあり，労働省（現・厚生労働省）は1999年に「『ファミリー・フレンドリー企業』をめざして」という報告書を刊行しており，同年に，「ファミリー・フレンドリー」な働き方（Family Friendly Work Practices）を導入した企業支援のための企業表彰をスタートさせている。さらに2000年代は「次世代育成支援」の一環として，「ワー

ク・ライフ・バランス」政策への取り組みが本格化しており，07年12月には政労使により「ワーク・ライフ・バランス憲章」が制定された。問題は，この「ファミリー・フレンドリー」施策や「ワーク・ライフ・バランス」政策の論理がどのようなものかということである。ここでの論点は，経済学と実践との関係である。ここでは，典型的事例として，アメリカにおける「家族・医療休暇法 (The Family and Medical Leave Act)」を検討しながら，その法案のもつ意義と，その法案形成過程に対して，これまで検討してきた伝統的な新古典派経済学のパラダイムがどのような役割を果たしたのかについてみていきたい。

まず，この法案の内容は次のとおりである。すなわち50人以上の従業員を雇用する企業は，出産・育児，家族の介護などを行う被用者に対して，また被用者自身の健康状態が非常に悪く働けない場合には1年間に12週までの休暇を与えなければならない（被用者側にも1年以上勤続などの要件がある。この休暇は無給だが，雇用は保障されなければならない）というものであった。

ところでこの法案をめぐる議論が行われたのは，1980年代中葉から90年代前半にかけてであり，まさに新保守主義による「プロ・ファミリー運動」の渦中であった。一度はブッシュ大統領の拒否権発動によって頓挫させられながら，1992年の大統領選の結果，民主党のクリントン大統領が当選し，93年2月5日に「家族・医療休暇法 (US Public Law 103-3)」として成立した。この法案は当然ながら，大統領選の主要な争点の一つとなったのだが，この経緯については，アイリーン・トゥルチンスキー (Eileen Trzcinski) が詳しく述べている (Trzcinski, 1995)。すなわち，当時，論争は世論を二分化し，賛成派と反対派の間で，激しい論戦が行われることになった。この論争において，ブッシュ大統領は「ジェンダー平等と家族政策に対する反対はイデオロギー的であった。しかしアメリカにおいては，イデオロギーは，理論的・客観的な基礎に基づいていなければならない」(*ibid.*: 245)，と述べた。そこで印象的であったのは，ブッシュ大統領の発言が，大学の経済学部における中級の労働経済学の講義内容とほとんど同じであったことである，と述べられている。そのような意味において，この法案の検討は政策と，それを背後で支える理論に関する「格好の事例」となったといわれている。

ところで、この法案を取り上げた意味であるが、それは、第一に、この法案のもつ家族政策の論理の重要性である。周知のように、その法案以前から企業レベルで家族・医療休暇の制度が存在していたのであるが、施行の決定権は企業側にあった。それが、この法案によって、休暇の取得の決定権は労働者の権利であり、国家が介入したということである。この点は、まさに、ハンフリーズとルベリが主張してきたように、労働の供給側（家族・労働者・コミュニティ）の視点、家族の相対的自律性の視点への転換ともいえるのである。第二は、この論争が、理論的には、反対派の新古典派経済学と賛成派の新古典派経済学（新制度学派）という構図のもとで行われたという点にある。これは、トゥルチンスキーのサーベイによっても明らかであるが、アメリカでは、ヨーロッパでよくみられる公共財の理論（子どもは公共財である。この法案は家族にとって、そして長期的には社会総体にとっても便益をもたらすという論理）は、早い時期に力を失っていた。アメリカの感情は、むしろ「アメリカ商工会議所」の次の文言によく表されている。「最終的には、家族の責任は個人的責任である。家族とキャリアの調和は、われわれ各人の最も私的なレベルでの挑戦である」（*ibid.*: 243）と。それに対して法案賛成派の新制度学派の論理は、家族・結婚に関する「市場の失敗」を検証するというものであった。そして、この法案を導入する場合としない場合とに関して、「外部性」の理論を用いながらコスト・ベネフィット分析を行ったのである。結果として、労働市場における需要側の論理を供給側の論理に置き換えることを可能にする一つの「戦略」の方向性を提示することができた、というのである。

以上の過程は、アメリカという文脈における、新旧の新古典派経済学間の闘いでもあった。この法案作成過程は、結果として、市場の合理性・効率性を前提としたうえで、双方がコスト・ベネフィットによる「効率性」の議論を行うという枠組みにおいて、新制度学派が勝った事例である。ここで、ハンフリーズとルベリの家族理論との関係をみるならば、労働市場における供給側である家族・労働者の視点を政策の俎上に載せた好事例であるといえよう。ハンフリーズ（Humphries, 1998）もいうように、このような政策の進展の方向性を、さらに「フェミニスト経済学」の視点によって「ファミリー・フレンドリー」経

済学に転換していくことが必要であるだろう。それは、フォルブレがいうように、効率性の観点を「GNP から、健康、教育、介護、そしてそれらをサスティナブルに維持する環境」(Folbre, 1994a: 1) に転換していくことである。

注
1) フォルブレは多くの著書を執筆している。そのなかで、まとまった家族分析を行っているのは、Folbre (1994a), Folbre (ed.) (1996b) である。フォルブレ (1994a) については、足立 (2001) による紹介がある。
2) 二重システム論については、竹中 (1984) を参照。
3) フォルブレは「還元主義」を次のように説明する。すなわち、IRSEPs を理論化したとしても、新制度学派においては、その方法に基づいて、集団的行動は合理的で道具主義的選択、つまり個々人が「利害集団」に入るという決定の帰結としてのみ、描き出されるということである。そこには、資産分配、政治的ルール、文化規範、個人的選好などが内生的要因として組み込まれていないということである (Folbre, 1994a: 40)。
4) この点について、フレイザー（フレイザー, 2011a）は、ネオリベラル・グローバリゼーションのもとで、「フェミニズムの一部と、勃興する資本主義の新形態——ポスト・フォーディズムの……おぞましい収斂が起きているのではないか」(同上：28) と述べているが、それは、1960年代末から70年代にかけて「第二派フェミニズム」の掲げたジェンダー平等の理念が、グローバリゼーションに組み込まれる危険性を指摘したものであった。フレイザーが念頭に置いているのは、新自由主義とフェミニスト新古典派経済学の関係であるが、フェミニスト経済学においても、新制度学派の方法論的個人主義の事実上の取り込みは、結局はジェンダー平等の理念を、「機会の平等」に限定することになると考えられる。
5) マルクスは、『資本論』において、家族を明確には分析対象とはしていないのだが、ハンフリーズが注目するのは、『資本論』第1巻第15章「労働力の価格と剰余価値との量的変動」冒頭の以下の文章である。「……そのほかに二つの要因が労働力の価値規定に参加する。一方には、生産様式につれて変わる労働力の育成費があり、他方には、労働力の自然的相違、すなわち、男か女か、成熟しているか成熟していないかという相違がある。これらのいろいろに違った労働力の使用もまた生産様式によって制約されているのであるが、この使用は労働者家族の再生産費と成年男子労働者の価値とについての大きな相違を生じさせる。とはいえ、これら二つの要因は以下の研究でもやはり除外されている」(『マルクス・エンゲルス全集』第23巻 b, 673頁)。この叙述は、わが国において、労働力の価値分割として理解されている。しかしそれは、資本蓄積に対応した家族の対応を表すともいえる。例えば、直接的には、不況のとき

に，成年男子の実質賃金が低下するに従って，女性や子どもの労働が増えるということであるが，それ自体，市場で獲得される賃金と家族の生活水準の乖離を明らかにするものである。それは，家族内における無償の家事労働（ケアを含む）の存在を認めることであるし，資本蓄積に対する家族の相対的な自律性を表すものである。

6） ハンフリーズは，取引費用理論やゲーム理論などの新制度学派を，The New Neo-classical Economics と呼んでいる。

7） ハートマンとハンフリーズの家族賃金をめぐる論争の経緯については，木本（1995）の第4章「『家族賃金』という観点と現代家族」に詳しく紹介されている。木本はハンフリーズに対して，家族の「内部矛盾を把握しようとする視覚をもたないため，あたかもその構成員の利害が一致しているかのような，一枚岩のような集団という前提から議論が進められている。家族・親族的絆が社会的義務感を涵養する土台となり，階級的連帯への結びつきという単純な図式がそのベースにある。……『愛の生活共同体』説批判と共通のものが見出される」（木本，1995：72-73）として，「ジェンダー的視点の欠如したマルクス主義家族論の限界」（同上）という手厳しい批判を行っている。

　木本の批判に対しては，次のような問題点を指摘できる。第一に，木本の評価には，19世紀イギリスにおける労働者階級家族が資本蓄積に対して果たした経済的役割に関する認識がみられない。ハンフリーズは家事労働論争の主要課題であった「家事労働は価値を生むか否か」という問題設定に対する疑問を提起した。それは，労働力の価値＝賃金と労働者家族の生活水準の相違であり，そこには労働力供給場面である家族の生活過程が，資本の蓄積過程，さらには景気循環の各局面（とりわけ不況局面）において対抗的な役割を果たしうるという認識であった。

　　第二は，第一の論点にも関わるのであるが，ハンフリーズはルベリとの共著論文（Humphries and Rubery, 1984）のなかで積極的に展開した論点についてである。そこでは，労働力の供給側面＝家族の相対的自律性に関する方法論的・歴史的展開がみられる。すなわち，家族は，資本蓄積に関して「従属変数」というよりも，むしろ相対的に能動的な機能を発揮する「自律」した主体だということである。

　　第三に，木本の基本的課題は，現代日本における〈企業社会〉と近代家族モデルの「一種の『共犯関係』」＝「均衡関係」に置かれており（そしてそれは，正当な課題であるが），企業社会の論理に基づいて家族がジェンダー関係を規定する家父長制をいかに形作っていくのかという点に力点がある。他方，家族に関しては，それをイデオロギー的なレベルで位置づける論理が前面に出ており，経済的な論点や，無償労働の意味についての論点はみられない。

8） さらにハンフリーズは次のように述べている。「労働者階級の生活水準は，伝統的な労働組合の関心事である賃金水準にだけではなく，賃金の管理者である主婦の主要な関心である生活コストに依存している。価格をとおした労働者階級への攻撃は，歴

史的にみてそれに対応する行動を生み出してきたのである」(Humphries, 1977: 256)。
9) 木本の説明は「工業化初期」だけに問題を限定して取り扱っている。ハンフリーズの意図は，資本蓄積と家族の位置づけという大きな枠組みのなかに位置づけられている。また，木本はハンフリーズの家族を問題化するとき，血縁関係に基づく一夫一婦制家族のみを指しており，そこで本来強調されていた，社会的ネットワークとしての（現代における地域・コミュニティを包括するというインプリケーションをもちうる）「擬似家族（quasi-family）」については言及されていない。
10) イギリス産業革命期における家族の歴史的研究については，Humphries (2004=2012) を参照せよ。また，産業革命期の労働者階級家族と児童労働を，児童労働を経験した労働者617人の自伝によって分析したものとしては，Humphries (2010) を，またその書評（原，2013a，本書第3章・補論に収録）も参照されたい。
11) さらにハンフリーズ（Humphries, 1977）は次のように述べている。「労働者階級の生活水準は，伝統的な労働組合の関心事である賃金水準にだけではなく，賃金の管理者である主婦の主要な関心である生活コストに依存している。価格をとおした労働者階級への攻撃は，歴史的にみてそれに対応する行動を生み出してきたのである」(*ibid.*: 256)。

第3章・補論 | 産業革命期イギリスにおける家族と児童労働[1]
書評：Jane Humphries, *Childhood and Child Labour in the British Industrial Revolution*

1　課題と方法

　ジェーン・ハンフリーズによる本書は，18世紀末から19世紀初頭にかけて児童労働を経験した労働者617人の自伝を用いることによって，産業革命期イギリスにおける児童労働の役割を明らかにするととともに，その「背景」としての工業化に対する新たな洞察を提示するものである。そこで描かれたのは，「大量の児童労働を用いた産業革命」（p. 207）の姿である。本書は浩瀚で専門的な歴史書であるにもかかわらず，刊行直後から国内外において大きな反響を呼んだ。それはとりわけイギリス国民にとって，自国の産業革命期における児童労働の過酷な実態が，現代の発展途上国の児童労働を質量ともに上回るという知見に対する驚きによるものであった。なぜなら最近では，イギリス産業革命期における児童労働は，重要ではあっても，いくぶん古めかしい研究と位置づけられるようになっており，それとともに，児童労働を多数雇用していた綿工業の役割に対する言及がしだいに少なくなっていたからである（p. 12）。

　さらに近年におけるイギリス産業革命研究は，一方で，産業革命期における生活水準と実質賃金の動向をめぐる「生活水準論争」（p. 85）や，個人消費の拡大とそれに対する欲望に根拠づけられた「勤勉革命（industrious revolution）」（p. 87）を説くものや，他方では，新古典派経済学の手法を用いて経済史を説明する傾向が主流となりつつあるといわれている（p. 1）。わが国においても邦訳が出版されており，イギリス産業革命期における児童労働に関する文献を著したクラーク・ナーディネリ（Clark Nardinelli）は，後者の見解を代表するものである（Nardinelli, 1990=1998）。ナーディネリによれば，イギリス産業

第3章・補論 産業革命期イギリスにおける家族と児童労働

革命期において「児童労働者とその家族は働かないという選択肢もあったけれども,雇用を選んだのだからそのような意味において最適なのだ」(Humphries, 2010: 1)とされる。言い換えれば,ナーディネリによれば,家族が貧困のために,家計補助のための児童労働を選択したとしても,その結果,家族の所得は増大するのだから,それはパレート最適をもたらすということになる。このような説明の仕方は,現代の発展途上国における児童労働を含む工業化を均衡論的に説明する論者においても共通する。

ハンフリーズは本書において,産業革命期の児童労働の分析をとおして,労働市場の供給側である家族関係や世帯経済,そして拡大された親族を含む家族の意思決定の分析を行うことによって,ナーディネリら新古典派経済学の歴史分析とその基礎をなす家族分析(新家庭経済学)や戦略的家族論に対して鋭い批判を提起している。

すでに 2011 年 2 月に,BBC は本書をもとに,『ヴィクトリア時代を作った子どもたち(*The Children Who Built Victorian Britain*)』という歴史番組を制作した。それは,BBC ウェールズとニューポート・アニメーションスクールによる共同制作であり,全編にわたるハンフリーズのナレーションと多くの歴史家の解説,さらに産業革命期の子どもたちを描いた印象的なアニメーションからなるもので,ニューヨークで開催された国際歴史制作プログラムの 2011 年度の最優秀賞を受賞した。また本書自体も,国際経済史学会の 2011 年度の Georg Ranki 賞を受賞している。なお,海外においてはすでに多くの書評が発表されている[2]。

本書で用いられた,かつて児童労働を経験した 617 に及ぶ労働者の自伝は,生まれた年代に応じて,1790 年代以前,1791～1820 年,1821～50 年,1851～78 年の四つのコーホートに分けられたうえで,産業革命期における彼らの児童労働が,家族,コミュニティ,市場からなる経済的・社会的コンテクストのなかに位置づけられている。そこで取り上げられたデータは,学校,最初の仕事,労働の種類,所得,徒弟制度の経験の有無,両親と子どもとの家族関係,親族関係,世帯経済,と広範囲に及んでいる。十分に説得力をもつ膨大な数の自伝から,丹念に選び出された整合性をもつ質的・量的資料によって,われわ

第Ⅰ部　「家族の経済学」とジェンダー

れ読者は，イギリス産業革命期に児童労働を経験した「過去の子どもたち」の声に耳を傾けることができる。その声は，時には家族に対する義務感から 7, 8 歳で児童労働を行い，初めての給料を握りしめて駆け足で家に帰り母親に渡す子どもと，涙を流しつつそれを受け取る母親の姿を，また時には真っ暗な鉱山のなかで古い聖歌を歌い寂しさを紛らわせる子どもたちの姿を語ってくれる。

　本書の目次は，以下のとおりである。

　1 イントロダクション，2 原資料・モデル・コンテクスト，3 家族，4 世帯経済，5 家族関係，6 拡大された親族，7 最初の仕事，8 職業，9 徒弟制度，10 学校教育，11 結論。さらに巻末には，本書で用いられた労働者階級の自伝（一次資料）の全文献と，二次資料の詳細な文献が掲載されている。

2　内容と論点

　以下，まず労働者階級の「下からの歴史」(p. 15) を描くという本書の方法について述べたあとに，産業革命期の児童労働をめぐる論点にそって，内容を紹介することにしよう。

2.1　「下からの歴史」

　本書では，労働者階級の自伝に基づくという手法がとられている。それは，1960 年代頃から歴史研究における一つの流れを形成する「下からの歴史」という研究動向に連なる (p. 15)。先行研究としては，産業革命期の労働者階級の意識研究に関する画期的成果といわれているデイヴィド・B. ヴィンセント (David B. Vincent) の『パンと知識と開放と』(Vincent, 1981=1991) や，さらにジョン・バーネット (John Burnet) らの研究があげられる。しかし，ヴィンセントが 142 の自伝に基づいているのに対して，ハンフリーズは，1750 年代初頭から 78 年の間に生まれて児童労働を経験した労働者階級の，実に 617 にも及ぶ自伝を用いている。このように圧倒的に豊富な資料を用いることによって，本書の叙述は説得的で生き生きとしたものとなっている。

　自伝の魅力とは，子どもを送り出す家族における意思決定の「真実 (truth)」

第3章・補論　産業革命期イギリスにおける家族と児童労働

(p.19) を知ることができることにある。さらに，これまでの産業革命期の児童労働研究の主流が，もっぱらセンサスや工場監督官報告書のような「上からの資料」(p.15) に頼っていたことを考えれば，本書のもつ最大の魅力は，家族内部の意思決定に焦点を当てることによって，市場と家族の相互関係 (interface) を「下からの歴史」によって描き出したことにある。しかしそれは，本書が歴史における数量的根拠を無視することを意味してはいない。本書を読み進めればわかるように，ハンフリーズは，一方で，自伝に基づく質的な資料によって労働者階級家族の姿を丹念に描きながらも，他方では，そこから注意深く取り出された量的資料を，従来の歴史研究によって示されてきた戸籍台帳やセンサス，工場監督官報告書などの数値と対比しながら分析を進めている。その結果，本書に満ち溢れる「労働者の声」は，従来の歴史研究の主流をなす数量的分析の方法を質的に検証するだけではなく，以下に述べるように，もっぱら数量的分析に頼る歴史研究の方法と歴史の「真実」との関係に対する鋭い問題提起ともなっている。

　もちろん自伝を使用することについては，それらが「日付」や「場所」についての記憶の曖昧さや不正確さを含むかもしれないという「リスク」を伴う。それについてハンフリーズは次のように述べる。すなわち，自伝は，他の資料についてもそうであるが，無批判的に使用することはできない。けれども，われわれは，歴史の「正確さ (accuracy)」と「真実 (truth)」とを区別する必要がある。両者を区別することによって自伝のもつ「資料的意義」が明確となる。つまり自伝は，日付や場所については不正確さが伴うものの，一方，「彼ら自身の物語」に対する「誠実さ」，すなわち「家族構成」「世帯経済」「雇用の変遷」に対する説明については高い「真実性」があると述べられている (p.19)。さらに，ハンフリーズは，歴史研究において主たる資料として用いられている戸籍台帳やセンサス，工場監督官報告書も「社会的産物」であることを忘れてはいけないという。例えば，社会統計であるセンサスもまた，それを作成する制作者とそれを使用する消費者の需要を反映しているとされる (p.15)。とくにヴィクトリア時代のセンサスは，「恣意的」であり，雇い主が罰則をおそれて児童労働を低く見積もる傾向があるといわれている (p.8)。それに対して，

第 I 部 「家族の経済学」とジェンダー

労働者階級の自伝は「国家のサーチライトの外」に置かれているのである。

2.2　産業革命期における児童労働の動向と背景
（1）　児童労働の動向

　まず産業革命期における児童労働のトレンドについて述べよう。イギリス産業革命期における児童労働者の数は，1820年代に5歳から9歳までの子どもたちの10%以上，10歳から14歳では，実にその75%が労働力だったともいわれているのであるが[5]，ハンフリーズはさらに，本書において各コーホート別の児童労働開始年齢を調べた。そこで明らかになったのは，伝統的な産業革命期である第二期と第三期において，児童労働の開始時期が早まっていることである。自伝からわかる労働開始年齢は平均して10歳である。それに対して，第一期では12歳，第四期からは11.75歳となっている (p. 176)。もちろんこの数値は，産業分布に関連する地理的な差や，職業別の差がある。例えば鉱山労働者，工場労働者，下請家内工業，季節雇い，兵士の息子たちは全期間をとおして，通常，10歳以下で労働を開始していた。

　また，驚くべきことに，児童労働を経験した子どもたちの約3分の1（そのうち25.9%は兵役，死別，遺棄などで父親不在。さらに617人のうち33人は父親を知らない）が，一人親の母親のもとで暮らしており，彼らはほとんど7, 8歳で労働を開始している (p. 62)。この数値が示唆するのは，一つは，従来10歳以下の児童労働は一時的なものであったと主張する歴史家（例えばP. Kirby）の主張への反論ということ，もう一つは，産業革命期における「生活水準論争」において，18世紀には国際的にみても高かったイギリスの生活水準の上昇傾向は，1790年代以降，1820年までの伝統的産業革命期に低下していることである。「生活水準論争」は統計に表れる男性の実質賃金のみで判断されていることが多かったが，本書にみられるように，家族関係のなかに女性と子ども，そして児童労働を位置づけることによって，伝統的産業革命期において「生活水準」が低下したことがわかる (p. 86)。児童労働の理由は「貧困」であり，一人親の母親の世帯はそのほとんどが救貧法の「院外救済」を受けており (p. 69)，子どもたちは常に「空腹 (one long empty belly)」であった (p. 97)。また救

92

第3章・補論　産業革命期イギリスにおける家族と児童労働

貧法における貧困救済がしだいに「自助」を条件とするようになったことも，児童労働の要因としてあげられる (p. 369)。

さらに児童労働の職種として，伝統的な農業部門では依然として成人男性と児童労働の分業が継続していたのであるが，一方，勃興しつつある工場部門においては児童労働は労働過程に組み込まれ，「戦略的重要性」をもつようになる。綿工業では機械化による単純作業の増大によって子どもたちに「新しい仕事」が創出されるとともに，鉱山では伝統的生産方法を持続したまま，産出量の増大によって児童労働が求められた。また，社会的消費の増大によって靴や製菓産業などでも児童労働が必要とされた。まさに子どもたちは，工業全体の隙間を埋めて，それらを接合する「漆喰のような」役割を果たしたといえよう (p. 8)。

(2)　18世紀末における「男性稼ぎ主家族」の成立とその脆弱性

それでは，労働者階級の家族がなぜ児童労働を供給するという意思決定を行ったのか。本書において明らかになったのは，子どもたちは「第二の稼ぎ主」だったことである。しかも幼い子どもであっても，成人男性の賃金の10～20％を受け取っており，その値は女性の賃金を上回っていた (p. 251)。この子どもの労働市場参加率の拡大に比べて，母親の労働市場進出の低さが目立つ。四つのコーホートの全期間をとおして，女性の労働市場参加率は平均して30.5～36.4％，夫が存在する世帯では28.5～35.9％，寡婦は29.2～29.8％，そして一人親の母親は53.3～57.1％という値が示されている (p. 105)。もちろん，夫の労働の手助けという労働形態を加えれば，値はいくぶん高くなる。またこの数値は，公表されている1851年や61年のセンサスにおける女性の労働市場参加率の数値よりもかなり高い。その理由は，自伝が労働者階級の家族のみからなっていることや，ハンフリーズが女性の経済活動をいくぶん「広く (generous)」とらえていることによる。

つまりここから明らかになるのは，本書における最も重要な論点の一つであるが，イギリスでは18世紀末の産業革命期初期までに，すでに「男性稼ぎ主家族」が成立していたことである (p. 120)。しかも，当時の死亡率の高さ（とくに男性）や，ジャーニーマンのような働き方の特徴から，男性不在の一人親

の女性世帯の比率が高かった。このような「男性稼ぎ主家族」の成立のもとでは，何らかの理由で男性の賃金が低下したりなくなったりした場合，世帯が「脆弱」となり，その結果，子ども（とくに年長の少年）が「第二の稼ぎ主」として児童労働を行うことになる。この指摘は，当時の一人親世帯の比率，男性の賃金率の推移，女性の労働市場参加率とその職種および賃金，児童労働の数とその低年齢化などを検証することによって導出されたものであり，きわめて説得的である。

　このような「男性稼ぎ主家族」が 18 世紀末までに成立した背景としてあげられるのは，以下の三点である。すなわち，当時の好戦的国家が戦争のための「人員」を必要としたこと，その結果，人口増大によって「扶養人口」が増大したこと，そしてそれが家族における「男女間分業」と「家族内部の関係」を作り出したとされる (p. 149)。「男性稼ぎ主家族」にはいくつかの「契約（compacts）」が成立する。すなわち「稼ぎ主の夫と家事労働の妻」「犠牲になる母と義務を負う子ども」「労働する子どもたちと幼い兄弟姉妹」である (p. 150)。このような歴史的事実は，イギリスにおいては「男性稼ぎ主家族」が 19 世紀末に成立したとする従来の標準的理解に対する問題提起となる[7]。

(3) 拡大された家族——労働者階級のネットワーク

　ピーター・ラスレット（Peter Laslett）が歴史人口学の立場から『われら失いし世界（*The World We Have Lost*）』(1965 年) で明らかにしたように，18 世紀末のイギリスではすでに「核家族」だった。その主たる理由としてあげられるのは，「複合家族」を不可能にした死亡率の高さであった。このような見解は，近代における家族形態を前提にして，市場化，工業化とともに「拡大家族」から「核家族」への移行を説くタルコット・パーソンズ（Talcott Parsons）らによる構造機能主義理論の批判ともなっている。

　ハンフリーズは本書において，自伝に基づく手法によって，18 世紀末イギリスにおける家族形態についてのラスレットの主張を裏づけた。しかし問題はその先である。つまり，四つのコーホートをみていくと，伝統的産業革命期である第二期と第三期には家族形態の拡大がみられるのである (p.51)。それは，何を意味するのか。戸籍台帳やセンサスを用いる人口学と，本書による自伝を

用いるという手法の違いもあるだろう。前者は血縁や婚姻による世帯のパターンを「スナップショット」で明らかにする (p. 53)。しかし後者は，ライフサイクルや世代間関係における変化をみていく。本書で明らかになったのは，「男性稼ぎ主家族」の脆弱性のもとで貧困に陥った一人親の女性の家族（全体の3分の1）や孤児（14歳までに孤児になったのは6.4%）は親族を含む拡大された家族を形成していたことである。血縁親族を含む家族の割合は5.5%であったが，下宿人などの非親族を含む家族は全体の16%であった。このような拡大された家族に対して，ハンフリーズはそれを，社会政策の研究者がたびたび主張するように，福祉国家の萌芽や代替物に直結する見方をしりぞける。なぜならそのような理解は，労働者階級家族に対する「独立した固有の価値」を見失うからだという。ハンフリーズはそれをまず，家族の理論として検討する。核家族を超えて，労働者階級家族に対して「社会的・感情的・経済的基礎」を提供するものであると位置づける (p. 369)[8]。

2.3 本書の意義

本書では上述の論点に加えて，徒弟制度や学校教育についても詳しい分析が行われている。とくに徒弟制度については従来，制度の重要性は指摘されていても，それが児童労働に果たした役割についての詳しい分析はほとんど行われていなかった。興味深いのは，徒弟制度が「人的資本」形成の役割を果たしたことや，工業化において産業部門間の「取引費用」を減少させる側面があったという指摘である (p. 305)。

一方，産業革命期における教育の役割についてはこれまで多くの研究が存在するのであるが，本書で取り上げられた617人の労働者のうち，実に544人が何らかの形で学校に通っていたという (p. 310)。ハンフリーズは，貧民学校，日曜学校，夜間学校，女教師の私塾（dame school），ワークハウス内学校などの経験を丹念に調べることによって，児童労働を行う子どもたちの学校への「渇望」を描き出した。また産業革命期の第二コーホートと第三コーホートにおける教育期間の短縮（1700年代初頭は4.89年，1791年から1840年までを10年単位でみると，3.42年，3.01年，2.93年，2.51年，2.37年，3.33年）が生活水準の低

第 I 部 「家族の経済学」とジェンダー

下と貧困による児童労働の増大に比例することを明らかにした (p. 314)。

それでは最後に，本書における中心論点をなす児童労働を供給した家族について，若干のコメントを述べることにする。

第一に，18世紀末に「男性稼ぎ主家族」が形成されていたことのインプリケーションについてである。従来の標準的理解では，「男性稼ぎ主家族」の成立は直接に，女性の労働市場からの退出に結びつけられており，それを導いた要因として，男性中心の労働組合，労働保護立法，家族賃金キャンペーン，そして家事労働を好むという女性の選好の変化などが指摘されてきた (p. 120)。しかしそれらはすべて19世紀末の事柄であって，イギリスにおいては，18世紀末までにすでに「男性稼ぎ主家族」が成立していたのである。

本書において明らかにされた洞察は2点ある。一つは，家族における意思決定は男性と女性というレンズだけではなくて，子どもを加える必要があるということである。すでに指摘したように，「男性稼ぎ主家族」には「三つの契約」が存在した。すなわち，「稼ぎ主の夫と家事労働の妻」「犠牲になる母親と義務を負う子ども」，そして「労働する子どもたちと幼い兄弟姉妹」という関係である。すなわち一人親の母親の世帯では，働く子どもと家事労働を行う母親という姿が成立していたのである。つまり「男性稼ぎ主家族」は男性と女性のジェンダー関係とともに，それを超えて子どもに重大な影響を与える。もう一つは，「男性稼ぎ主家族」の脆弱性である。本書で取り上げられた児童労働を経験した労働者617人の実に3分の1が一人親の母親の世帯であった。男性の不安定な賃金とその欠如が生じれば，途端に貧困に陥ってしまう。女性と子どもは市場と家族のマージナルな場所に位置づけられている。一人親の母親の世帯はそのほとんどが院外救済を受けていたが，それがしだいに「自助」に条件づけられるようになったことも児童労働の要因の一つであった。われわれは，「過去の子どもたち」の置かれた状態に，容易に現代の子どもの貧困と労働を重ねあわせることができるのではないか。

第二は，家族分析の方法についてである。従来の歴史人口学が血縁や結婚による家族のパターンを問題にすることに対して，ハンフリーズは，産業革命期の家族形態は「核家族」対「複合家族」の論争ではないという。すなわち，労

働者階級の拡大家族への「動因」が問題である。本書における自伝の分析によって，下宿人などを含む拡大家族が16%を占めていたことからわかるように，労働者世界のネットワークにおいては，家族のサイズや構成が問題ではなくて，誰と生活するのかを「文脈化」(p. 81)することと，その動機が重要である。資本主義の初期，産業革命期の市場の力に対して労働者が生活を守るためにとった家族形態は，現代における家族の変容をいかに理解するのかについてわれわれに重要な示唆を与えることだろう。

第三に，これはすでに海外の書評においても指摘されている点であるが（例えば，Nilsson, 2011），本書において使用された自伝はほぼ少年が対象である。したがって，労働市場において児童労働を供給する家族における，母親と少年の関係が詳細に描かれている。これは18世紀末に成立した「男性稼ぎ主家族」における家族の「脆弱さ」と義務を負う少年の姿である。しかし，ここに，児童労働を行った少女の声が加わることによって，産業革命期の児童労働の全体像を理解することができるであろう。本来，自伝では男性労働者の声が中心であって，女性の自伝がきわめて少ないことを考えると，その研究はかなりの困難さを伴うであろう。その点について，ハンフリーズのさらなる研究が期待される。

注

1) 本補論は，Humphries (2010) に対する書評（原，2013a）を再録したものである。本書で描かれた，18世紀末から19世紀中葉のイギリス産業革命期における家族，とくに一人親の母親とその子どもたちの貧困と児童労働の姿は，21世紀初頭の現代における発展途上国の児童労働のみならず，先進国の一人親の母親と子どもの貧困状況にも十分に当てはまる。UNICEF Innocenti Research Center (2012) によれば，日本における一人親の母親世帯の子どもたちの約半数が相対的貧困に陥っている。
2) 例えば，経済史研究者による以下の書評がある。Tuttle (2011), Wrigley (2011), Tomkins (2011), Nilsson (2011), Cunningham (2012).
3) 本書の「4世帯経済」のベースとなった論文は，Humphries (2004=2012) であり，その翻訳は，法政大学大原社会問題研究所／原伸子編著 (2012)『福祉国家と家族』法政大学出版局の第1章に「市場と世帯経済——産業革命期イギリスにおける家族の経験」（川崎暁子訳）として収録されている。

4) そのほかに以下も参照。Vincent (1977), Vincent (ed.) (1978).
5) Humphries (2003).
6) 斎藤 (2013) は「男性稼ぎ主型モデルの歴史的起源」について，日本との比較において，イギリスとスウェーデンを取り上げているのだが，イギリスについては，ハンフリーズによる本書を参考にしている。
7) 「男性稼ぎ主家族」の成立に関しては，それを，19世紀末の「家族賃金」の成立に関連づける見解は，広くフェミニストに共有されている（例えば，Hartmann, 1976）。
8) このようなハンフリーズの見解は，ハンフリーズとルベリによる家族の相対的自律論（Humphries and Rubery, 1984）に基づくものであり，そこから二つの論点を読み取ることができるだろう。一つは，まず労働者階級家族の歴史的な物質的根拠に基づいて家族組織とその存立の根拠をみるという視点である。それは，本書の文脈からいえば，産業革命期に核家族が，親族や血縁関係のない人々を含む拡大された擬似家族を形成したのはなぜかということである。ハンフリーズは，家族の「社会的・感情的・経済的基礎」を擬似家族形成の理論的根拠としてあげる。われわれはそれを，家族組織における，関係的なケアの存在と言い換えることができる。もう一つは，「新家庭経済学」による家族分析，つまり比較生産性原理に基づいて，家族における男女間の時間配分を説明する理論を歴史的事実によって批判する視点である。

第 II 部
社会的再生産とケア

第 II 部サマリー

●1980 年代以降の「福祉の契約主義」化とワークフェア政策は，労働市場と家族に重大な変化をもたらしている。例えば『就業構造基本調査』（2013 年）によれば，2012 年度の日本における労働者の非正規化率は 38.2％，女性は 57.5％ である。一方，家族では育児や介護などの「社会的ケア」が不足し，仕事と家庭生活の両立が困難になっている。それは一人親の世帯，とりわけ母子世帯において深刻である。なぜなら母子世帯の母親は，労働市場では主たる「稼ぎ手」であり，家庭においてはケアの担い手だからである。彼女たちは労働市場に包摂される場合でも，その約半数は非正規労働であり，ワーキングプアの状態にある。実際，2011 年度における一人親の母親の就業所得は約 181 万円（20～59 歳女性一般労働者は約 341 万円）であり，それが一人親の母親のもとにおける子どもの貧困率 54.6％（全体では 16.3％）という深刻な状況を生み出している。

●第 II 部では，福祉国家における「社会的ケア」とジェンダー平等との関係について考察する。第 4 章では，「福祉の契約主義」のもとで T. H. マーシャルのシチズンシップ論を補完するとして提起された「経済的シチズンシップ」概念について検討するとともに，それがジェンダー平等に対してもつ意味について論じる。第 5 章では，労働のフレキシビリティが「多様な働き方」の掛け声のもとで，一人親の母親とその子どもにケアの不足という「貧困」をもたらしていることを論じる。一方，第 6 章と第 7 章では，エスピン - アンデルセンの比較福祉国家類型論における「脱商品化」指標に対して，ジェンダーの視点によって提起されたケアレジーム論を検討するとともに，2007 年以降，家族政策の「パラダイム転換」を目指しているドイツの家族政策の事例を考察する。

第4章　家族政策の主流化と経済的シチズンシップ

1　新たな「社会的リスク」と家族政策の主流化

　1990年代以降，福祉国家において家族政策は「傍流」から「主流」になったといわれている。それはピーター・テイラー－グービー（Peter Taylor-Gooby）の言葉を借りれば，ポスト工業化社会における新たな「社会的リスク」（Taylor-Gooby (ed.), 2004）に対応するものである。テイラー－グービーは福祉国家が直面している問題，すなわち，女性にとって賃労働と家庭生活の両立が困難になること，人口の高齢化が既存の社会保障の機能不全と「社会的ケア」の不足を招くこと，教育状況と労働市場における地位と結びついた社会的排除が生じること，福祉サービスの民営化によって社会的弱者が育児や介護の困難に見舞われることなど (*ibid.*: 2-5) を背景として，新たに「社会福祉，有償労働，無償労働」の三つの部門による「福祉の混合経済」を提唱する (*ibid.*)。他方，ガーディナーもまた，ジェンダー平等の視点から，1997年のイギリスで18年ぶりに政権に復帰した労働党政権が提起した「雇用と家族と税制および給付金」を統合した政策パッケージを，1940年代のベバリッジ時代以来の「政府活動の新しい統合的アプローチ」(Gardiner, 2000: 671) であるとして，その「総合的（comprehensive）」スタンスを評価している。なぜなら，ベバリッジ以降，1990年代までの雇用維持政策は，主として，失業率のターゲット・レート達成政策としての「完全雇用政策」にとってかわられたからである。「完全雇用」というマクロ的概念には「経済活動と非活動の境目は曖昧である

し」(*ibid.*)，また労働市場の急激なジェンダー構造の変化などは反映されにくいのである。

「労働市場，家族そして福祉を統合した」「総合的」政策は，1990年代，ほとんどの福祉国家で提唱されている「ワーク・ライフ・バランス」政策に対応する。だが実際には，各国の「ワーク・ライフ・バランス」政策は同じ言葉ではあっても，その概念枠組みは多様である（Lewis and Campbell, 2007）。ルイスとメアリー・キャンベル（Mary Campbell）は，労働党ブレア政権の「ワーク・ファミリー・バランス」政策が「ワーク・ライフ・バランス」政策に言い換えられる過程で，「家族」における無償労働の社会的意義を評価するという観点がしだいに希薄になってきたこと，また，この政策がもっぱら労働市場のフレキシビリティに向けられるようになったことを適切に指摘し，次のように述べている。

> 「労働党には育児休暇の概念化（conceptualization）がみられない。1999年以降，この概念は直接には女性を対象としながら，『公正なフレキシビリティ（fair flexibility）』の一部という概念化が行われてきた。一方，スカンジナビアではむしろ，男性と女性の双方が職場を離れる権利として，またフランスでは，女性を対象としてはいるが，国家による家族政策の一部という概念化が行われている。」(*ibid.*: 13)

以上にみられるような福祉国家の変容過程で「主流」になった家族政策，すなわち「ワーク・ライフ・バランス」政策の論理とは本来，有償労働，無償労働，福祉の総合的政策であり，ジェンダー平等の視点が不可欠である。またそこでは，家族における無償のケア労働の社会的意味がどのように「概念化」されているかが重要になってくる。

そこで本章では，福祉国家の「縮減」過程のもとで，スチュアート・ホワイト（Stuart White）やアリス・ケスラー－ハリス（Alice Kessler-Harris）によって提起されている「経済的シチズンシップ」概念（White, 2003; Kessler-Harris, 2003）を手がかりに，福祉国家の変容とジェンダー平等との関係，さらにそこ

で求められる家族政策について検討することにしよう。以下でみるように，ホワイトにおいては「経済的シチズンシップ」概念は，T. H. マーシャルのシチズンシップ論を補足するという性格を与えられている。それに対して，ケスラー－ハリスの場合には，アメリカにおけるシチズンシップ概念を取り上げながら，女性にとっての社会的諸権利と市民的諸権利の分断を克服する概念として提起されている。そこで求められているのはジェンダー平等の視点である。

2　福祉の契約主義とシチズンシップ

「経済的シチズンシップ」概念は，マーシャルのシチズンシップ概念を「補足」する概念，あるいは「追加」的概念として提起されている。また，その内容は「市民的シチズンシップ」と「社会的シチズンシップ」に含まれる経済的内容を指すと考えられる。けれども，1980年代以降，とりわけ90年代以降，福祉国家の「縮減（retrenchment）」（Lewis, 2003a）と経済のグローバル化を背景にして，この概念は重要な意味を込めて提起されるようになった。ここではまず，「経済的シチズンシップ」概念がどのようなコンテクストで提起されてきたのかを，ホワイト（White, 2003）を手がかりに考察することから始めよう。ホワイトの基本的立場は，福祉国家の変容のもとで市場主義化と個人主義化は「福祉の契約主義（welfare contractualism）」（*ibid*.: 15）化をもたらしており，そこでは，「市民としての最低限保障（civic minimum）」が必要であるというものである。それは「市場経済に受容可能であるのに必要な（完全にではないけれど），経済的シチズンシップの具体的な権利と義務であり，それらは特殊な制度と政策に体現されている」（*ibid*.: 2）というものである。

2.1　Paine's Questions

まず以下の二つの引用から始めよう。両者は，ホワイトが，著書 *The Civic Minimum*（White, 2003）の冒頭に「トーマス・ペインの問題提起（*Paine's Questions*）」として掲げた文章からの引用である。最初の文章は，フランス革命後の混乱の時期，トーマス・ペイン（Thomas Paine）によって書かれたものであ

り，次は，アメリカにおける富の分配に関するリサ・A. キースター（Lisa A. Keister）の研究からである。両者は，時代を経て，今なぜ「経済的シチズンシップ」概念が必要なのかについて，的確に言い表している。

> 「文明化の今日の事態は，不条理なほど憎悪にみちている……富裕と惨めさはわれわれの眼前に常に存在し，不快であり，生者と死人がともに鎖で繋がれているようだ。」[3]
> 「ニューヨークをみてみよう……この街の郵便番号のどの地区をとっても，アメリカ合衆国の他の場所よりも，そしておそらく世界中のどの場所よりも高い平均収入である。だがニューヨークはアメリカの他のどの州都と比較しても，福祉受給者が最も多い場所である。世界で最も豊かな人たちと，世界で最も貧しい人たちが小さな街区の内側に，一緒に暮らしている。」[4]

ペインはフランス革命による民主主義の始まりの時期であり混乱の時期である，1795年から96年の冬に，この文章を書いたといわれている。ホワイトがいうように，「ペインの問題提起」とは，「自由，平等，友愛の名の下に，『男性（そして女性）の権利』は，経済的コンテクストにおいて付け加えられるのか？」（ibid.: 1）ということである。そして衝撃的なのは，現代のアメリカの富の分配についての引用にみてとれるように，現代においても「ペインの問題提起」がそのまま生きていることである。

マーシャルは，『シティズンシップと社会的階級』[5]（Marshall and Bottmore, 1992=1993）のなかで社会的シチズンシップ概念を三つに分類している。「市民的諸権利（civil rights）」「政治的諸権利（political rights）」，そして「社会的諸権利（social rights）」である。「市民的諸権利」とは，「個人の自由のために必要とされる諸権利……人身の自由，言論・思想・信仰の自由，財産を所有し正当な契約を結ぶ権利，裁判に訴える権利」（ibid.: 訳15）から構成されている。また，経済的領域における「基本的な市民的権利」は「働く権利」であり，それは「自分で選んだ職業に就くという権利」（ibid.: 訳21）である。「政治的諸

権利」は「団体の成員として,あるいはそうした団体の成員を選挙する者として,政治権力の行使に参加する権利」(*ibid.*:訳15)である。さらに「社会的諸権利」は「経済的福祉と安全の最小限を請求する権利に始まって,社会的財産を完全に分かち合う権利や,社会の標準的な水準に照らして文明市民としての生活を送る権利に至る」(*ibid.*:訳16)。これら三つの諸権利は,歴史的に生起した概念であり,20世紀に成立した「社会的諸権利」はそれ以前の,「市民的諸権利」(18世紀に成立)と「政治的諸権利」(19世紀に成立)を補足するものである。けれども,「市民的諸権利」と「政治的諸権利」が,「競争的な市場経済にとって欠かすことのできないもの」(*ibid.*:訳43)であるのに対して,医療,教育,住居,所得保障などの「社会的諸権利」は,市場で再生産される階級不平等を軽減し平均化していくとされる。マーシャルによれば,この「社会的諸権利」が登場することによって,近代的シチズンシップは完成されることになる。

ホワイトのいう「経済的シチズンシップ」は,概念的には,「市民的シチズンシップ」と「社会的シチズンシップ」の経済的領域に含まれており,労働者・市民の同権化をもたらすことになるであろう。けれども,前述のように1980年代以降の福祉国家の「縮減」のもとで,「経済的シチズンシップ」概念が,独自な意味を込めて取り上げられるようになる。その背景には,先鋭化した「所得の不平等」「貧困率の上昇」「失業率や無業者の増大」[6],それらの結果としてのコミュニティにおける「生活の質の低下や希望の喪失」が存在することは明らかである (White, 2003: 5)。経済的生活条件の悪化によって「下層階級」という言葉が復活し,「社会的排除」が社会問題となったのも,そのためである。ここに「経済的シチズンシップ」の論理が問題となる。

これらの新たな現象は,マーシャルの「社会的シチズンシップ」への挑戦であるともいえよう。なぜならマーシャルによれば,資本主義社会においては,社会的シチズンシップと社会的階級は「対立する原理」であり,両者の関係は,平等の原理と不平等の原理の「闘争の形態」(Marshall, 1973: 92) をとる。この過程をとおして「福祉国家の哲学」は,「高度に不平等な社会の文脈のなかで,社会的秩序を維持する手段」(White, 2003: 15) となるからである。

2.2 「福祉の契約主義」化

1980年代以降,福祉国家のコンセプトは,「福祉の契約主義」(Hobson et al. (eds.), 2002: 117; Lewis, 2003a: 178; White, 2003: 15) 化であるといわれている。例えば,1998年のイギリス・ニューレイバーの『緑書 (*New Ambitions for Our Country*)』(Secretary of State for Social Security, 1998) には,「現代福祉国家の核心には,責任と権利に基づく,市民と政府の間の新しい契約が存在することになるだろう」(*ibid.*: 80; White, 2003: 12) と述べられている[7]。この契約に従えば,国家は契約に基づいて福祉の給付を行うが,それは,責任ある行動という「準契約的な見返り (quasi-contractual return)」を要求することになる。具体的には,「失業給付資格は,積極的な求職活動のような労働関連活動に強く条件づけられる。……両親への福祉給付は子どもの非行を防ぐことを条件としたり,福祉受給者には薬物治療を条件としたり,若いシングル・マザーには援助の条件として,監督者つき住居への入居が条件とされる」(White, 2003: 13)。もちろん,このような「契約主義」化は各国において,多様な形をとることには注意すべきであろう。例えばEUの文脈では,welfare to work は,アメリカにおいてみられるような「労働(あるいは職業訓練)に応じた福祉給付ではなくて,労働に支払いを行うための手段や家族政策を含むものとなっている」(Lewis, 2003a: 179)。このような各国における多様な現れ方は,「ワーク・ライフ・バランス」の論理や,ジェンダー平等政策のあり方にも違いを生み出すことになる。

ここでは,以上にみられるような「福祉の契約主義」化について,ジェンダー視点から,あらかじめ二つのことを指摘しておきたい。第一は,この「契約主義」化が,もっぱら「有償労働を要求する契約主義的政策」あるいは「政策思考」となっていることである。いわゆる「労働中心(work-related)」の「ワークフェア(welfare to work)」と呼ばれる政策である。それは,ホワイトがいうように「社会において,典型的には無償で行われているケア労働のような形の社会的貢献に対しては……不当な」(White, 2003.: 15) 取り扱いとなる可能性がある。ここで注目されるのは,ホワイトがマーシャルに基づいて,市場を前提とした「経済的シチズンシップ」概念を提起しながらも,他方で市場から切り離された,ケアのような無償労働に対しても正当なシチズンシップの権利を

要求していることである。

　第二は，このような政策が，家族と労働市場の変化を背景として，市場主義化・個人主義化の名のもとで，政府主導による，いわゆる「成人稼ぎ主モデル (adult worker model)」(Lewis and Giullari, 2005) の推進と同時に進められたということである。この契約概念が，実際には，古典的な「社会契約」とは理論的に異なり，実際には，「政府と，カテゴリーとしての市民の間の集合的合意 (collective agreements) ではなく，政府と個人的市民の間，あるいは国家の保護下にある市民同士の契約」(Hobson, 2003: 115) となっていることを考えるならば，当然，そこでは男性と女性とは同一の自律的個人として取り扱われることになる。家族における「（家族メンバーをケアするという）私的義務はもはや，シチズンシップにとっての障害とはみなされない。平等な権利は男性に対しても女性に対しても，雇用への参加をとおして達成されることになる」(ibid.: 114)。しかし，政府主導による「個人主義化」と社会的現実との間には，ギャップがある。ルイスはヨーロッパの例をあげながら，オランダとイギリスでは4分の1から3分の1の女性が短時間パート労働を行い，ドイツでは週20時間以下の労働を行っているという現実を指摘しながら，そのような社会的現実のもとでは，「成人稼ぎ主モデル」は，「70年代のスウェーデンを特徴づけるようなケアの脱家族化」(Lewis, 2003a: 178-179) はもたらさないであろうと述べている。さらに，年金などの社会保障や，有給の育児休暇などの家族政策が伴わなければ，女性の「脱商品化」(Esping-Andersen, 1990=2001, 1999=2000) も起こりえないことになる。

　それでは次に，このような「経済的シチズンシップ」の問題がどのようにジェンダー平等と関わるのかについてみることにしよう。

3　経済的シチズンシップとジェンダー平等

　2002年，ハーグで開催された European Social Science History Conference では，「経済的シチズンシップ」に関するシンポジウムが開催された。その後，そこに集まったジェンダー研究者によって「経済的シチズンシップをジェンダ

一化する」という観点で，*Social Politics* 誌上で議論が行われることになった(Hobson, 2003: 155)。*Social Politics*（Vol. 10, No. 2, 2003）には，シンポジウムに提出された報告論文とそれに対するコメントが収録されている。ここでは問題提起を行ったケスラー–ハリスの論文を検討することによって，「経済的シチズンシップ」概念とジェンダー平等との関係をみることにしよう。以下にみるように，ここでの議論は，福祉国家の基本理念であるシチズンシップは，女性に対してどのような形で実現されるのかという，従来の議論の流れに属するものであるが，さらにそれに加えて，福祉国家の縮減過程とジェンダー平等との関連を問うという動態的視点を含むものとなっている。

3.1 ケスラー–ハリスの見解
（1）アメリカにおけるシチズンシップ

前節では，ホワイトの *The Civic Minimum*（White, 2003）で展開されている「経済的シチズンシップ」の概念，およびそのような概念が登場した背景をみてきた。ホワイトがいう「福祉の契約主義」化という事態は，1980年代以降，ほとんどの福祉国家の流れを的確に言い表したものであるが，ケスラー–ハリスがいうように，このような傾向は，アメリカではすでに早くから根づいていた事態である。ケスラー–ハリスは，アメリカでは「市場の力によって，社会的シチズンシップとそれ以外のシチズンシップとの間に深い溝がある，最も際立った事例である」（Kessler-Harris, 2003: 159）と述べている。ケスラー–ハリスの論文「経済的シチズンシップを求めて（"In Pursuit of Economic Citizenship"）」[9](Kessler-Harris, 2003) は，以下にみるように，「経済的シチズンシップ」という「新しいカテゴリー」（*ibid.*: 158）[10]を提起することによって，雇用と家族のバランスを実現し，そうしてジェンダー平等を実現しようというものである。

ケスラー–ハリスはまず，アメリカにおけるウェルフェア・マザーが置かれた状態を表す次の文章を掲げている。長文であるが引用することにしよう。

「1967年秋，アメリカ合衆国議会は小さな子どもたちのために福祉給付を受けている母親たちに賃金労働に就くことを要求するという法案を可決

第4章　家族政策の主流化と経済的シチズンシップ

させた。その法案は激しい論議を呼び起こし、上院のヒアリングとそれに続く議論は、自らの抱えた問題を嘆願しようとする、支持者と反対者の代表者たちを首都に引き寄せた。彼らのなかには、ニューヨークからきた母親たちの集団がおり、彼女らは、法案を作成した議会の委員会に対して、まだ小さな子どもたちを抱えており家庭にとどまることができるようにしてほしいという請願のためにやってきた。その要求が議会の議題に上がらなかったことから、母親たちは、聴聞室の内外で、抗議行動をとった。小委員会の議長の上院議員、ラッセル・B.ロングは、『終日、委員会の部屋に座り込み、帰宅することを拒否した母親たちによって、委員会の部屋が占拠されたこと』に腹を立て、ウェルフェア・マザーを『雌馬ども』『屑ども』呼ばわりして、腹立たしげに対応した。彼女たちの主張によれば、ロングは、母親たちが議会に請願する権利をあらあらしく捨て去って、次のようにいった。『議会の仕事を邪魔する時間があるのなら、家の前のビール缶を拾い集める時間をみつけることができるのに、どうしてそうしないのか』と。」(*ibid.*: 157)[11]

　この文章からわかるのは、アメリカ社会における、個人の「市民的シチズンシップ」および「政治的シチズンシップ」と「社会的シチズンシップ」の間の根強い「緊張関係」である。ウェルフェア・マザーは、福祉給付という「社会的権利」を求めるならば、「自分で選んだ職業に就くという権利」(Marshall and Bottmore, 1992=1993：訳21)という「基本的な市民的権利」(*ibid.*)も、それを要求する「政治的権利」も保障されない、というのである。「現代社会では、市場が、家族生活の場所すべてに入り込んでいる。社会的諸権利はますます傷つきやすくなり、政治的発言を行うことは社会的シチズンシップと対立するようになる」(Kessler-Harris, 2003: 158)。ケスラー-ハリスは、シチズンシップの概念が、このように規範的にジェンダー化されているのならば、ここに新しい「追加的カテゴリー」が必要になるという。その概念は、子どもや高齢者や親族やパートナーに対する「ケアする気持ち (care-giving interests)」と「市場的自己利害 (market-driven self-interest)」を調和させ、「平等で公正な社会を達成

109

できるような概念」(*ibid.*) でなければならない。それが「経済的シチズンシップ」(*ibid.*) と呼ばれる。

ケスラー-ハリスによる「経済的シチズンシップ」概念は、前節でみたマーシャルの「シチズンシップ」概念の「上位」概念としてではなくて、それらを「補足」するものとして位置づけられている。端的にいえば、「社会的・経済的自律性と独立性」(*ibid.*) を達成する概念である。そこでは文字通り、経済的領域における「シチズンシップ」が問題とされており、マーシャルの「市民的シチズンシップ」における「働く権利」と「経済的自由」を指すものといわれる。具体的内容は次のようになる。「自らの選んだ職業に就く権利（この労働は子育てや家事も含む）、自分と家族を養うのにふさわしい賃金を獲得する権利、平等な労働市場に対する権利、労働市場に入るのに必要な教育と訓練を受ける権利、労働力参加を維持しサポートするのに必要な社会的給付、効率的な選択 (effective choice) をするのに必要な社会的環境（それらには快適な住居、安全な道路、アクセス可能な公共交通、普遍的ヘルス・ケアなどが含まれる）」(*ibid.*: 159)。

(2)「市民的シチズンシップ」と「社会的シチズンシップ」の分断

それでは、このような「社会的シチズンシップ」と「市民的シチズンシップ」（そして政治的シチズンシップ）の分断は何に基づくのか。ここでは二つの理由を読み取ることができる。一つは、ケスラー-ハリスがアメリカの女性労働史研究 (Kessler-Harris, 2003, 2007) をとおして作り上げた「ジェンダー化されたイマジネーション」という概念による。この考え方によれば、1915年の最高裁判所で決定された「働く権利」は、「米国憲法第14条修正条項」の平等保護規定の神髄であるという画期的な決定によって「ジェンダー化されたイマジネーション」が作り上げられ、現在においても、アメリカの「ジェンダー化された秩序」の根底にあることになる。1945年、ロバート・ワグナー (Robert Wagner) は議会で、「労働の権利は生きる権利を譲渡することができないのと同じように……決して脅かされてはいけないし、剥奪されてはいけない」(1930年の発言の再引用) (Kessler-Harris, 2003: 162) と「市民的権利」を高らかに宣言したが、「女性の自由については」「家族の健康を脅かさない場合という限定」(*ibid.*) がついた考え方に従っているといわれる。ここでは自由の概念が

男女間で異なっている。20世紀初頭の労働保護立法も男女間に「異なる社会的権利」(*ibid.*: 164) を付与しており，女性は「民族の母」(*ibid.*) として，その対象となっている。このような「ジェンダー秩序」は，労働力人口の約半数が女性となり，共稼ぎ家庭の約20%は女性の収入が男性のそれを上回っているという現代においてもなお，存在しているとされる。そこでは，男女間の分断に加えて，女性間にも分断が生み出されている (*ibid.*: 167)。

　もう一つの理由としてあげられるのは，アメリカにおいては，社会保障が厳然と労働と結びつけられていることである。ここでは政府による介入が原則として禁止されている。ジュディス・N・シュクラー (Judith N. Shklar) がいうように，「われわれは稼ぎを止めたとたんに……コミュニティの一員の資格を失う」。「働く権利」がある場合にのみ市民である (Shklar, 1991: 98-99)。年金や，失業保険，医療保険などの「市民の普遍的エンタイトルメント」が「労働証明」に付与されることになる (Kessler-Harris, 2003: 166)。ただし「労働」に「福祉」を与えるという考え方自体は，もちろんアメリカだけのことではなく戦後福祉国家の「男性稼ぎ主モデル」の根拠となっている。これは「福祉国家の発展の中心問題が資本と労働の階級問題」(Lewis, 2003a: 177) にあり，したがって，「社会保障は労働契約のなかに記述されていた」(*ibid.*) ことを考えれば，当然のことではある。

　けれども，ここでの関心からすれば，アメリカの事例は，生活全般の市場主義化によって，労働する権利をとおした福祉，したがって男性中心の福祉体系が国家の介入なしに実現することになっており，他方で，ケア提供者としての女性には国家の「庇護」が与えられることになる。したがって，女性に対する「社会的シチズンシップ」が拡充される場合であっても，例えば，寡婦が夫の労働記録に基づいて年金を受け取る場合には再婚が禁止されたり，福祉を受給しているシングル・マザーは，その見返りに労働を強制されたりという事態が生じる。また女性の社会進出が進むことによって，労働市場は社会的諸権利と市民的諸権利の分断が衝突する場となる。つまり，雇用中心に位置づけられた男性と，本来，ケア提供者として位置づけられた女性によって，労働市場が分断化されるとともに，家庭におけるバランスのとれた生活を送る可能性が制限

されてくる。これは,「ワーク・ライフ・バランス」とシチズンシップの関係を言い表している。

3.2 「市民的諸権利」と「社会的諸権利」の統一
——「ワーク・ライフ・バランス」の論理

これまでみてきたように,アメリカの事例は,市場主義あるいは生活の市場化によって,「市民的諸権利」としての「働く権利」,すなわち「自分で選んだ職業に就くという権利」と「社会的諸権利」が分断した,先鋭的な事例として取り上げられる。そこでは,雇用とケアが分断化されている。家族形態と労働のあり方が急速に変化しつつあるなか,「成人稼ぎ主モデル」が先進的に普及し,共稼ぎ世帯が多数を占めるアメリカにおいてはより際立った形で,労働市場と生活の場が分断され,バランスを欠いたものとなっている。

ケスラー-ハリスは,そこで,「経済的シチズンシップ」概念による両者の統一を試みる。それは,「市民的シチズンシップ」の概念における仕事に対する権利としての「経済的自由」を意味するが,それと同時に,「社会的シチズンシップ」の概念から「経済的保障」を取り出し,両者を「人間的尊厳(human dignity)の基本的尺度」(Kessler-Harris, 2003: 168)とする。ここで,ケスラー-ハリスの「ワーク・ライフ・バランス」に関する見解の特徴点をまとめれば以下のようになる。

第一に,ここでの「経済的シチズンシップ」概念は雇用中心的である。ケスラー-ハリスによれば「ほとんどの国,ほとんどの歴史的時間に,社会的シチズンシップの基本的権利は,労働に対する支払いの形態をとっている」。したがって,まず「すべての者を賃金労働に結びつけること」(*ibid.*)が最初に指摘される。これはすでに,バーバラ・ホブソン(Barbara Hobson)やアン・S. オルロフ(Ann S. Orloff)による,ジェンダー平等のためにはまず「独立した家計を営む能力」を獲得することが重要であるという指摘につらなる(Hobson, 1990; Orloff, 1993)。だがケスラー-ハリスの理論的な独自性は,「市民的シチズンシップ」の観点から,「家計をいかに営むかを選択する能力」を提起し,それをマーシャルのシチズンシップ概念に対置した点にある。

第4章 家族政策の主流化と経済的シチズンシップ

またこのような，雇用重視の「経済的シチズンシップ」概念は，本章第2節で考察した，ホワイトの「経済的シチズンシップ」概念とは異なる意味合いをもっている。両者ともに，現代の福祉国家において，マーシャルが『シティズンシップと社会的階級』(Marshall and Bottmore, 1992=1993) で展開したように，シチズンシップ概念が，実際には，不平等を克服できず，それを再生産しているのではないかという共通の問題意識から出発している。だが，ホワイトが市場労働重視のシチズンシップ概念に無償労働の一部を労働概念として取り込むことを主張するのに対して，ケスラー－ハリスは，市場における「働く権利」をジェンダー秩序の克服に結びつけようとする。

　第二に，第一の論点から必然的に出てくるのであるが，「市場」の力を認めていることである。ケスラー－ハリスは「一方で市場の影響を緩めながらも，市場の力を認める」(Kessler-Harris, 2003: 168)，と述べている。ここには，当然，ケア労働の市場化が含まれることになる。ケスラー－ハリスは，「経済的シチズンシップ」概念によって，「ケアに経済的諸権利を付与しつつ，ケアの規範的重要性を高めながら，ケアする権利を，より大きな経済的構造のなかで記述する言葉を提供する」(ibid.: 169) と述べている。また，市場化が商品化に結びつくことの危険性を指摘する議論に対しては，すでにスウェーデンで実行に移されている事例をあげながら，「政府の政策」による「個人ベースの所得控除……個人的記録に基づく社会給付，両親への住宅ローン，……両親相互による出産や育児のコストのシェア，子どもの医療，経済的・社会的福祉の負担のシェア，雇用，教育，政治的参加の領域における差別的なジェンダー的保護の解消」(ibid.) などをあげている。

　第三に，上述のように，ケスラー－ハリスは，「経済的シチズンシップ」によって各人が雇用に結びつけられるようになったあとは，「政府の政策」による介入を主張する。けれども一方，ジェンダー的秩序（そして「ジェンダー的イマジネーション」）がある場合には，国家の介入（労働保護立法や社会的シチズンシップの拡充）は，妻として母としての女性に対しては，かえって「政治的アクセスと市民的諸権利を阻害」(ibid.) することもあると述べている。これは，例えば，女性が（男性が取得しそうにない）育児休暇をとったことによって職場

復帰後の仕事を失う事態などを指している。だが，このような主張に対しては，ルイス（Lewis, 2003a）が述べているように，家族政策（男性の育児参加の政策など）が欠如しているアメリカと，例えばそれが同時に進む EU などでは位置づけが異なってくる。

　第四は，「目標」としての「経済的シチズンシップ」の達成のためには，「ファミリー・フレンドリーな労働市場政策」が必要である，とされる。具体的には「パートタイム労働への社会保障，コミュニティによるチャイルド・ケア，短時間労働への完全な支払い，有償の出産休暇や育児休暇など」である。また，ジェンダー包括的なケアの権利としては，「所得控除，休暇中の母親の非労働期間に対する年金積み立て，包括的な児童手当，子どもたちへの普遍的なヘルス・ケア」（Kessler-Harris, 2003: 171）などがあげられる。

　上記にみられるような，ケスラー－ハリスの見解について，筆者の考えを述べることにしよう。

　経済的シチズンシップ概念がジェンダー視点から提起されるようになったのは最近のことである。従来の福祉国家と女性のシチズンシップの関係に関するジェンダー視点からの議論は，エスピン－アンデルセンの「脱商品化（de-commodification）」に対する批判を契機として進展した。「脱商品化」とは，諸個人あるいは諸家族が，市場の参加から独立に社会的に受容可能な生活水準を維持しうる程度のことであり，エスピン－アンデルセンは，老齢年金，失業保険，疾病保険などの制度を対象に各国の「脱商品化の程度」を数値化した。それに対して，ジェンダー研究者は，「脱商品化」は，すでに労働力が商品化された状態から出発した考え方であり，男性労働者を前提にしている。家庭でのケア労働を担当している女性は，市場労働から排除されているか，二流労働者として不利に扱われているという批判を行った。したがって，そこからは，一方で，社会政策（ケアサービス，ケアに対するキャッシュ，ケアに対する社会的サポートなど）による女性の「社会的シチズンシップ」を求める見解と，他方で，女性の労働市場へのアクセスを求める見解が登場した。

　それに対して，ケスラー－ハリスは，女性の「社会的・経済的自律性と独立性」を強調する「経済的シチズンシップ」概念を提起した。それは，マーシャ

ルの「市民的シチズンシップ」を補足する概念とされる。ここで理論的にも実践的にも問題になると考えられるのは、一つは、この「経済的シチズンシップ」の考え方によれば、福祉国家の社会政策をとおして、女性が「社会的シチズンシップ」、すなわち「ケアする権利」を高めてきたという観点が見失われることである。ケスラー-ハリスも述べているのだが、福祉国家は本来、work に welfare を付与することによって「男性稼ぎ主モデル」の形を作り上げてきたのであって（そしてそのモデルのもとで、妻や子どもに福祉が与えられてきた）、それに対して、家庭での無償のケア労働の社会的意義を主張してきたのが、「脱商品化」批判以後のジェンダー研究の成果であった。もう一つは、ケスラー-ハリスもまた、「経済的シチズンシップ」の最終的な「目標」は、ケアと雇用のバランスであると述べているが、実際には（とくにアメリカでは）ケアも含めて、すべての労働を賃労働にという枠組みを置いている。そこでは家庭内における無償のケア労働の社会的意味を主張できない。また実際には、労働市場に出ることができないシングル・マザーの労働や、ケア労働の独自性について、ケスラー-ハリスの枠組みでは抜け落ちてしまうことになる。

4 「ワーク・ライフ・バランス」とシチズンシップ

以上、本章では、福祉国家の「縮減」過程の特徴は「福祉の契約主義」化であるということ、それを背景として「経済的シチズンシップ」概念が提唱されてきたこと、また女性のシチズンシップを「市民的シチズンシップ」における「働く権利」に求める、新たな「経済的シチズンシップ」の議論が登場していること、そこでは社会的諸権利と市民的諸権利の統一が求められることをみてきた。最後に、「ワーク・ライフ・バランス」との関わりで、本章の内容をまとめよう。

第一に、「経済的シチズンシップ」概念は「福祉の契約主義」を背景とした「経済格差」や貧困現象を克服するものとして登場した。だがホワイトは市場労働と非市場労働（ケアなど）を含めたうえで civic minimum を、他方、ケスラー-ハリスは、すべての者に「働く権利」を要求することによって、女性の

「社会的・経済的自律」を求めている。「経済的シチズンシップ」の概念自体は，両者ともにマーシャルのシチズンシップ概念を「補足」あるいは「追加」するという共通の問題関心から登場したものであるが，その使われ方は異なっている。ここで，雇用とケアの「バランス」ある社会を求めるという「目標」を込めて提起された，ケスラー－ハリスの「経済的シチズンシップ」概念の含意について考えてみよう。ルイス（Lewis, 2003a）がいうように，「福祉の契約主義」の内容が各国で違ってきているということが，この概念（ケスラー－ハリスの場合）の実践的意味を規定すると考えられる。アメリカのように，政府による家族政策（ケアに関する政策）がほぼ期待できない場合には，まず女性を賃労働化して，したがってケアの市場化によって，ジェンダー平等を実現するという道が主張される。だがヨーロッパにみられるように，同じ「契約主義」であっても，社会政策（「社会的シチズンシップ」）を通じた家族政策が同時に含まれている場合には，ケアと雇用の「真の (genuine)」バランスを求めることが可能である。けれどもケスラー－ハリスの主張にもみられるように，まず「働く権利」，女性の労働の市場化を求める場合には，女性のなかに分断化が生まれ，シングル・マザーなどの貧困に陥りやすい女性は労働市場において，とうてい「自律」を獲得できないだろう。ここでは「経済的シチズンシップ」のなかに，まず，ケアの社会的意味を含める必要がある。

第二に，「ワーク・ライフ・バランス」をジェンダー平等に結びつけるには，理論的にも実践的にも，家族（とそこで行われる無償のケア労働）の意味を「概念化」することが重要である。家族は労働力の再生産の場であり福祉の生産の場である。それは市場に身をさらされながらも，自律性をもっている。家族そして労働者階級は歴史的にみても，「労働供給に対する管轄権とコントロールを行使する能力」（Humphries, 1977: 244）を高めてきたという視点は重要である。したがって，家族の多様化や女性の社会進出が進み，ケアが不足する事態が生じたならば，社会的ケアという観点で，ケアを作り出す制度が必要になってくる。

第三に，「ケア供給レジーム」という観点から「発見的カテゴリー」（Daly and Lewis, 1998: 6）としての「社会的ケア」（*ibid.*）という概念を導くことができ

る（本書第6章参照)。「社会的ケア」とは，ケアを「構造化された社会的現象」としてとらえる思考であり実践である。そこでは，ケアの担い手は「行為の主体（agency)」となる。それはつまり，ケアの担い手（主体）が誰であるか（女性の仕事か，あるいは男女がともに関わるか）によって，福祉国家（制度）の形が変わるという動態的視点でもある。

注

1) ジェンダー福祉国家論の立場からは，ウィリアム・H. ベバリッジ（William H. Beveridge）の報告（Beveridge, 1942=1969）に対して，もっぱらその前提をなす「標準的（normal)」労働力，「標準的」家計概念には男女の役割分担というジェンダー関係が暗黙のうちに前提されていることに対する批判と，そのことによって戦後福祉国家のジェンダー的性格が刻印されたことを批判する見解が多い（例えば代表的なものとして，大沢，1986 など)。確かにベバリッジは当時の女性の低い労働力率のもとで，一方における持続的なフルタイム労働者と，他方における女性の家事労働力の存在という，「男性稼ぎ主モデル（male breadwinner model)」を前提としている。このモデルが戦後福祉国家体制のもつジェンダー不平等的性格の一端を規定したことも事実である。だが筆者は，ベバリッジによる「労働市場，家族そして福祉を統合した」「総合的」政策の意義については，ジェンダー視点からも正当な評価がなされるべきではないかと考える。

   またイギリスにおける家族政策の「生みの親」であるとともに，福祉国家の「完成者」ともいわれるエレノア・ラスボーン（Eleanoa Rathbone）は，イギリスにおいて初めて，無償労働の正当な社会的評価を提唱し（Rathbone, 1924)，それを政策論議の俎上に載せるとともに，ベバリッジの政策構想に大きな影響を与えていると考えられる。

2) Gardiner (2000) は，ベバリッジやイギリス労働党の「総合的」政策のスタンスを評価するのではあるが，他方，現実の政策が雇用中心になっており，新たな経済格差を生み出しているとしている。

3) Thomas Paine (1797) "Agrarian Justice," in Michael Foot and Issac D. Kramnick (eds.), *The Thomas Paine Reader,* Harmondsworth: Penguin. 本稿では，White (2003: 1) からの引用である。

4) Lisa A. Keister (2000) *Wealth in America: Trends in Inequality,* Cambridge: Cambridge University Press. 本稿では，White (2003: 1) からの引用である。

5) このエッセイは，マーシャルが，1949 年 2 月にケンブリッジ大学で行われたアルフレッド・マーシャル（Alfred Marshall）のための記念講義をベースにしている。

第Ⅱ部　社会的再生産とケア

6) 「無業者 (non-employment)」は「失業者 (un-employment)」と区別される。前者は職業に就いていないだけではなく，労働力人口にも入っていない。それに対して，後者は，職業に就いていないが，労働力人口には入っている（White, 2003: 224）。
7) それに対して，1970年代の労働党政府による「社会契約 (social contract)」は労働党政府と労働組合が「社会契約の手段」によって危機を乗り切るという意図が込められていた。1990年代以降のEUの福祉国家の指針は，「契約主義」化といわれている。だがその内実は，国によって異なっている。例えば，ドイツでは，1998年に成立した社会民主党と緑の党によって「労働の盟約」が結ばれたが，それは政府と企業と組合を「社会的パートナー」と呼んでいることからもわかるように，雇用問題を話し合いで解決しようという，1970年代のイギリスの「社会契約」の形により近い（Gerhard et al., 2002: 113）。
8) Fraser (1994=2003) を参照。
9) *Social Politics* 誌上のこの論文は，のちに，Kessler-Harris (2007) に収められている。
10) ジェンダー視点からの「経済的シチズシップ」概念についてはすでに，Hobson (2000) において，国家を超えた政策領域における「シチズンシップのジェンダー化」という問題領域から議論されている。
11) Kessler-Harris (2003) によるこの文章の初出は，Kessler-Harris (2001: 273) である。

第5章 労働のフレキシビリティとケア

1 福祉国家・ジェンダー・子ども

　従来，福祉国家は公私二分法のもとで，子どもの福祉を家族という私的領域の問題と位置づけ，家族への介入を避けてきた。しかし，1980年代以降，家族の多様化や労働市場の規制緩和を背景にして，それまでの福祉国家の枠組みである「男性稼ぎ主モデル」から「成人稼ぎ主モデル」への移行がみられる。ケアの主たる担い手である女性が労働市場に進出することによって仕事と家庭生活の両立が困難になり，家族には育児や介護などのケアの「不足」が生じるとともに家族内部のジェンダー関係，つまり性別役割分担が明るみに出るようになった。福祉国家は，「誰がケアを担うのか」という「社会的ケア」をめぐる切実な問題に直面している。その結果，1980年代の終わりから90年代にかけて，家族政策はしだいに主流の位置を占めるようになり，子どもの貧困に対する取り組み，若者や長期失業者そして一人親の女性に対するワークフェア政策，さらに養育費徴収制度などの政策や制度が相次いで取り上げられるようになった。けれども，その特徴は，家族の多様化や労働市場の分断化そして社会保障政策を説明する論理として，自律的個人による「契約」や「選択」という概念が，レトリックにおいても，また実践においても，ますます自由に使用されるようになったことである。われわれはそれを，「福祉の契約主義」(Gerhard et al., 2002: 106; White, 2003；原，2008) と呼んでいる。[1)]

　本章で主たる対象とするイギリスをみるならば，1980年代から90年代前半

の保守党政権下においても，90年代後半以降の労働党（ニューレイバー）政権下においても，その基本的思想は「福祉の契約主義」であったといえよう。両者は政治的に異なる文脈においてであるが，1970年代までの「社会契約」とは異なって，国家と市民との関係ではなくて，国家と個人としての市民との関係を論じることになる。例えば，ニューレイバーにおいては，1997年に労働党が18年ぶりに政権をとって以降，「第三の道」の社会的投資アプローチによって，子どもの貧困問題は政治的に最も重要な課題となった。トニー・ブレア（Tony Blair）は選挙で勝利した直後の演説で，「忘れられた人々と，忘れられた地区をなくす（no forgotten people and no no-hope areas）」として，子どもの貧困対策への強い決意を述べた。[2] その後，*Opportunity for All*（Secretary of State for Social Security, 1999）のなかで，2020年までに子どもの貧困を撲滅し，中期目標として10年までに半減するとした。それは，子どもの貧困に対して，私的責任とともに公的責任を明確に認めたという点において，またイギリスにおける過去20年間の家族に対する私的責任論と比較して，画期的であった。[3] しかし，その基本的思想は，「契約によって貧困から脱する」（Stewart, 2009b: 64）というものであった。

すなわち，社会的投資アプローチに基づいて，将来の大人であり市民である子どもへの人的投資や排除されたコミュニティへの投資が主要な対象とされるとともに，他方では，「福祉から就労へ（welfare to work）」というワークフェア政策のもとで，子どもたちの母親，とくに一人親の女性たちは，福祉給付と労働する「機会」の提供に対して，労働市場への参加を「義務」づけられることになった。[4] 両者は，「効率性と公正の新たな同盟」（Giddens, 1998=1999）の二つの柱である。さらにわれわれにとって重要であると思われるのは，このようなイギリスにおける「第三の道」の方向性，すなわち「平等と効率の福祉革命」（Esping-Andersen, 2009=2011）という考え方は現在もなお，福祉国家論の主流をなしていることである。「投資」とは本来，収益を伴う概念であり，それゆえ社会的投資アプローチには費用対効果の視点が導入される。

本章の課題は，ジェンダー平等とケアという視点から以上にみられるような福祉国家の変容が子どもの生活と貧困に対して，どのようなインプリケーショ

第5章 労働のフレキシビリティとケア

ンをもっているのかについて考察することである。ここで本章の問題意識をさらに述べれば，以下のとおりである。

第一は，社会的投資アプローチがもたらした相対的貧困率の減少と所得格差の拡大の意味についてである。社会的投資アプローチはまず，一人親の母親を労働市場に「包摂」することによって一定の所得を保障するとともに，所得控除（勤労者家族タックス・クレジットと児童タックス・クレジット）を与えることによって，貧困家庭の所得を一定程度，増大させることに成功した。その結果，相対的貧困の子ども数は 1998/99 年と 2004/05 年を比較すると，約 430 万人のうち，その 16% の約 70 万人が減少した（AHC：住宅費給付後）。BHC（住宅費給付前）でみれば 18% の減少である（Stewart, 2009b: 55）。政府の公約には届かない値だが（目標は，相対的貧困の子ども数の 25% の減少），数字上は着実な成果をあげたといえよう。しかしその一方，新たな問題を生じさせた。それは所得格差の拡大である。所得の不平等は 1996/97 年以降，一時下落したとはいえ，2004/05 年には上昇し始めており，2006/07 年は 1996/97 年レベルに戻っている（Stewart, 2009a: 428）。一方における相対的貧困率の減少と，他方における所得格差の拡大の意味するところは何か。すなわち，一人親の母親たちは，子どもの貧困対策のもとで，労働市場に「包摂」されたけれども，そこで経験する非正規労働と低賃金によって労働市場のマージナルな位置に身を置くことになっている。例えば，ニューレイバーは貧困対策として，1997 年に「社会的排除防止局（Social Exclusion Unit: SEU）」を設けたのであるが，それに対して，54 人からなる社会政策と社会学の教授たちが，1997 年，*Financial Times* 紙への書簡のなかで，SEU の設立を「歓迎」するとともに，一方で，「所得の再分配」への取り組みがないと批判した。それがなければ，ニューレイバーの貧困対策は，「片方の手を背中に縛りつけられた」状態のままであるというのである（Hills et al. (eds.), 2009: 9）。

第二に，注目されるのは，ケアの時間の不足とケアの質の低下によって引き起こされる子どもの貧困である。これは社会的投資アプローチによる子どもの貧困対策が，その母親の就労に直接結びつけられていることによる。つまり，働く母親たちは，一方で「ワーク・ライフ・バランス」政策の「多様な働き

方」，すなわち労働のフレキシビリティによって，長時間労働や残業を含む不規則な生活状態に直面している[7]。その結果，仕事と家庭生活の境目は曖昧になっている。非正規労働の増大は，雇用の場における労働の「フレキシビリティ」を労働の「一時性（temporality）」（Rubery et al., 2005）とも呼べる状況に変える勢いである。仕事を支配する生産性と効率性の論理は家族生活に侵入し，家族生活とケアの「テイラー主義化」（Hochschild, 2000=2012）を生み出している[8]。そして他方では，母親たちは「公私のパートナーシップ」のもとで制度化された保育に対する「支払い」を求められている。イギリスにおける 2007 年度の調査によれば，働く母親たちの 5 人に 1 人は保育の支払いに困る状態であるという（Stewart, 2009b: 63）。低所得とともにケアの時間の不足とケアの質の低下は，子どもの貧困を意味する。

　第三に，このような子どもの貧困がジェンダーの問題と二重に関わっていることである。一つは，社会的投資アプローチによって労働市場に「包摂」された女性の「雇用」が，労働市場におけるジェンダー格差（男女間賃金格差，雇用における差別など）に結びついた場合には，所得格差を拡大するということ。もう一つは，家庭生活におけるケア労働が市場労働とは異なって，生産性や効率性の論理では測れないということである。現在もなお，家庭における無償のケア労働の多くが女性によって担われている現実に対して，ケアに対する公的責任とジェンダー平等の視点が求められる。

　本章の構成は以下のとおりである。第 2 節ではまず 1980 年代以降の福祉国家の変容を規定する「福祉の契約主義」の思想的背景について検討する。ここでは，アメリカの「ニューライト」における「福祉から就労へ」，すなわちワークフェアと，イギリスの「第三の道」における社会的投資アプローチを取り上げる。前者はアメリカ新保守主義の政策指針であり，後者は新たな福祉国家構想を唱えるイギリス・ニューレイバーの政策指針である。したがって両者は，政治的に異なる文脈に置かれている。しかし，一人親の母親とその子どもの貧困問題を政策の中心に置き，ワークフェアによる雇用を通じた社会的統合を政治目標とした点において共通性をもっている。このような共通性を確認しておくことは，「福祉の契約主義」の思想的源流を探るうえで重要であろう。さら

に前者のワークフェア，つまり「福祉から就労へ」という思想は，後者の社会的投資アプローチとともに，「第三の道」における社会的投資国家の基軸となっていった。続く第3節では，社会的投資アプローチによって労働市場に「包摂」された多くの一人親の母親たちが，労働市場と労働のフレキシビリティ，すなわち非正規労働と不安定な仕事時間のなかで，「タイム・バインド」(Hochschild, 2000=2012)，すなわち時間の板挟み状態に陥っていることを取り上げる。それは，ケア時間の不足とケアの質の低下をもたらすことによって，子どもの貧困を生み出している。最後に，第4節で，社会的投資アプローチの政策課題についてまとめる。

2 ワークフェアと社会的投資

本節では，「福祉の契約主義」の二つの思想的背景として，1980年代アメリカにおける「ニューライト」と，90年代後半以降のイギリス・ニューレイバーの「第三の道」を取り上げる。前者は，黒人で十代の女性とその非嫡出子を「アンダークラス」と呼び，そこにおける貧困や暴力，麻薬などの問題を福祉国家が生み出した道徳的退廃ととらえるのに対して，後者は『ベバリッジ報告』にみられる伝統的な福祉国家に代わる「社会的投資国家」(「第三の道」) を志向する。このように「ニューライト」と「第三の道」は政治的理念を異にしている。それにもかかわらず，両者ともに，政治的課題の焦点を一人親の母親とその子どもの貧困に置いている。もちろん，ニューレイバーは，ジョン・M. ケインズ (John M. Keynes) による完全雇用の理念を，すべての者に対する労働「機会」の提供 (Brown, 1994) に置き換えて，伝統的な福祉国家を発展させる，としている。けれども，ニューレイバーの政策は，しだいに「契約」主義的色彩を強めていく。そして，ワークフェア政策のもとで，労働市場への参加による雇用を通じた社会統合を促進し，さらにそれが道徳的統合を伴うとする。このようなコンテクストにおいて，両者は，1980年代以降の福祉国家の変容を表す思想的源流であると考えられるのである。

2.1 アメリカ「ニューライト」と「福祉から就労へ」

　リバタリアンとして知られている，チャールズ・マレー（Charles Murray）は，衝撃的で論争的なその著書 *Losing Ground*（Murray, 1984）のなかで，戦後のアメリカの政治的変遷を振り返って，1960年代の政治変化が，福祉に依存する「無責任」な行動と，それゆえ「アンダークラス」を生み出したと述べた。「アンダークラス」とは単なる貧困ではなく，「貧困のタイプ」を意味するとされる。マレーが念頭に置いているのは，主として十代で，黒人で，妊娠した女性とその子どもたち（非嫡出子）を意味する。マレーは，一人親の女性たちを「ウェルフェア・マザー」，その家族を「アンダークラス」と呼んだ。軽蔑的な意味合いが込められた「ウェルフェア・マザー」や「アンダークラス」という名称が定着するのも，この頃からである。マレーによれば，彼女らは一方で，貧困であるという理由で福祉の恩恵に浴しながらも，他方で，子どもを健全な「市民」に育てる能力に欠けており，さらにその子どもたちは怠惰，麻薬，暴力の温床になるというのである。そして以下のように述べた。

　　「なぜわれわれは（ウェルフェア――引用者）マザーを制度の例外扱いにしなければならないのか。福祉国家の制度はすべての国民に等しく働くことを促しているのに。」（*ibid.*: 231）

　マレーは，1989年と93年に，*Sunday Times*紙の招きでイギリスに滞在して「アンダークラス」の調査を行い，『イギリスにおける勃興しつつあるアンダークラス（*The Emerging British Underclass*）』（1989年）と『アンダークラス――危機の深化（*Underclass: The Crisis Deepens*）』（1994年）という報告書を作成した（両者はともに，*Charles Murray and the Underclass: The Developing Debate*〔*Choice in Welfare*, No. 33〕として，IEA Health and Welfare Unit, 1996, に収録されている）。マレーは，1989年の調査報告書のなかで，イギリスにおいても，若者の間に，通常の「貧困」とは「異なる貧困」，すなわち「アンダークラス」が存在すると述べていたのであるが（Murray, 1984: 25），93年にはさらに，その「深化」とともにイギリス福祉国家のあり方について次のように述べている。

「社会契約が受け入れられる限り,揺りかごから墓場まで,すべての人々を保護する社会的セーフティネットは可能であろう。政府は,あなたがた個々の市民が,自らの自発的行為の帰結に責任をもつ限り,生涯にわたって保護を提供できる。妊娠すること,子どもをもつことは,現在では,自発的行為なのだ。……福祉国家には,もうそのような保護は受け入れがたい。……福祉国家に必要なのは,女性たちに対して,夫をみつけられないのなら積極的に妊娠を避けるように,また子どもを産みたいのなら相手の男性に結婚を求めるように要求することである。」(*ibid.*: 127-128)

以上にみられように,マレーは,社会的保護を強く否定するラディカルな福祉国家批判を行う。一方,ローレンス・ミード (Lawrence Mead) は,福祉の受給者はその見返りに,市民として支払労働に就く義務があり,国家にはそれを「パターナリスティック」に強制する「道徳的権威」があると主張した (Mead, 1986; Mead, 1997: 111)。ミードはさらに,アメリカにおけるクリントン政権下,1996 年の福祉改革以後の政治を振り返って次のように述べている。

「福祉改革はアメリカにおけるシチズンシップの意味と民主主義を変えた。成人の福祉受給者に労働を強制するという改革によって,シチズンシップには権利と義務が伴うことを生き生きと示した……私がいいたいのは,労働を要求することは,貧困者に対する政府の援助を小さくする傾向があるのだが,それだけではない。それはまた,左翼に対しても政治的な影響を引き起こすことになったのである。」(Mead and Beem (eds.), 2005: 172)

ミードはこうして,平等な「シチズンシップ」を雇用と結びつけることによって,「社会的統合」の道筋を描いた。実際,「ニューライト」は,1980 年代のレーガン政権,ブッシュ政権の思想的基盤であったが,それが明確な福祉改革に結びついたのは,民主党クリントン政権のもとにおいてであった。ビル・クリントン (Bill Clinton) は 1992 年に大統領に選出されるにあたって「われわ

れの知っている福祉はやめよう (end welfare as we know it)」と宣言した。そして，その4年後に公約どおり「個人責任および就労機会調整法 (Personal Responsibility and Work Opportunity Reconciliation Act: PRWORA)」を制定した。この PRWORA によって，アメリカでは史上初めて貧困状態に陥ることに対して時間制限が導入された。1935年以来の「要扶養児童世帯扶助 (Aid to Dependent Children: ADC, 後に Aid to Families with Dependent Children: AFDC)」は「貧困世帯一時扶助 (Temporary Assistance to Needy Families: TANF)」に変わり，支給年限は5年間，継続受給は2年間という規定が導入されたのである（江沢，2012：原，2012b：65）。このように，マレーやミードは，国家のパターナリスティックな「労働」の強制による，社会の道徳的統合を主張したのであるが，そこで提起された「契約」の思想とワークフェアは，1990年代後半から，ヨーロッパ各国の社会民主主義において推進される「福祉から就労へ」の思想的基盤になったと考えられる。

マーガレット・ジョーンズ (Margaret Jones) とロドニー・ロウ (Rodney Lowe) は，1948年から98年までのイギリスの戦後福祉国家の50年の歩みと，その思想的変遷を概観した著書 *From Beveridge to Blair* (Jones and Lowe, 2002) のなかで，80年代のイギリスの思想と政治に最も大きな影響を与えたアメリカの思想家として，マレーをあげるとともに，彼が主張した「『市民』社会の復興 (restoration of 'civic' society)」という考え方はニューレイバーに，また未婚の母を福祉改革のターゲットにすることに関してはメジャー政権に，それぞれ大きな影響を与えることになったと述べている (*ibid*.: 32)。[9]

2.2 イギリス「第三の道」と社会的投資アプローチ

アメリカの「ニューライト」はワークフェアの思想に基づいて，福祉受給者にパターナリスティックに労働を強制することによって，道徳的な社会統合を目指すものであった。この思想は，1980年代から90年代にかけて，イギリス保守党だけではなく，97年以降のニューレイバーにも引き継がれることになる。ただし，後者の特徴は，ワークフェアと社会的投資アプローチを接合したところにある。それでは，以下，社会的投資アプローチの思想的展開をみるこ

とにしよう。
(1) 社会的投資アプローチと「資産ベースの平等主義」

ホワイト (White, 2004) は，ニューレイバーの「平等」概念について，「第三の道」には分配の正義という意味での明確な「平等」概念は存在しない，それに代わるものとして，「資産ベースの平等主義」という独自な考え方が，社会的排除と包摂に関する政策のなかで展開されている (ibid.: 30)，と述べている。

ここでいわれる「資産ベースの平等主義」という考え方は，ニューレイバーの社会的投資アプローチを適切に表している。すなわち，国家による福祉の供給は単に不利な状況を軽減することに求められるのではなくて，人々が不利な状況に陥ることを避けることができるような資産形成に向けられるべきである (ibid.)，という。一つは，将来の労働者・市民である子どもへの人的投資，もう一つは，排除されたコミュニティへの投資である。すなわち将来の良質な教育を受けた労働力はポスト工業社会の知識経済にとって本質的であるとともに，所得の平等に資することになる，という。

したがって，子どもへの投資は「社会的投資戦略の中心」(Lister, 2006: 53) となる。具体的政策としては，「チャイルド・トラスト・ファンド (Child Trust Fund)」や「シュア・スタート・プログラム (Sure Start Program)」などがあげられる。しかし問題は，それらの政策が「選択」と「競争」の導入によって，市場の「効率性」を利用するという形をとることである。ブレアは「社会的繁栄が社会的正義に結びつく」という理念のもとで，積極的に「公私のパートナーシップ」を採用して，NHS (National Health Service)，学校，福祉改革全般に「多様な供給」主体を導入した (Stewart et al., 2009: 13)。その結果，前述したように 2007 年の調査によれば，「社会的ケア」の供給量の増加にもかかわらず，働く母親の 5 人に 1 人が市場化された保育の支払いに困難を感じているとされている (Stewart, 2009b: 63)。

(2) 社会的排除と包摂

以上にみられるように，「資産ベースの平等主義」とは「第三の道」における社会的包摂を意味する。ここでの社会的包摂は，ワークフェア政策のもとで労働責任をとおして社会へ参加することを要求する。しかしそれは同時に，子

どもへの社会的コントロールと親の行動への規制を強化することによって社会的コストを削減するという，顕著に「権威主義」的な性格を備えている (*ibid.*)。例えば 1998 年の「犯罪と騒乱に関する法律 (The Crime and Disorder Act)」や 2003 年の「反社会的行動に関する法律 (Anti Social Behaviour Act)」では，子どもに対する親の監督，子どもの夜間外出や反社会的行動などの禁止が規定されている。その規定によれば，例えば子どものずる休みが続く場合には親は罰金を科せられ，投獄されうる場合もある (*ibid.*) という。市民による自由に関する監視団体である「リバティ」は 1997 年以降，16 歳以下の子どもたちの権利が侵食されつつあると述べている (*ibid.*)。

2.3 子どもの貧困率の低下と所得格差の拡大

前述したように，ブレアは選挙で勝利した直後の演説で，「忘れられた人々と，忘れられた地区を失くす」と述べて，子どもの貧困対策への強い決意を述べた。その後，*Opportunity for All* (Secretary of State for Social Security, 1999) のなかで，2020 年までに子どもの貧困を撲滅し，中期目標として 10 年までには半減するとした。以下では，社会的投資アプローチが，一方で子どもの相対的貧困率の低下を達成しながら，他方では所得格差の拡大を生み出している状況について，具体的にみることにしよう[11]。

(1) 子どもの貧困対策とワークフェア

子どもの貧困対策である *Supporting Families* (Home Office, 1998) と，*Meeting the Childcare Challenge* (Department for Education and Employment, 1998) は，次の三つの課題を提起した。①Sure Start による保育サービスと家族サービス，②税と補助金によって家族に財政支援を行うこと，③ファミリー・フレンドリーな労働実践を推進し，家族に雇用の権利を増やすことによって，仕事と家庭のバランスを援助すること，である。

以上の三つの課題は，保育サービスと「ワークフェア」を一体化するという労働党の政策の両輪をなすものである。2003 年に出された教育訓練省の指針 (Department for Education and Skills, 2003) によれば，Sure Start Local Programmes (SSLP) は Children's Center (CCs) に移行するとともに，CCs は三つの局

面を経て，貧困地域にターゲットをしぼった選別的サービスから普遍的サービスに移行するとされた。三つの局面とは，まず 2004 年から 06 年にかけて現存の SSLP を CCs に転換する，06 年から 08 年には新たに創設された CCs によって，30% を占める貧困地域をカバーする，そして 08 年以降は高所得地域に対してもそれまで制限されていた保育サービスを展開するというものである。

こうして，労働党は三つの局面を経て，普遍的保育サービスという福祉国家の「主流」を志向した。そのような意味においては，従来のイギリスの保育政策を特徴づける選別的政策からの決別をうたったといえよう。しかし，その「主流」化は，実際には，2004 年以降，SSLP から CCs への移行とともに，ワークフェアの性格を一層強化するものとなっていく。すなわち，保育の窓口には Job Center Plus が併設されるとともに，CCs は多様なサービスの「ハブ」(Department for Education and Skills, 2003) となった。すなわち，子どもの保育と初期教育を担う地方政府の保育サービス，ボランティアや企業保育サービス，健康相談，無業の親への雇用斡旋の窓口という多様なサービスのいわば混合経済の「傘 (service umbrella)」(Lewis et al., 2011: 36) の役割を担ったという。LSE (London School of Economics) の研究グループによる，ロンドンの CCs の 24 機関と 37 人のスタッフへの聞き取り調査によると，CCs は必ずしも建物があるわけではなくて，Nusery School と入口を共有したオフィスの性格が強かったという (Lewis et al., 2011)。また，あるスタッフは，CCs のことを保育と雇用斡旋の「ショッピングセンター」(*ibid.*: 49) と呼んだ。つまり，CCs は，いくぶん，「バーチャル」(*ibid.*: 37) な性格をもっていたといえるであろう。

(2) 子どもの相対的貧困率の低下と所得格差の拡大

1997 年から 2010 年までの労働党による子ども関連対策（児童タックス・クレジット[12]，Sure Start，および子どもの健康対策）の結果，1996/97 年にはイギリスにおける子どもの相対的貧困率は 26.7% で EU15 ヵ国の最下位だったが，2008/09 年には 22.1% で中位 (14 ヵ国中 7 位，アイルランドは含まず) へと飛躍的に改善した。子どもの貧困率の低下は政府の公約 (2010 年までに相対的貧困率の半減) には届かない値とはいえ，1980 年代の保守党政権下に子どもの貧困率が 3 倍に増加したことと比較して，際立った成果をあげたといえよう (図 5-1)。こ

第Ⅱ部　社会的再生産とケア

図 5-1　イギリスにおける子どもの貧困率
（BHC：住宅費給付前，1961〜2008 年）

（出典）　Brewer et al., 2010: 9.

の数値をみれば，労働党の保育政策が，子どもの貧困対策に効果的であったといえよう。とくに5歳以下の子どもに対する保育サービスと児童タックス・クレジット（CTC）や勤労者タックス・クレジット（WTC）による現金給付が大きな成果をあげていると考えられる。

その一方，世帯における子どもの最低年齢別の貧困率の動きをみると，子どもの貧困率の推移が二極分化していることがわかる。図5-2にみられるように，11歳を境にして，子どもの貧困率が異なる動きをみせている。1997年時点では，世帯における子どもの最低年齢が低いほど貧困リスクは高かった。例えば最低年齢5歳以下の子どもがいる世帯は，16〜19歳の子どもの世帯と比べて2倍以上である。ところが，労働党政権下において，11歳以下の層と11歳以上の層との貧困リスクの乖離幅が狭まっている。言い換えれば，世帯内の最低年齢層が11歳以下，とくに5歳以下の子どもがいる世帯は，「ニューレイバー」による保育サービスと現金給付によって貧困リスクが急減しているのだが，11歳以上の子どものいる世帯では貧困リスクは上昇傾向にあることがわかる。子どもの最低年齢が16〜19歳の世帯は2004/05年以降，11〜15歳は

第5章 労働のフレキシビリティとケア

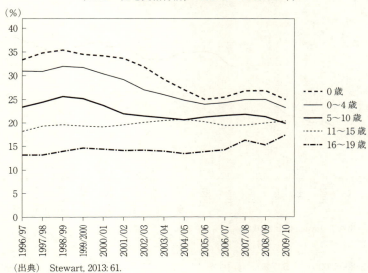

図5-2 イギリスにおける世帯の最低年齢別の子どもの貧困率
（BHC：住宅費給付前，1996/07～2009/10年）

(出典) Stewart, 2013: 61.

2006/07年以降，上昇傾向にある。つまり，子どもが成長するとともに，貧困リスクが高まっている。それは，イギリス財政研究所（Institute for Fiscal Studies: IFS）による可処分所得のジニ係数の動向（図5-3）とも符合する。「ニューレイバー」政権下おいて2000年以降，減少傾向にあったジニ係数は04年以降上昇に転じ，06年以降はさらに1997年水準を上回って上昇しているからである。

さらに，同じくIFSによる表5-1は世帯・雇用形態別の子どもの貧困率の推移を表したものである。そこで明らかになったのは，子どもの貧困対策のターゲットとなった無業やパートタイムの一人親世帯における子どもの貧困率は着実な減少傾向にあるが（パートタイム世帯は，1998/99年は28.7％，2004/05年は19.7％，2008/09年は18.8％，無業世帯は，1998/99年は62.5％，2004/05年は56.9％，2008/09年は55.1％），その一方，フルタイムの一人親世帯で生活する子どもは，その子ども数の割合を上昇させるとともに（1998/99年は4.0％，2004/05年は

図5-3 イギリスにおけるジニ係数の動向（BHC：住宅費給付前，1979～2007/08年）

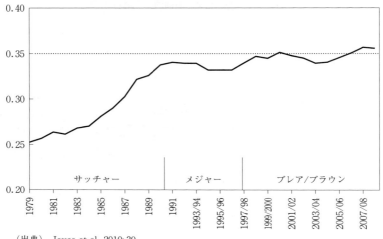

（出典） Joyce et al., 2010: 30.

4.7%，2008/09年は5.7%)，貧困率も一貫して上昇傾向にある（1998/99年は8.5%，2004/05年は10.1%，2008/09年は12.3%）。他方，カップル家族においても，フルタイム共稼ぎ世帯の子どもの貧困率は一貫して上昇している（1998/99年は0.6%，2004/05年は1.5%，2008/09年は1.5%）。

　表5-1のもう一つの特徴は，一人親世帯における無業の世帯の比率が，貧困対策の主たる対象であったにもかかわらず，世帯数に関してそれほど大きな減少を示しておらず，その世帯で生活する子ども数は大きな割合を示していることである。これは，保育料補助（CTCによる保育料控除）とワークフェア（WTCによる勤労者タックス・クレジット）を受けながら就労するのか，家庭で保育を行うのかを迫られている一人親の母親の姿を表しているのではないか。後述するように，「ニューレイバー」は積極的に「公私のパートナーシップ」を採用して，保育，医療（NHS），学校をはじめ福祉改革全般に多様な供給主体を導入したのであるが（Stewart et al., 2009: 13），その結果，市場化された保育の支払いに困難を感じる世帯が増えたことによると考えられる（Stewart, 2009b: 63; Penn, 2007: 201；原，2015：158-159）。

表5-1 イギリスにおける世帯・雇用形態別の子どもの貧困率の推移
（BHC：住宅費給付前，1998/99〜2008/09年）

	子どもの貧困率（%）			子ども数の割合（%）		
	1998/99	2004/05	2008/09	1998/99	2004/05	2008/09
一人親						
フルタイム	8.5	10.1	12.3	4.0	4.7	5.7
パートタイム	28.7	19.7	18.8	5.0	7.0	6.6
無　業	62.5	56.9	55.1	13.8	12.8	11.8
カップル						
自営業	25.5	23.8	21.7	11.5	11.8	11.1
フルタイム二人	0.6	1.5	1.5	11.2	11.7	12.3
フルタイムと 　パートタイム	4.6	3.6	4.4	25.0	23.8	22.8
フルタイムと 　無　業	21.6	15.4	19.0	18.0	17.8	18.4
どちらかがパー 　トタイム	52.0	42.0	53.0	4.3	4.4	5.8
無　業	73.5	62.3	64.0	7.2	6.1	5.5
総　計	26.0	21.3	22.1	100.0	100.0	100.0

（注）　北アイルランドは含まれていない。
（出典）　Brewer et al., 2010: 15.

このようにみてくると，子ども全体でみた相対的貧困率の低下，所得格差の拡大，フルタイムの働き手のいる一人親世帯の貧困率の上昇と無業者数の継続は何を意味しているのだろうか。すなわち，一人親の母親たちは，子どもの貧困対策とワークフェアによって労働市場に「包摂」されたけれども，そこで経験する低賃金によって労働市場のマージナルな位置に身を置くことになっているのではないか。また，市場化された保育費用の高騰によって，働くことよりも，生活保護を受けながら家庭で育児を行うことを「選択」せざるをえない一人親の母親が依然として多数存在するのではないか。

次節では，「労働のフレキシビリティ」，すなわちパート労働などの非正規労働による労働市場への「包摂」が，ケアの不足と子どもの貧困を生み出していることについてみることにしよう。

3 労働のフレキシビリティとケアの不足・子どもの貧困

3.1 労働のフレキシビリティの両義性

労働のフレキシビリティは,「ワーク・ライフ・バランス」政策における「多様な働き方」の重要な概念として位置づけられている。しかし,それは,以下で考察するように両義性をもっている。

(1) 第一の「労働のフレキシビリティ」――「柔軟性の権利」

一つは,有給の出産休暇,職場復帰する権利,さらに育児休暇などの「労働のフレキシビリティ」である。ヒュー・コリンズ(Hugh Collins)はこのようなフレキシビリティを労働の「柔軟性の権利」(Collins, 2005: 124) と呼んで,現代の「ワーク・ライフ・バランス」政策のなかに,労働者が「柔軟性の権利」を獲得することによって,自らの手に労働の「自律性」を取り戻し,「雇用法の法的構造を転換する潜在的効果」(*ibid.*) をみる。トムスンもまた,18世紀から19世紀のイギリスにおける「労働規律(work-discipline)」の形成を分析して次のように述べている。つまり,18世紀の農村社会では時間は「仕事に方向づけられていた(task-oriented)」。そこでは労働と生活の境目は曖昧であり,時間で区切られた労働よりも,「人間的で包括的な労働」が行われていた(Thompsom, 1991)。だが工場制度の確立とともに,労働者に「時間の節約(time thrift)」のプロパガンダが向けられ続ける。こうして資本主義の「労働の規律」が形作られた,と。

つまり「仕事と生活の調和」という問題は,資本主義社会における賃労働形態が孕む,われわれにとっての根本問題ということである。したがって福祉国家によって,われわれの獲得する有給の出産休暇や職場復帰する権利,さらに育児休暇などは,労働者が労働の「柔軟性」を取り戻す「最初の一歩」(Collins, 2003=2008:訳92) とみなすことができる。それは一方で「ワーク・ライフ・バランス」の歴史的意味を主張する点において,他方で,ジェンダー平等の視点と不可分であるという点において,きわめて示唆的である。[13]

第5章　労働のフレキシビリティとケア

図 5-4　フレキシブル労働の最適状況

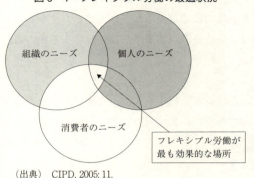

（出典）　CIPD, 2005: 11.

（2）　第二の「労働のフレキシビリティ」——「多様な働き方」の自由な「選択」

　もう一つのフレキシビリティは，現実に進行する労働市場の流動化を特徴づけており，「ワーク・ライフ・バランス」における自律的個人の「選択」による「多様な働き方」といわれるものである。ロンドンに本拠を置く人的資源管理の研究所 CIPD（Chartered Institute of Personnel and Development）の報告書 *Flexible Working: The Implementation Challenge*（CIPD, 2005）によれば，「多様な働き方」として「数量的フレキシビリティ」「機能的フレキシビリティ」そして「フレキシブルな働き方」の三つがあげられている。「数量的フレキシビリティ」とは，契約社員，パート労働や派遣労働などの有期雇用労働者によって，企業が必要な労働力の調整をその都度行うこと，「機能的フレキシビリティ」とは，広範な仕事に適応できるように労働者に職業訓練を行うこと，そして「フレキシブルな働き方」とは，労働時間，作業場，労働パターンの管理である。[14]

　このようなフレキシビリティは，1980年代後半から始まる労働市場の規制緩和による，働き方の変化を指すものである。CIPD の報告書の序文「レトリックから現実へ」は，女性の労働市場参加率の上昇，ケア責任の問題，優秀な能力を求める企業の競争，技術の変化，そして何よりも 24 時間体制の消費者へのサービスの供給のために，「ビジネスはフレキシブルな働き方が不可避であることを認識し始めている」（*ibid.*: 4）と述べている。図 5-4 にみられるよ

うに，フレキシブル労働によって，組織のニーズ，個人のニーズ，そして消費者のニーズが最も効果的に結びつくとされている。すなわち，この図は「ワーク・ライフ・バランス」を実現する「フレキシブル労働の最適状況」を表している，とされる。

しかしこのようなフレキシビリティは，現実にわれわれの生活にどのような影響をもたらすのだろうか。まず資本主義における社会生活と労働との関係について，クリスティーン・エヴァリンハム（Christine Everingham）による以下の叙述をみておこう。

> 「産業社会における労働秩序は，家庭から生産を引き離して，社会生活（social life）を二分化した。一つは公的領域に，もう一つは私的領域に。労働に費やされる時間は賃金と引き換えに雇用者に割り当てられた時間とみなされ，私的領域で消費される時間は自由（free）な時間となる。」（Everingham, 2002: 338）

エヴァリンハムによれば，われわれの社会時間は，時計「時間」で測られる公的領域と，「自由」な「生きられた時間（time lived）」からなる私的領域に，二分化されることになる。これは，前述のトムスンによる「労働規律」の形成による「仕事と家庭生活」という考え方をさらに，市場と家族という公私の問題に置き換えたものである。資本主義における雇用主は，このような前提のもとで，賃労働者の労働力を賃金と引き換えに獲得するとともに，標準労働日をもとに労働時間管理を行う。そこから，標準労働日を超えた労働時間に対する「割増手当」という規定も出てくる。ここでは「時間」が最も重要な要因となる。[15]

ところが，非正規労働の増大によって，生産性の上昇や消費者へのサービス供給の拡大のためというレトリックのもとで，「時間」がますます「操作可能な変数」（Rubery et al., 2005: 89）として扱われるようになる。「標準的労働時間モデル」は侵食され，労働時間自体が「商品化」されるようになった。すなわ

ち労働の「フレキシビリティ (flexibility)」はさらに，労働の「一時性 (temporality)」(*ibid.*) とも呼ばれる状況を作り出している。ルベリらは。イギリスの私的事業所，公的事業所，金融機関から6社を選んで，経営者と労働者にインタビューを行った結果を公表しているのであるが，金融機関を除くすべての事業所で，正規労働にも非正規労働にも，労働強化と労働時間延長がみられたと述べている。また特徴的なのは，標準労働時間の規制を免れるために，下級管理職を増大させていることである (*ibid.*)。上述のエヴァリンハムの「社会生活」の二分化に照らせば，残業手当の未払いによって，「労働規律」が「自由」時間を侵食しているということである。つまり，第二のフレキシビリティによって，われわれの生活全体が，仕事を律する「労働規律」によってフレキシブルに覆われるということである。

　これは例えば，自律した個人の自由な「選択」として説明される主婦のパート労働の事例をみれば明らかである。低賃金のために二つ以上の仕事を掛け持ちする複数就業（マルチ・ジョブホルダー）の存在や，本田 (2010) が豊富な実例に基づいて，わが国の主婦パート労働を描き出しているように，「家事や育児に追われて，残業を忌避する立場にいる主婦パートが，サービス残業に応じさせられている。企業は，本来支払わねばならない残業時間の時給や割増分を，主婦パートの手には渡さない」（本田, 2010 : 59）という実態をみれば明らかであろう。UIゼンセン同盟が2006年に行った調査によれば，主婦パートの5.5％は賃金が支払われない「サービス残業」を頻繁に行い，22.9％が「たまにサービス残業」を行っている。「主婦パートの一カ月のサービス残業時間は平均で8.0時間にのぼるという」（同上）。これはまさに，労働のフレキシビリティによって，家庭生活時間が「タダ」で奪われるとともに，仕事と家庭生活のリズムが，企業によって管理されていることを表している。そして，彼女らの置かれた不安定な状況は，直接に，その背後の子どもの生活を規定することになる。

3.2 「タイム・バインド」とケアの不足・子どもの貧困

　「ワーク・ライフ・バランス」の重要な概念は「労働のフレキシビリティ」

であった。しかし，それは二つの異なる論理をもっていた。一つは，有給の出産休暇や職場を離れる権利などである。それは，ケアに対する公的責任を明確にすることによってジェンダー平等を推進するとともに，コリンズがいうように，働く者たちが「柔軟性の権利」を獲得する「第一歩」とみなすことができる。しかし他方，もう一つの「労働のフレキシビリティ」は，1980年代後半以降の労働市場の規制緩和が生み出した，非正規労働の働き方を指すものであった。例えば，それは生活維持のためのパート労働であっても，自律した個人の「自由な選択」という個人主義的な論理で説明される。ケアや介護の責任のある人々もまた，仕事との両立を可能にする「多様な働き方」を選ぶことができるというのである。

　そして，さらに重要なのは，ワークフェア政策と社会的投資アプローチもまた，「ワーク・ライフ・バランス」政策と，労働のフレキシビリティに支えられていることである。すでにみたように，イギリス・ニューレイバーは「第三の道」における社会的投資アプローチによって子どもの貧困削減を掲げた。それは「契約による貧困からの脱出」という方法によって，一人親の母親の就労を促進した。社会的投資アプローチとワークフェアによる「福祉の契約主義」は，「ワーク・ライフ・バランス」における労働市場の規制緩和（「多様な働き方」を可能にする非正規化）と結びつくことになる。その結果，確かに一方で，子どもの貧困率減少が進んだ。しかし他方，所得格差は拡大した。ここには二つの問題が含まれている。すでに述べたように，一つは，働く母親（とりわけ一人親の女性たち）は労働市場のマージナルな位置，すなわちパートなどの非正規労働に甘んじることによって，ワーキングプアとして滞留しているということ。もう一つは，そのような非正規労働は，不安定でフレキシブルな状況のもとで，仕事時間と生活時間の「タイム・バインド（時間の板挟み状態）」(Hochschild, 2000=2012) に直面しているということである。もちろん，労働のフレキシビリティによる労務管理は，非正規労働者だけではなくて正規労働者にもあてはまる。しかし，「労働力」の商品化を超えて労働時間の「商品化」(Rubery et al., 2005) ともいえるようなフレキシブルな時間管理は，非正規労働に対してより強く現れている。

例えば，テス・リッジ（Tess Ridge）は，「雇用こそは，不利な状態にある子どもたちとその家族の利益になる」というニューレイバーのワークフェア政策を検証するために，一人親の低所得家庭に対して，2003年から07年にかけてインタビュー調査を行った（Ridge, 2009）。そこで取り上げられたのは，50人の一人親の母親と61人の子どもたちである。特徴的であるのは，第一に，母親たちの就労がきわめて不安定なことであった。彼女たちは，雇用と失業の間を行きつ戻りつしながら，「生活保護と就労の間のサイクル」（ibid.: 504）を描いている。ニューレイバーは，子どもの貧困対策として，ワークフェアによる就労の促進と，make work pay 政策，すなわち，所得控除（勤労者タックス・クレジットと児童タックス・クレジット）を組み合わせる政策をとった。その結果，彼女たちは，就労時は雇用による低収入と所得控除，失業時は生活保護に頼る不安定な生活を送っている。インタビューに応じた子どもたちもまた，母親が雇用に就いたときは喜び，失業したときは，再び社会的剝奪状況に陥ることへの不安とともに，母親のことを気遣うという経済的にも精神的にも不安定な生活を送っている。

　第二に特徴的であるのは，母親たちが就労している場合であっても，相応の「コスト」が生じていることである（ibid.: 506）それは，ケアの時間の不足とケアの質の低下の問題である。子どもたちは，母親の労働の種類とは関係なく，母親が仕事のために疲れて，ストレスを感じていること，職場でいじめにあっていることなどを絶えず気遣い，不安定な心理状態にある（ibid.）。事実，リッジがインタビューした母親のなかには，「病気」や職場での「いじめ」そして「鬱」のために，仕事を離れた女性が多く含まれている。そのうちの一人は，四つの仕事を掛け持ちする複数就業者であった。つまり一人親の母親たちは，ケアと就労の責任をこなすために，その多くがパートなどの非正規労働に就いている。その結果，家庭でのケアに対しても，保育施設におけるケアに対しても，不利な状況に陥る。非正規労働は，低所得に加えて，そのタイムスケジュールの不安定性によって，安定したケアに対する困難に直面しているのである。

　アーリー・R. ホックシールド（Arlie R. Hochschild）がアメリカの先進的なワ

ーク・ライフ・バランス施策を行っている企業アメリコ社（仮名）の調査で明らかにしたように（Hochschild, 2000=2012），働く女性は「タイム・バインド」と生活時間の「テイラー主義化」に陥っている[16]。そして，バーバラ・ポーコック（Babara Pocock）がオーストラリアの状況について描いたように，母親とその子どもたちは「お金をとるか，時間をとるか」（Pocock, 2006=2010），迫られている。つまり，エヴァリンハムのいう「生きられた時間」であるはずの家庭生活とケアの時間は，効率性に基づく「テイラー主義」に管理されることによって，ケア時間の不足とケアの質の低下が生じているのである。

われわれの生活は，仕事と家庭生活からなっている。仕事を支配するのは「労働規律」（Thompson, 1991）だが，家庭生活を支配するのは「生きられた時間」（ibid.）である。しかし，労働市場の非正規化のもので，労働のフレキシビリティは労働力のみならず，労働時間自体をも「商品化」する様相を呈している。アメリカでは，1997 年に，「ゼロ・ドラッグ」という新しい用語が，シリコンバレーに誕生した。それは「摩擦のない状態」，すなわち「ある仕事から他の仕事へ簡単に変わってくれる従業員」（Hochschild, 2000=2012：訳12）を指している。労働市場の規制緩和によるこのような非正規労働という働き方の増大によって，仕事の論理が家庭生活に侵入し，生活時間の「テイラー主義化」（Hochschild, 2000=2012）が進んでいる。正規労働の場合も非正規労働の場合も同様の事態であるが，本章でみたように，家庭でのケアと就労の両方の責任を担う，とりわけ一人親の女性の置かれた状況は，典型的である。そしてそれは，直接に，所得とともにケアの不足をとおして，子どもの貧困として現れる。

4 おわりに

本章では，現代における子どもの貧困の問題を，福祉国家の変容過程との関連で考察した。ここで注目したのは，1980 年代以降，一人親の母親と子どもの貧困が政治的に緊急の課題として取り上げられた事例である。それは，イギリス労働党の「第三の道」による社会的投資アプローチとワークフェア政策に典型的であった。またその「公正と効率性の新たな同盟」（Giddens, 1998=1999）

を目指す社会的投資アプローチは現在もなお，福祉国家の主流の考え方をなしている。深刻な子どもの貧困に対して，その政策指針は何をなしえるのだろうか。以下，内容をまとめることにしよう。

第一に，福祉国家の変容の理念は「福祉の契約主義」である。第2節ではその思想を，アメリカ「ニューライト」における「福祉から就労へ」と，イギリス「第三の道」の社会的投資アプローチのなかにみた。周知のように，前者はアメリカ新保守主義の政策指針であり，後者は，イギリス・ニューレイバーの政策指針である。したがって，両者は政治的コンテクストを異にする。しかし，一人親とその子どもたちを，政治的にも政策的にも最重要課題として取り上げるということ，そして彼らの福祉からの離脱を，国家と市民としての個人の権利と義務の関係（福祉の契約主義）によって根拠づける点で共通であった。そこでとられる政策概念は，「契約」と自律した個人の「選択」であった。

第二に，社会的投資アプローチによる子どもの貧困対策が，実際には，「ワーク・ライフ・バランス」政策と連携していることをみた。両者をつなぐのは，「福祉の契約主義」と労働市場の規制緩和であった。社会的投資アプローチは，子どもの貧困対策，とくに一人親の子どもたちに焦点を当てるものである。ワークフェアによって，一人親は福祉と就労「機会」の提供に対して，労働する「義務」を負う。ここで，家庭生活でのケアと就労の両方を担う一人親の女性たちは，「多様な働き方」を保障するという「労働のフレキシビリティ」，すなわちパート労働などの非正規労働に就くことになる。そこでは，仕事の論理である「労働規律」が家庭生活時間の「テイラー主義化」を生み出して，その結果，ケアの不足と子どもの貧困が生じることをみた。

ここで，以上の分析のもつ含意と展望について述べてみたい。

一つは，社会的投資アプローは現実には，イギリスにおける子どもの相対的貧困率を改善した。しかし，問題は一人親の子どもの貧困率と貧困者数は依然として深刻な状況にあることと，所得格差が拡大したことである。ここでは平等をいかに考えるかが重要である。社会的投資アプローチにおける平等は，社会的包摂という概念で表される。すなわち，剥奪されたコミュニティにおける貧困な子どもたちを，社会的に包摂して，最低所得保障を行うことを意味する。

141

しかし，低賃金の女性（とくに一人親）たちは労働市場のマージナルな状況に置かれることになる。それが所得格差拡大として現れる。1997年のSEUの設置に対して，54人の社会政策と社会学の教授たちが，*Financial Times*紙への書簡のなかで述べたように，所得の再分配への取り組みが行われなければ，片方の手を背中に縛りつけられたまま政策を遂行するようなものである。まさに構造的不平等に手をつけずに，どのようにして社会的排除をなくすのかが，問われているのである。

もう一つは，本章で重視した子どもの貧困は，所得のみによっては表すことができない。前述のように，リッジのインタビュー調査のなかで，四つの仕事をマルチにこなした果てに，病気で仕事を辞める一人親や，サービス残業が常態のパート労働の女性たちは，「労働規律」によって生活時間を奪われている。ホックシールドは，われわれの生活の「第一のシフト（職場での仕事）」の時間が増え，「第二のシフト（家での仕事）」は前よりも慌ただしく，合理化されるものとなり，そして今や，「第三のシフト」が必要となったと述べた。「第三のシフト」とは，「圧縮された第二のシフトがもたらす感情的な帰結に注意を向け，理解し，対処することである」（Hochschild, 2000=2012：訳324-325）。そこではケア労働の意味が問われることになる。ケアは市場労働とは異なって，効率性や生産性の論理では測れない。それは，関係性や感情を重要な要素としている（Folbre, 1994a; Himmelweit, 1995=1996; England and Folbre, 1999; Folbre and Himmelweit, 2000）。われわれは今や，所得のみならずケアの不足に対して，「時間の再配分」（Campbell, 2006）を行う必要があるのではないか。

注
1) 「福祉の契約主義」の詳しい説明は，本書第4章を参照。
2) ブレアは，1997年の選挙に勝利したあと直ぐに，ペッカム（Peckham）地区に赴いてスピーチを行った。そこは，1967年から77年にかけてサウス・ロンドンのスラムの人々を救済する目的で28.5ヘクタールに及ぶ広大な場所に作られたコンクリートの巨大な住宅群である。この地区では半数超の住人が住宅給付を受け取り，5世帯のうち1世帯は職に就いておらず，人口密集度は平均の3倍である。ペッカムはニューレイバーの福祉改革の象徴であった。Stewart（2009a）および原（2012a，本書第8

第5章 労働のフレキシビリティとケア

章に収録）参照。
3) Lister (2006) を参照。ルース・リスター（Ruth Lister）は，社会的投資アプローチには，子どもの視点がないと述べる。
4) ニューレイバーによる，社会民主主義の立場は，労働「機会」の提供と，労働する「義務」，そしてそれを可能にする空間としてのコミュニティの存在である。原（2012b，本書第4章に収録）参照。
5) イギリスでは低所得の基準としては，可処分所得の50％，60％，70％があるが，ここでは最も多く使われる60％基準である。住宅費給付前（BHC）と住宅費給付後（AHC）では，BHCのほうが貧困率は低く現れる。政府の公式統計の多くはBHCである（下夷，2012：3）。
6) 貧困と不平等との関連について，労働党のブレア政権のエドワード・ミリバンド（Edward Milliband）は，不平等よりも貧困者の救済が政治的にも，経済的にもより重要だと述べている。Milliband (2005) 参照。
7) Hara (2015) は「フレキシブルワーク・ケアの不足・子どもの貧困——日本におけるジェンダー平等政策の批判的評価（Flexible Work, Deficiency of Care and Child Poverty: A Critical Assessment of Gender Equality Policy in Japan)」というタイトルで，「労働政策研究・研修機構（JILPT）」による「子どものいる世帯の生活状態および保護者の就業に関する調査2014」（2015年7月）に基づきながら，日本の母子世帯のケアの不足と子どもの貧困について報告したものである。
8) 仕事と家族生活の時間，そして働く母親と子どもの問題をめぐっては，Hochschild (2000=2012), Pocock (2006=2010) が興味深い。
9) 労働党のフランク・フィールド（Frank Field）は，マレーの影響を受けて，1989年に，*Losing Out* (Field, 1989) を刊行している。
10) 社会的投資アプローチについて，アンソニー・ギデンズ（Anthony Giddens）はいう。「私たちは，福祉国家のかわりに，ポジティブ・ウェルフェア社会という文脈の中で機能する社会的投資国家（social investment state）を構想しなければならない」(Giddens, 1998=1999：訳196-197)。
11) 以下の2.3項は，原（2015）の146～152頁の内容に加筆したものである。
12) タックス・クレジット（給付付き税額控除）は，「ニューレイバー」の所得補償政策の要である。1999年に，低所得の有子世帯に対する給付である家族クレジットに代えて，勤労者家族タックス・クレジット（WFTC）が導入されたが，それは2003年4月以降，「勤労者タックス・クレジット（Working Tax Credit: WTC）」と「児童タックス・クレジット（Child Tax Credit: CTC）」に再編された。前者は就労している低所得者に対するものであり，後者は親の就労の有無にかかわらず支払われる。詳しくは，所（2012：98-100））参照。
13) コリンズは主として，有給の育児休業や出産休業，職場を離れる権利などについ

て述べているのであるが，非正規労働の働き方に対しても，同一労働同一賃金原則を踏まえて，労働法（コリンズによれば雇用法）による保障があれば，新たな「柔軟性の権利」をもつ可能性がある，と論じている。

14) わが国においては，1995年に，日本経営者団体連盟（日経連）が『新時代の「日本的経営」』（日本経営者団体連盟，1995）を発表している。それは，それまでに個々の民間大企業で行われた改革を総括し，雇用・賃金改革の具体的指針を表したものであるが，最も有名なのは，多様な働き方として，非正規労働に関する「雇用のポートフォリオ論」を展開したことである。そこでは，雇用形態として，「長期蓄積能力活用型グループ」「高度専門能力活用型グループ」「雇用柔軟型グループ」の三つがあげられている。

15) Everingham（2002）参照。エヴァリンハムは，コリンズと同様に，フレキシビリティのオルタナティブを模索している。そこでは，18世紀に生活過程のリズムを規定していたのは「農耕時間（agricultural time）」（Thompson, 1980=2003）であり，それが「生きられた時間（time lived）」（*ibid.*）であったことが重視されている。

16) ホックシールドは，アメリカで最も「ワーク・ライフ・バランス」施策が進んでいるアメリコ社（仮名）を1年間かけてインタビュー調査したのであるが，短時間勤務やジョブシェアリング，在宅勤務制度やフレックスタイム制度の利用者があまりに少ない状況に困惑する。13歳以下の子どもをもつ全従業員のうち，それらの施策を利用している割合が，それぞれ3％，1％，1％，30％である。しかし，最後のフレックスタイム制度については，生まれたばかりの子どもをもつ父親の多くがインフォーマルな育児休暇をとる一方で，公式の休暇をとったと記録されている男性はアメリコ社全体でたった一人だというのである。

17) 社会的投資アプローチと平等概念については，原（2012a，本書第8章に収録）参照。

第6章 社会的ケアとケアレジーム

1 福祉国家類型論とジェンダー平等

　戦後の福祉国家への道は、各国において多様な姿をとりながらも、市民と国家の「社会契約」[1]のもとで、医療、教育、住居、所得補償などの給付・サービスを市民の権利として保障してきた。それは T. H. マーシャルの『シチズンシップと社会的階級』(Marshall and Bottmore, 1992=1993)[2]において示されたシチズンシップの三つの権利、すなわち市民的諸権利、政治的諸権利、社会的諸権利のうち、社会的生存を保障する社会的諸権利とみなされてきた。この社会的諸権利は、戦後福祉国家においては、社会保険制度（失業、疾病、老齢年金など）を中心に組み立てられている。エスピン-アンデルセンの用語を用いるならば、社会的諸権利とは、社会保険を通じた「脱商品化」と呼ぶことができる。
　以下で検討するように、エスピン-アンデルセン（Esping-Andersen, 1990=2001, 1999=2000）は、福祉国家類型論の主要な指標として「脱商品化」概念を提起した。この概念は、労働市場において市場化された労働者が、社会保険制度を通じて、どの程度、市場に頼らずに生活できるのかを測定する尺度であり、同時に社会的諸権利を獲得する過程を表すものである。それは、福祉国家の空間的類型化をとおして、その動態化の方向性を示しうるという点において、従来の社会保障プログラムの比較分析に対して「画期的」であったと考えられる（Lewis, 1992）。けれども他方で、エスピン-アンデルセンの著書（Esping-Andersen, 1990=2001）刊行以後、そこにおいても分析は依然として雇用と福祉

を直接結びつけるものであるという,ジェンダー視点からの批判が展開された。すなわちジェンダー研究者は,「脱商品化」概念による分析の枠組みには,家庭内における無償労働による「福祉」の生産が無視されていることを批判したのである。その後,ジェンダー視点に基づいて,ケア概念を,福祉国家類型論の指標へと発展させる一連の試み (Lewis, 1992, 1997; Orloff, 1993; Sainsbury, 1996; Daly and Lewis, 1998) とともに,福祉国家動態論が展開されるようになった。そのような意味において,エスピン-アンデルセンの比較福祉国家論は,その「脱商品化」概念がジェンダー盲目的であるかどうかという議論を超えて,福祉国家類型論の発展と動態化,すなわち福祉国家の「形成」と「持続」の論理を提示することに対して大きな役割を担ったといえよう (居神, 2003 ; Lewis, 1997)。

以下では,第2節でエスピン-アンデルセンの「脱商品化」概念とジェンダー視点による批判を検討する。さらに第3節では,社会的ケア概念によって福祉国家の動態化を試みるデイリーとルイスの理論を取り上げる。最後に第4節では,ケアレジームの動態化を目指す事例として,ドイツの家族政策を検討する。

2 エスピン-アンデルセンの福祉国家類型の方法

2.1 「脱商品化」指標・「階層化」指標・「脱家族化」指標

エスピン-アンデルセンの「脱商品化」概念は,カール・ポランニー (Karl Polanyi) による資本主義的市場と労働力商品に関する理論に由来すると考えられる。ポランニーはその著書『大転換』(Polanyi, 1957=1975) のなかで,資本主義は労働力の完全な商品化に向かって突き進むが,今度はその労働力商品化によって,資本主義が自己解体を引き起こすという。それは,すでにマルクスが指摘しているように,労働力商品は本来市場化できないものであるという理解に基づいている。なぜなら労働力商品は,労働者の身体に付属しており,それと不可分であるという特殊性をもつがゆえに,他の商品と異なって擬制的商品であり,「労働者は生き延びて自らとその社会を再生産しなければならない」

(*ibid*.：訳41）からである。したがって，ポランニーによれば，病気や失業のような「社会的偶然事」に直面する労働者を商品化する政治は同時に，「脱商品化」という「商品化に対立する力」を育成するよう「運命」づけられているという。ここから「脱商品化」とは，「個人あるいは家族が市場参加の有無にかかわらず社会的に認められた一定水準の生活を維持できることがどれだけできるか，というその程度」（*ibid*.）である，という定義が導出される。

　エスピン‐アンデルセン『福祉資本主義の三つの世界』（Esping-Andersen, 1990=2001）は，「脱商品化」指標に基づいて，各国における老齢年金，疾病給付，失業保険の「脱商品化度」をポイント化して，「統合脱商品化度における福祉国家ランキング」を示し，そこから三つの福祉資本主義，すなわち社会民主主義的福祉国家，保守主義的福祉国家，自由主義的福祉国家という類型化を行った。このような「脱商品化」概念は，マーシャルの『シティズンシップと社会的階級』（Marshall and Bottmore, 1992=1993）のなかで定式化されたシチズンシップ概念を構成する社会的諸権利概念と重なりあう。

　エスピン‐アンデルセン（Esping-Andersen, 1990=2001）は，福祉国家の類型化に際して「脱商品化」指標とともに，さらに二つの指標を提示した。一つは「階層化」指標であり，もう一つは「脱家族化」指標である。前者は，福祉国家が階層化という社会関係を形作る「能動的力」を表すとされている。すなわち「階層化」とは，福祉国家の政策プログラム（サービスの提供と所得補償）と所得の再分配効果を関係づける概念である。それに対して，後者の「脱家族化」指標は，「社会政策（または市場）が女性に『商品化』のための自律性，あるいはまず何よりも独立世帯を築き上げるための自律性を与えられるかどうかの度合い」（*ibid*.：訳87）と定義される。それは，エスピン‐アンデルセンの1990年の著作に対するジェンダー研究者による批判を受けた後に新たに提起された指標である。エスピン‐アンデルセンは，1999年の著書『ポスト工業経済の社会的基礎』（Esping-Andersen, 1999=2000）のなかで，「1980年代の福祉国家論を背後で強力に支えてきた政治経済学は，家族への関心を甦らせるうえで，ほとんど何の役にも立たなかった。その分析の焦点は，国家と市場との間の闘いという問題に限定されており，家族に目が向けられるのは階級基盤の中

核としてか,あるいは分配結果の受け皿,脱商品化の受益者であるかぎりでのことだった」(*ibid.*:訳82)と述べた。しかし後述するように,「脱家族化」指標においても,福祉は依然として労働に結びつけられている。

2.2 社会保険と公的扶助

　エスピン-アンデルセン(Esping-Andersen, 1990=2001)は,公的扶助と社会保険のうち,どちらが「社会的諸権利」を実現する「脱商品化」指標として適切であるかについても詳しく述べている。すなわち,商品化された労働力を市場への依存から「解放」するのにふさわしいのは社会保険なのか公的扶助なのか,という問題である。北欧諸国にみられるように,「普遍主義的で所得比例的な社会保険」(*ibid.*:訳28)であれば,「社会保障を制度化し,新中間層をここに統合」し,そうして新中間層の期待に合致した給付を保障し,「市場原理の浸透を防ぐ上で効果的である」(*ibid.*),という。

　他方,公的扶助については,「社会的扶助(公的扶助――引用者)が制度の中心になっている福祉国家においては,受給権は労働のパフォーマンスというよりは証明されたニードに基づいている。……受給にあたってニードがテストされ,給付の額もごくわずかであるために,脱商品化の効果は抑制されたものになる」(*ibid.*:訳24),という。つまりここでエスピン-アンデルセンが比較しているのは,「普遍主義的で所得比例的な社会保険」が普及している北欧諸国の社会保険原理と,それに対して,アングロ・サクソン諸国における限定されたミーンズ・テストによる公的扶助である。現実には後者の国々では,多くの人が民間の福祉に加入することを余儀なくされており,その結果,市場は強化される,という。こうして,エスピン-アンデルセンは,公的扶助ではなくて,「老齢年金」「疾病給付」「失業保険」という社会保険における「脱商品化度」を福祉国家の指標として,「統合脱商品化」ランキングによる類型化を行っている。もちろん,次項でみるように,もっぱら社会保険を「脱商品化」の指標とする主張に対しては,フェミニストによる批判が提起されている[5]。

2.3 ジェンダー視点による批判
(1) 「脱商品化」指標におけるケア視点の不在

エスピン - アンデルセンの福祉国家論に対する，ジェンダー視点による批判の主要な論点は二つである。両者は密接に関連しているのであるが，一つは，すでに述べたように，その中軸となる「脱商品化」概念に向けられた。すなわち，「脱商品化」概念の枠組みは，福祉と雇用（有償労働）との関係の分析にとどまるものであって，無償労働（ケア）の視点がないということである（Lewis, 1992; Orloff, 1993; Knijn, 1994; Taylor-Gooby (ed.), 2004）。

つまり，エスピン - アンデルセンの「脱商品化」概念に基づくならば，女性にとっての「脱商品化」とは，家庭における無償のケア労働に従事することであって，市場労働を行う夫の扶養家族である限りにおいてのみ，社会保険の恩恵に浴することができる「『福祉依存者（welfare dependent）』になること」（Lewis 1997: 162）を意味する，というものである。とくに，一人親の女性は，「男性稼ぎ主モデル」のもとで，稼ぎ主である父親とケアの担い手である母親という二つの役割を果たさなければならない。彼女らはその多くが，市場における非正規の低賃金労働と家庭におけるケア労働の双方の担い手である。そして，雇用の不安定性からワーキングプアと「福祉依存者」の間を行き来する。リバタリアンであるマレー（Murray, 1984）[6]は，戦後のアメリカの貧困プログラムを振り返って，一人親の女性たちを「ウェルフェア・マザー」と呼んだのであるが，われわれはここに，「稼ぎをやめたとたんに……コミュニティの一員の資格を失う」，「働く権利」がある場合にのみ「市民」である（Shklar, 1991: 98-99）という，市民的諸権利と社会的諸権利の緊張関係をみることができる。エスピン - アンデルセンの「脱商品化」概念に対しては，リバタリアンとは異なる文脈においてではあっても，雇用と福祉を直結させることによって社会的諸権利が達成されるという論理と，シチズンシップ概念が孕む「ジェンダー秩序」をみることができる[7]。

ところで，エスピン - アンデルセンの「脱商品化」概念を，福祉国家類型論の指標を超えて，「規範論的」に解釈する見方もある（居神, 2003：56）。つまり，前述のポランニー（Polanyi, 1957=1975）は，労働力という本来商品でない

ものが市場経済のもとで擬制的に商品化されることで，その主体である人間に破滅的な影響をもたらすことを危惧したのであるが，他方，エスピン－アンデルセンの場合には，「福祉国家の論理」が市場の破壊的圧力から諸個人をまさに「解放」するというのである（居神，2003：56）。

けれども，このような「規範的動態論」の論理構成においても，ジェンダーの視点はみられない。なぜなら，福祉を市場における雇用と直接結びつけ，そうして可能となる保険原理を「脱商品化」指標とする限り，市場で商品化されないまま家庭における無償労働に従事する女性たちは，「脱商品化」の論理に組み込まれる余地はないからである。つまり，ジェンダー研究者たちは，エスピン－アンデルセンの「脱商品化」概念における規範的な「解放」の論理のなかに，論理的な「矛盾」と「ジェンダー秩序」があることを批判したのである。

(2) 保険原理と社会的諸権利

エスピン－アンデルセンに対するフェミニストからのもう一つの批判は，「脱商品化」指標として，前述のように，もっぱら社会保険原理が取り上げられていることに対してであった。すなわち，「男性稼ぎ主モデル」における性別役割分担のもとでは，女性は，労働市場に進出して，労働力を商品化し，しかる後に社会保険制度をとおして「脱商品化」することが困難である。なぜなら「男性稼ぎ主モデル」は，稼ぎ手である男性と，ケアの担い手である女性の性別役割分担に基づいているからである。そして，福祉国家の社会保険原理プログラムは雇用契約のなかに含まれている。したがって，女性にとっては，公的扶助による所得補償が重要な役割を果たすというのである。エスピン－アンデルセンの分析には，そのようなジェンダーの視点がみられない[8]。例えば，アメリカの文脈において明白であるように，事実上，社会保障は二本立てであって，男性に対しては社会保険原理，女性に対しては公的扶助原理である（Lewis, 1997: 163）。つまり，「自由主義レジーム」のアメリカでは，市場化された保険制度（企業をとおして，あるいは市場による保険の購入）によって男性は「脱商品化」が可能になるかもしれない。その一方，社会保障を必要とする貧困層，とくに一人親の女性たちは貧困層向けの公的扶助に頼らざるをえない，ということである。

第6章　社会的ケアとケアレジーム

　さらに保険原理による「社会的諸権利」の実現に対しては、ルイスがいうように次のような制度的「脆弱性」を指摘することができるであろう。

　第一は、「社会的諸権利」の中心をなしている社会保険原理は、本来、個人における一定の拠出（責任）と給付（権利）を対応させるものである。したがって、権利はその権利をもっている人がそれを行使することによってはじめて権利になる（Lewis, 2003c: 76）。しかも、この権利は財政上の制約を受けやすい。例えば、福祉国家の財政緊縮により、医療補助が縮小されれば、医療に対する個人の権利の行使が延期されることになる。第二は、上記の点と関連するが、社会的諸権利は常に道徳的議論に対して脆弱（ibid.）である。前述のように、1980年代以降の、「福祉の契約主義」化と welfare to work のもとでみられたように、「社会的諸権利」の理念とその対象範囲は、容易に変化するのである。

(3)　「脱家族化」指標

　エスピン-アンデルセン（Esping-Andersen, 1999=2000）は、このようなジェンダー視点による批判を受け入れて、1999年の著書では新たに「脱家族化」指標を提起した。それは、女性の労働市場への進出を促す、社会政策あるいは市場による家族サービスの程度を表す。具体的には、「家族サービスへの公的支出」「デイ・ケアの普及率」「ホーム・ヘルパーの普及率」からなる（ibid.：訳88）。しかし、それらの基本的内容は、すでに1990年の著書において、「個人の自立を最大化」するために「家族のコストを社会化する」（Esping-Andersen, 1990=2001：訳31）と述べられていた内容を、さらに概念化して、福祉国家の類型化の指標として提示したものであった。

　この「脱家族化」指標は、確かに、家族のケアのコストの「社会化」の指標になりうる。それは実際には、各国の置かれた文脈のなかで、国家、市場、家族によって分担されている。しかし、エスピン-アンデルセンによる、福祉国家の成熟度を測定する際の「脱家族化」指標はあくまで「彼女たち自身を商品化する」ための前提条件（ibid.：訳87；Orloff, 1993）であって、「脱商品化」指標から直接的に導出された概念である。つまり、女性は男性と同様に労働市場に進出して、保険制度に加わることによって、「脱商品化」という社会的諸権

利を獲得することになる。

　けれども，このような論理は，家族において女性によって担われている無償のケア労働はいずれ完全に社会化（そして市場化）できるという仮定に基づいている。事実，エスピン-アンデルセンは，一方で「脱家族化は……福祉や介護に関する家庭の責任を，福祉国家または市場の働きを通じて，どの程度まで緩和できるのかを考えようということなのである」（Esping-Andersen, 1990=2001：訳86）と述べ，他方では「母親の雇用（と家庭経済）の展望を切り開こうとするなら，……父親をさらなる無償労働へ向かわせるよりも，デイ・ケアを拡充する方が効果的である。男性の家事参加を促す政策は，ジェンダー論の立場からは平等主義的な政策と見えるかもしれないが，〔男女〕どちらにも有利な戦略とは思えない」（ibid.：訳96）と述べている。つまり，エスピン-アンデルセンの「脱家族化」指標とは，女性が労働市場進出によって保険制度を通じて「脱商品化」を達成し，その結果，社会的諸権利を獲得するという，ケアの市場化に対する楽観的な展望を前提にしている。

　実際には，それは，オルロフやジェーン・オコナー（Jane O'Connor）による次のような批判に対するエスピン-アンデルセンの回答であると考えられる。例えばオルロフは，エスピン-アンデルセンに対して，ジェンダー福祉国家研究の新たな指標として「脱商品化」に加えて，「賃労働へのアクセス」「自律的な世帯を形成し，維持するための女性の能力」（Orloff, 1993: 320）や「個人的自律」（ibid.）を高めるための分析枠組みを加えるべきであるとした。それは，増大する「個人主義化」の動きのなかで，エスピン-アンデルセンの「脱商品化の概念と，（婚姻の外での）独立した所得へのアクセスを個人的自律の統一した概念に融合すること」（ibid.: 320）の要求であった。けれども，エスピン-アンデルセンの「脱家族化」指標の意図が，「脱商品化」指標をより「ジェンダーに敏感」な規定にすることであったとしても，それは結局，市場労働（有償労働）を中心に据えるものである。そこにはケア（無償労働）の特殊性，すなわち，その「労働」の性格が，市場化に際して伴う困難性に対する視点が欠落している（Lewis, 1997: 166）。

3 ケアレジーム論

3.1 「社会的ケア」――「発見的概念」

　エスピン-アンデルセンの著書（Esping-Andersen, 1990=2001）刊行後，ジェンダー研究者たちは，「脱商品化」指標に代わる福祉国家類型化のための指標について，多くの議論を展開した。それは例えば，ルイスによる「男性稼ぎ主モデル」による類型化（Lewis, 1992），セインズベリーの「男性稼ぎ主モデル」から「個人モデル」への類型化（Sainsbury, 1996），ルイスとホブソンの「社会的市民権保障のケア体制：理念型」モデル（Lewis and Hobson, 1997）などである。それらのモデルはいずれも，エスピン-アンデルセンの「脱商品化」概念が福祉と雇用の関係の分析にとどまっており，無償労働としてのケアを無視しているというジェンダー視点による批判から出発している。

　それに対して，本節で取り上げるデイリーとルイスの理論（Daly and Lewis, 1998）はジェンダーの立場から，「社会的ケア」概念を用いて福祉国家の動態化の枠組みを提示するものである。それは従来の福祉国家レジーム論の展開に連なる理論というよりも，むしろレジーム論の基礎となるケア概念の構造的性格を明らかにするものである。デイリーとルイスは，ケア概念こそ福祉国家において生じている複雑で錯綜した変化を理解する鍵であるとして，その概念の「潜在力」（*ibid*.: 5）に注目する。本書第2章では，1990年代におけるフェミニスト経済学によるケア労働概念を検討したのだが，ここでみられるように，ジェンダー社会政策においてもまたケア概念に対する数多くの研究がみられる。しかし，それらの概念規定は多義的でいくぶん「曖昧」であるともいわれる（Finch and Groves, 1983; Waerness, 1984; Oakley, 1990; Parker, 1992; Siim, 1987; Graham, 1991; Thomas, 1993）。

　そこでまず，デイリーとルイスはケア概念を三つの次元において整理する。第一は，「労働」としてのケアである。ここでは，ケアは「動詞（verb）」であり，その「主体（agent）」は「ケアの担い手（carer）」である。ここでは，ケア労働の本性，労働条件，そしてその条件に対する福祉国家の制度的役割が問題

となる。第二は、ケアの「規範的枠組み」であり、ケアは義務と責任という次元で論じられる。ここでケアは社会的・家族的責任という社会関係に置かれる。また、福祉国家はこの規範を弱めたり強めたりすることができる。第三は、ケアが「コスト」を伴うという次元である。ケアには公私の領域を超えて、金銭的・感情的「コスト」が生じる（Daly and Lewis, 1998）。

こうして、ケアは「構造化された社会的・経済的現象」（*ibid.*: 6）としてとらえられる。そしてケアの三つのダイコトミー、すなわちフォーマルケアとインフォーマルケア、育児と介護、無償のケア労働と有償のケア労働という二分法を避けて概念的統一性をもたせるために「社会的ケア」という概念が提起される。さらに、この「社会的ケア」概念は福祉国家の動態的把握のための「発見的概念（heuristic concept）」（*ibid.*）と呼ばれている。

3.2 「社会的ケア」概念の構造と福祉国家の動態化

デイリーとルイスの理論は、「社会的ケア」概念を用いて福祉国家の動態化の枠組みを提示するものであるが、その最大の特徴は、動態化に際して「主体（agent）」と「活動（action）」の重要性を指摘したことにある。それは、比較福祉国家論を含む従来の福祉国家論においても、またジェンダー福祉国家論においても、その主たる分析がもっぱら福祉国家の社会保障プログラムの制度的比較に陥っていることに対するデイリーとルイスの批判の観点を明示するものである。前述のように、ケアを三つの次元で整理した際に明らかになるように、ケアの担い手は福祉国家の動態化に際して「主体」として位置づけられている。

表6-1は、「社会的ケア」概念の構造とその動態化の枠組みを示したものである。「社会的ケア」の概念はミクロレベルとマクロレベルに分かれて示される。まず上段のケアの概念は、ミクロレベルとマクロレベルにおけるケア労働、ケアの責任、ケアのコストからなる。中段はケアの担い手の労働環境を指標で示すものであるが、ミクロレベルではケアの担い手の置かれた社会保障、経済的・社会的・規範的条件、活動パターンが示される。マクロレベルではケア労働が行われる際のインフラストラクチャーと、セクター間へのケア供給の分配

第6章 社会的ケアとケアレジーム

表6-1 「社会的ケア」概念の構造

	マクロレベル	ミクロレベル
概念	国家，市場，家族，コミュニティにおけるケアの分配（労働，責任，コスト）	家族とコミュニティの諸個人間のケアの分配（労働，責任，コスト）
指標	・ケアのインフラストラクチャー（労働，サービス，給付） ・セクター間のケア供給の分配	・誰がケアを担うのか，誰が利用可能な給付の受給者か ・どのような経済的・社会的・規範的状況のもとでケアが行われているか ・ケアを担う世代の女性の経済的活動パターン
変化の軌道	ケアの分配比率：国　家 　　　　　　　　　市　場 　　　　　　　　　家　族 　　　　　　　　　コミュニティ	・ケアの分配の変化 ・ケアの担い手のアイデンティティの変化 ・ケアが行われる条件の変化

（出典）　Daly and Lewis, 1998: 8.

が置かれる。そして下段の「変化の軌道」では，ミクロレベルにおいてケア労働の主体間への分配やその条件の変化，アイデンティティの変化，マクロレベルでは，国家，市場，家族，コミュニティへのケアの分配比率の変化があげられている。

　現実には，われわれの日々の活動におけるミクロレベルでの変化は把握が容易であるが，他方，マクロレベルでの福祉国家の動態化は把握が難しい。デイリーとルイスによれば，動態化は，ミクロレベルからマクロレベルへの境界をまたいで生じるという。例えば，具体的には育児・介護休業制度における育児時間と所得保障の確保やパパ・クォータ制の導入，そして保育施設の充実は，ミクロレベルにおける男性と女性のケアの分配やアイデンティティの変化をとおして，マクロレベルにおけるケアの分配の変化を引き起こすことになる。そしてそれが福祉国家の動態化を方向づけるという。ここで示された「社会的ケア」概念の構造は，理論的・実践的に福祉国家の動態化を指示するものである。また，ケアの担い手を主体としてとらえるという点において，明確なジェンダー視点に基づくものである。

4 「時間政策」の視点──ドイツにおける家族政策の事例

4.1 家族政策の「パラダイム転換」──「時間政策」

　本節では，2007年より「ケアレジーム」の「転換」を図りつつあるドイツの事例をみることにしよう。ドイツは基本法によって「社会国家」としての性格規定を与えられ，自国を「民主的かつ社会的連邦国家」（第20条），「共和制的，民主的および社会的法治国家」（第28条）と呼んでおり，その内実として社会保障制度が不可欠なものとして組み込まれてきた。また婚姻および家族は基本法第6条第1項によって「国家秩序の特別の保護を受ける」ことが定められ，さまざまな給付や税制上の優遇措置が与えられてきた。いわば，制度化された家族主義である。そのドイツで，ここ数年，ナチス時代の優生政策の記憶からタブーであった人口政策をも視野に入れた「パラダイム転換」とも呼ばれる家族政策が相次いで提起されている。

　以下，2007年1月より導入された「親手当（Elterngeld）」を中心とする，ドイツにおける家族政策の転換をみることにしよう。ここでは「社会的ケア」の位置づけによって，制度変化が起こる一つの事例をみることができるであろう。

　ドイツの連邦家族省のウルズラ・G. フォン・デア・ライエン（Ursula G. von der Leyen）連邦家族相は，2006年4月26日付けの *Frankfurter Allgemeine Zeitung* 紙で『第七次家族報告書』において「最も魅力的なメッセージは時間政策（Zeitpolitik）である」と述べている。ドイツの「読者にとってはじめて耳にする時間政策」（Mückenberger, 2006: 213）の三つの柱は，「親手当（Elterngeld）」「子どもに対するインフラストラクチャー（保育園など）（Kinderbetreuung etc.）」，そして「家族の回りによりよい時間を創出すること（besserer Zeit-gestaltung rund um die Familie）」である。この政策は，すでに第二次シュレーダー政権下において連邦家族相レナーテ・シュミット（Renate Schmidt）の主導のもと，「ドイツを家族に優しい社会へと変える」ことを目標として，連邦レベル，さらに地域レベルにおいて，企業を含むさまざまな主体によるキャンペーン，取り組みが行われてきたものである。

第6章　社会的ケアとケアレジーム

　「時間政策」という言葉は，いわゆる「ワーク・ライフ・バランス」政策を意味している。しかしそれは，他方，われわれの生活の基本である「時間」を政策的に問題化する点で，その理念における質的転換の意味があると考えられる。ウルリヒ・ミュッケンベルガー（Urlich Mückenberger）がいうように，ここに今日の社会政策の意味があるのであって，「家族政策やワーク・ライフ・バランスのような私的な事柄も，時間政策がなければ遂行できないし調整できない」（*ebd.*: 213），「時間政策は日々活動する個人の能力以上のものを意味している。それは公共的・経済的・政治的時間構造と諸個人・家族・グループの諸要素の持続的統一を必要とする」（*ebd.*: 214）のである。

4.2　『第七次家族報告書』の三つの柱
(1)　「親手当」
〈これまでの育児手当・親時間制度〉

　これまでドイツでは，「育児手当（Erziehungsgeld）」は，専業主婦を含め育児のために就業を抑制する親に対して支給されてきた。育児手当は，定額で月額300ユーロ（約4万7000円）を最長2年間支給される（1年間に集中して支給可能。この場合，月額450ユーロ〔約7万1000円〕）。1986年の導入当初は6ヵ月までは所得制限がなかったが，94年より所得制限が行われており，改正のたびに限度額が引き下げられている。2004年度以降は，夫婦で育児手当を受給できる所得限度額は年間3万ユーロ（約471万9000円）である。7ヵ月以降はさらに低く設定されている。また，夫婦で年間1万6500ユーロ（約259万5000円）を超えると，超過額に応じて支給額が減額となる。その結果，受給者数は2003年度の65万人から43万人に減少した。そのうち約6万人は最初の6ヵ月のみ受給し，7ヵ月目以降の全額受給者は25万人となり，約8万4000人が減額されたうえ，減額者のうち2万9000人は月額100ユーロ（約1万6000円）未満であるという。したがってこれは事実上，低所得の家庭支援となっていた。さらに出産・子育て期の家族にとっては効果的な所得補償となっていなかった，といわれている（齋藤，2007：55-56）。

〈「親手当」制度〉

1986年に制定された「育児手当法および育児休暇法（連邦育児手当法）」は数度の改正を経て，2007年1月1日からは従来の定額制の「育児手当」を支給する制度から，子の出生前の所得の67％（最高1800ユーロ）を補償する所得比例方式の「親手当」に大きく転換した。「親手当」制度はスウェーデン・モデルを参考にしており，その基本的性格は失業手当などと同様に「所得代替給付」にあるが，一方，低所得者への優遇などの社会的給付の性格も備えている。14ヵ月の受給期間のうち，一方が受給できる期間は12ヵ月（一人親の場合は14ヵ月）で，2ヵ月は「パパ・クォータ」として想定されており，父親や一人親も育児のための休業が可能になった。それは両親の選択可能性と「形成の自由（Gestaltungsfreiheit）」を拡大するといわれている。この「形成の自由」は，「フランス法にいう『意思自治（autonomie de la volonté）』に相当する言葉」（齋藤，2006：170) である。

ところでここで述べられている「形成の自由」は，男性が育児休業する自由を含む「両親の選択可能性」を含む。「親手当」をめぐる論争の主要な争点の一つは，この「選択の自由概念」についてである。それに対して，カトリック家族同盟の雑誌である『家族の声』2006年第53号第1-2号（*Stimme der Familie*, 53-Jahrgang, Heft1-2/2006) では，エリザベス・ブスマン（Erizabeth Bußmann）会長が，新しい家族政策に対して，家庭にとどまることの自由が保障されないと批判するとともに，育児手当と親手当の選択を可能にするよう要求している（Bußmann, 2006：6-7；齋藤，2007)。

「親手当2007」（2007年1〜12月）の統計資料が2008年3月にドイツ連邦統計局から公表された。表6-2にみられるように，全申請件数の約10.5％が男性であり，また高額所得層の男性による申請もかなりの数に上っている。「親手当」導入前，男性による育児手当の取得率が約5％だったことを考えれば，ドイツ福祉国家は「スウェーデン・モデル」への転換を歩み始めたようである。

(2) 保育施設の拡充

連邦法では，1996年1月から，3歳以上の就学前の児童については保育所への入所申請権を保障する規定が導入された。その結果，状況は大きく改善され，

第6章 社会的ケアとケアレジーム

表6-2 「親手当（Elterngeld）2007」（2007年1～12月）

性別・受給額 (単位：ユーロ)	合計	1	2	3	4	5	6	7	8	9	10	11	12	13	14
男 性	60,012	875	35,794	1,905	1,395	934	1,917	1,497	958	903	1,382	1,826	10,589	5	32
300未満	13,001	145	6,696	207	157	170	562	295	204	216	302	325	3,714	—	8
300～499	5,921	34	2,502	103	109	82	223	136	89	111	152	200	2,173	—	7
500～749	6,532	72	3,732	197	150	112	188	191	135	128	236	276	1,108	—	7
750～999	7,810	110	5,232	249	174	120	178	183	119	114	212	230	888	—	1
1,000～1,249	8,342	137	5,858	279	201	114	222	202	133	107	150	217	715	3	4
1,250～1,499	6,001	107	4,087	248	160	92	150	151	79	63	105	165	692	—	2
1,500～1,799	4,950	108	3,216	239	178	85	158	129	75	63	80	156	461	1	1
1,800～	7,455	162	4,471	383	266	159	236	210	124	101	145	257	938	1	2
女 性	511,399	531	4,753	2,417	2,440	2,342	3,850	3,812	3,934	3,888	12,636	14,899	446,426	798	8,673
300未満	169,695	304	2,276	1,063	994	967	1,603	1,271	1,242	1,160	2,300	2,583	151,816	100	2,016
300～499	131,111	117	1,363	661	556	527	812	844	815	851	2,431	3,518	117,069	119	1,428
500～749	87,276	36	391	238	255	212	381	464	455	476	2,736	3,359	75,403	271	2,599
750～999	57,231	25	198	123	186	165	287	347	408	428	2,186	2,404	48,878	165	1,431
1,000～1,249	31,307	16	162	107	130	135	239	307	332	371	1,298	1,341	26,163	78	628
1,250～1,499	13,807	9	89	58	96	96	160	176	235	199	648	698	11,099	31	213
1,500～1,799	11,558	5	86	53	75	102	150	186	205	201	616	577	9,097	22	183
1,800～	9,414	19	188	114	148	138	218	217	242	202	421	419	6,901	12	175
男女計	571,411	1,406	40,547	4,322	3,835	3,276	5,767	5,309	4,892	4,791	14,018	16,725	457,015	803	8,705
300未満	182,696	449	8,972	1,270	1,151	1,137	2,165	1,566	1,446	1,376	2,602	2,908	155,530	100	2,024
300～499	137,032	151	3,865	764	665	609	1,035	980	904	962	2,583	3,718	119,242	119	1,435
500～749	93,808	108	4,123	435	405	324	569	655	590	604	2,972	3,635	76,511	271	2,606
750～999	65,041	135	5,430	372	360	285	465	530	527	542	2,398	2,634	49,766	165	1,432
1,000～1,249	39,649	153	6,020	386	331	249	461	509	465	478	1,448	1,558	26,878	81	632
1,250～1,499	19,808	116	4,176	306	256	188	310	327	314	262	753	863	11,691	31	215
1,500～1,799	16,508	113	3,302	292	253	187	308	315	280	264	696	733	9,558	23	184
1,800～	16,869	181	4,659	497	414	297	454	427	366	303	566	676	7,839	13	177

受給見込み月数

(出典) Statistisches Bundesamt, 2008.

1998年末には全国平均で9割の供給が達成されたといわれている。けれども3歳未満時については，2002年時点で，保育所定員が19万人である。これは対象年齢全児童の9%の充足率にとどまっている。地域別では旧東ドイツ地区では37%，旧西ドイツ地区では2.7%である。一方，就学児童保育の充足率も6.5歳から11歳までの同年代の児童の9%にすぎない（齋藤，2006；須田，2006）。

このような状況のもと，フォン・デア・ライエン連邦家族相は，「ワーク・ライフ・バランス」と男女平等を実現するというキャンペーンと「保育所サミット」を開催し，2013年までに50万人分の保育施設（保育ママを含む）を増設することにより，1歳児および2歳児の約35%が専門の保育者による保育を受けられるようにするという提案を行っている。

(3) 家族によりよい時間を

すでに第二次シュレーダー政権下において，「ドイツを家族に優しい国家に作り変える」という目標がとられていた。連邦レベルでは，2003年半ばより家族と仕事のバランスの改善を追求するための「家族のための地域同盟」（州および基礎的自治体政府，企業，各種団体，協会，福祉団体，両親の自発的組織からなる）というイニシアティブが始められた。また2005年に大連立政権が成立してからは，世代間の結束を強める「多世代の家プロジェクト」が進められている。

5 福祉国家動態論へ

戦後の福祉国家は，失業，疾病，老齢年金などの社会保険制度を中心に組み立てられており，その社会保険を通じて，社会的諸権利を保障してきた。

本章では，社会保険制度を通じた「脱商品化」指標によって，福祉国家動態論を提起したエスピン－アンデルセンの理論的枠組みと，それに対するフェミニストによる批判，デイリーとルイスによる「社会的ケア」概念，さらに2007年以降，ドイツに導入された新たな家族政策とそのパラダイム転換について考察した。そこで，明らかになったのは以下の諸点である。

第6章 社会的ケアとケアレジーム

　第一に，エスピン-アンデルセン（Esping-Andersen, 1990=2001, 1999=2000）による「脱商品化」指標は，規範的には，労働者が市場に頼らずに生活できる程度を福祉国家自体が作り出すことを明らかにしたのであるが，そこには「男性稼ぎ主モデル」のもとで，「依存者（dependent）」として家庭におけるケアを担う女性の問題が欠落していた。すなわち，「脱商品化」指標には「ジェンダー秩序」が内在化されていたといわざるをえない。したがって，フェミニストたちは，新たに「脱商品化」指標に代わるケアレジーム論を提起した。
　第二に，福祉国家が直面している新たな「社会的リスク」の主要な原因は「社会的ケア」の不足に基づいている。「社会的ケア」とは育児と介護をともに含む包括的概念であり，社会の再生産にとって不可欠なケアを意味する。デイリーとルイスは，「社会的ケア」を「発見的概念」に位置づけることによって，福祉国家動態化の枠組みを提示した。それは「社会的ケア」という統一的ケア概念を提示したこと，また「ケアの担い手」を「主体」としたことにおいて，従来のジェンダー視点からの「ケアレジーム」論を根拠づけるのではないか。ここでいう「ケアの担い手」は主として女性であり，その多くは労働市場において非正規労働に就いている。表6-1にみられるように，家庭におけるケアの条件の変化や社会的イデオロギーの変化，経済的活動パターンの変化を受けて，福祉国家の動態化を導くことになる。
　第三に，ドイツにおける家族政策の転換は，ケア供給レジームによって福祉国家の動態化を説明する一つの事例である。ここで注目されるのは「時間政策」という視点である。パパ・クォータ制を含む「親手当法」によって男性の育児休暇の取得率は着実に上昇し，ドイツの家庭におけるケアの男女間分業に変化が生じている。ミュッケンベルガーは「家族政策やワーク・ライフ・バランス政策のような私的な事柄も，時間政策がなければ遂行できない」（Mückenberger, 2006: 213）と述べているが，そのような視点は，わが国におけるワーク・ライフ・バランス政策にも必要である。それは，家庭における生活時間と職場における労働時間を包括する「時間政策」を公共政策の対象とすることである。ドイツの事例にもみられるように，ケアを中心としたケア供給レジームの視点は，時間政策，すなわち「ワーク・ライフ・バランス」政策と連携する

ことである。重要なのは，有償労働（雇用），無償労働（ケア），福祉を総合する政策を，ケアを基軸において検討することであろう。

現実には，1980年代以降の福祉国家の変容と，「福祉の契約主義」化のもとで，社会的諸権利をめぐる義務と責任，および権利の関係が変化し，welfare to workのもとで，福祉は雇用に直接に結びつけられている。さらに，社会的ケアの担い手とその受給者が，育児においても，介護においても「準市場」や市場化のなかに取り込まれている。例えば，『平成23年度社会生活基本調査』[10]は，わが国において2000年に導入された公的介護保険制度においても，介護が必要な人を抱えた世帯の約3割しか制度を利用していない実態を明らかにしている。また育児についても，夫婦と6歳未満の子どもがいる世帯のうち，世帯外（保育所や幼稚園を除く）からの育児支援を受けている世帯は約4割で，その大半が親族（祖父母）からである。「社会的ケア」に包括される育児や介護を担うケア労働の質や，その制度設計など，理論と実践の双方において，ジェンダー平等に基づく「ケアレジーム」が求められている。

【補足】　ドイツにおける家族政策の現状——2008年以降

2007年1月1日に「親手当」が導入されてからすでに8年が経った。以下，この間の動向を，「親手当」による父親の育児休業取得率の変化と，2013年8月1日より施行された「世話手当（Betreuungsgeld）」（家族育児手当）に限定して補足を行うとともに，若干のコメントを付すことにする。

(1)　「親手当」における父親の育児休業取得率の推移

男性の育児休業取得率は着実に高まっている。*Statistisches Bundesamt, Statistik zum Elterngeld* の各年度版でみれば，2012年度は約20.7％，13年度は約22.1％，14年度は約23.3％，15年度の最新の数値では約24.9％となっている。2015年の男性取得者数値の内訳をみると，そのうち約8割（78.3％）は「パパ・クォータ」分の2ヵ月取得者であったが，12ヵ月取得者も5.4％を占めている。なお，2011年から1200ユーロを超える所得については支給率を段階的に65％まで引き下げ，年間所得が一定額（単身者25万ユーロ，夫婦合算50万ユーロ）を超える場合は不支給となった。

第6章　社会的ケアとケアレジーム

(2)　「世話手当（Betreuungsgeld）」の導入と違憲判決

ドイツでは 2008 年にキリスト教民主・社会同盟 (CDU/CSU) と社会民主党 (SPD) の大連立政権下において，保育施設を拡充する法律が制定された。その際，「親手当」や保育の拡充政策に反発する連立与党内の保守派である CSU から，家庭内保育を望む親に対する「選択の自由」を保障するために，家庭内育児手当を主張する提案書が出された。その結果，2013 年 8 月以降，1 歳から 3 歳までの子どもの法的な保育請求権が導入された。最終的に，1 歳または 2 歳の子どもを保育施設に預けずに家庭で養育する者が受給できる「世話手当」が議会を通過した（2013 年 8 月 1 日施行）。手当は 2014 年 7 月までは子一人につき毎月 100 ユーロ，その後は 150 ユーロ支給されるという。その後，この法案については，SPD や同盟 90/緑の党から廃止を求める法案や動議が連邦議会に提出され，2011 年 7 月には委員会の公聴会が開催された（齋藤, 2012：207）。

ところが，2015 年 7 月 21 日の憲法裁判所はこの法律に対して家庭内保育を行うための「在宅手当を支給する権限は政府にはない」として「世話手当」を違憲と判断し，手当の新規受け付けは即時に中止された。提訴していたのは，SPD の政治的力が強いハンブルク市である（*Bundesverfassungsgericht, HTTP Status 404,* am 21. Juli 2015；*Süddeutsche Zeitung,* 21. Juli 2015, Urteil in Karlsruhe, „Verfassungsrichter Kippen Betreuungsgeld"；『毎日新聞』2015 年 8 月 3 日付）。

(3)　コメント——揺れ動く社会国家ドイツ

「親手当」の導入にみられるように「保守主義的福祉国家」（エスピン‐アンデルセン）と呼ばれるドイツは，動態化の過程にある。ドイツでは，家族政策においても，キリスト教カトリックの影響の強い保守派 CSU による「世話手当」の導入にみられるように，ジェンダー平等政策への揺り戻しがみられる。他方，労働市場においては，2005 年に導入された「ハルツ第 IV 法」が注目される。「失業手当 II」（Arbeitlosengeld II：従来の失業手当と公的扶助の性格を併せ持つ。長期失業者に対する失業手当と生活保護給付の統合。就労している場合にも支給される）の導入と，強制的なワークフェア政策との関係が問題になる。最近の数値でみれば，二人親家庭の 7%，一人親家庭の 40%（そのうち，95% がシング

ル・マザー）が「失業手当 II」の受給者であるといわれている（Lietzmann, 2014）。

　福祉国家動態化の観点からみると，ドイツは，一方において家族政策におけるジェンダー平等政策の進展により「保守主義的レジーム」からの転換を模索しながら，他方では労働市場の新自由主義的政策を推進するという，両者の狭間で揺れ動いていると考えられる。

注

1) 戦後福祉国家における「社会契約」は，1980年代以降，福祉国家の「危機」のもとで変容した。それを，本書では，ホワイトにならって「福祉の契約主義」化と呼ぶ。それは，社会保障のあらゆる分野における「福祉の契約主義」化であり，社会的諸権利をめぐる責任と権利の関係は，市民と国家の関係ではなくて，個人と国家の関係となった。そこでは，個人の「自立」と責任が問われることになる。マーガレット・H. サッチャー（Margaret H. Thatcher）による「社会的なものなんて存在しない（There is no such things as society）。存在するのは個人としての男や女そして家族だ」（1987年）という発言や，ロナルド・W. レーガン（Ronald W. Reagan）による「現在の危機において政府は問題を解決できていない。政府こそが問題なのだ」（『大統領就任演説』1981年1月20日）というスピーチは，「福祉の契約主義」化を適切に表現するものである。詳細については，本書第4章を参照。

2) ホワイトは1980年代以降の福祉国家の縮減のもとで，マーシャルのシチズンシップ論に対する「挑戦」として，新たに「経済的シチズンシップ」概念を提起した。その背景としてあげられるのは，1990年代以降，一層先鋭化した所得の不平等，貧困率の上昇，失業者や無業者の増大，その結果としてのコミュニティにおける生活の質の低下や希望の喪失である（White, 2003: 5）。

3) フェミニスト経済学とケアの「発見」については，本書第2章を参照。

4) 「脱商品化」概念はポランニー（Polanyi, 1957=1975）に由来すると思われるが，エスピン-アンデルセンは，マルクスの『共産党宣言』やイギリス工場法の分析のなかにも，社会改良的な「脱商品化」の萌芽をみている（Esping-Andersen, 1990=2001：訳40）。

5) このように，社会保険だけを，福祉国家類型化において考慮する見解に対しては，後述するように，フェミニストからの批判が提起されている。すなわち，男性労働者の「脱商品化」は保険制度によるかもしれないが，他方，「男性稼ぎ主モデル」のもとにおける女性にとっては，「公的扶助」が市場への依存の程度を減少させる指標となる，という批判である。

6) マレーやミードによる「ニューライト」の思想と,「福祉の契約主義」の関連については,原(2012b,本書第5章に収録)を参照。
7) ニューレイバーは1980年代の保守党政権とは異なって,ヨーロッパの社会統合政策における「社会的包摂」戦略をアクティベーション政策(各種のニューディール政策)によって促進した。そこでは,個人の責任(契約に基づいて雇用や職業訓練に就くこと)に対応する「権利」は,政府による労働の「機会」の提供ということになる。しかし,このようなwelfare to work政策と社会的包摂の結びつきについて,アンソニー・B.アトキンソン(Anthony B. Atkinson)の批判は適切である。すなわち,失業は社会的排除を引き起こすかもしれないが,雇用が社会的包摂を意味するわけではない。社会的包摂が達成されるかどうかは,提供される労働の質に関わっている。マージナルな仕事は解決とはならない(Atkinson and Hills, 1998: 9, 15)。
8) さらに,「階層化」指標に対しても,エスピン-アンデルセンにおいてはジェンダーや人種による階層化の視点がないと,批判されている。
9) 連邦家族相は正式には,連邦家族・高齢者・婦人・青年相である。フォン・デア・ライエンは,第一次メルケル政権(2005年11月~09年11月)で家族相を務め,その後,第二次メルケル政権(2009年11月~13年12月)では労働・社会相,第三次メルケル政権(2013年12月~)では国防相を務めている。
10) わが国においても,「待機児童ゼロ」を掲げる自治体の登場などがみられるが,そこには,基準となる「待機児童」の数え方や,株式会社化を進めることによる解消に向けての取り組みなど,制度設計そのものに関わる問題点が多く,解消にはほど遠い実態がある。とくに株式会社化による市場化の動向については,ケアの質の確保ができないという問題や,採算があわなくなったときの保育市場からの撤退の問題などが指摘されている。

2013年5月には,3年前に認可保育所の待機児童が全国最多だった横浜市が,「待機児童ゼロ」のめどをつけたことにより,「横浜方式」として注目され,政府による「待機児童ゼロの横浜方式,全国に」という掛け声と,他の自治体による「横浜方式」の導入が進んでいる。「横浜方式」とは,企業の積極的導入や,企業と地権者との仲介を市が行うという,「準市場」の積極的導入である。消費者のニーズに対応するという,一見きめ細やかな政策にみえるが,実際には,育児休業中の「待機児童」や,保育所に子どもを預けることができなくて母親が仕事を辞めたケースなどを,「待機」数にカウントしないなどの問題点が指摘されている。それに対して,保育のニーズを正確に把握するために,育休中や仕事を辞めたケースなどを「待機」数に入れようとする,東京都の世田谷区や杉並区の試みもみられる。ここでは,待機数の基準をどうみるかという問題とともに,保育の質の確保が重要になってくるだろう。

第7章 ドイツにおける家族政策の「転換」と企業の対応[1]
——Robert Bosch Stiftung, *Unternehmen Familie*, 2006, における家族[2]

1 社会国家ドイツにおけるジレンマと家族政策の「転換」

　ドイツでは，2007年1月1日より，従来の育児手当・親時間制度に代えて，新たに子の出生前の 67%（最高 1800 ユーロ）の所得を補償する所得比例方式の「親手当（Elterngeld）[3]」が導入されることになった。それは，従来の，定額制の「育児手当」と「親時間」の制度からの「パラダイム転換」（Bundesregierung, 2006；齋藤，2006）と呼ばれている。「親手当」制度の基本的性格は失業手当などと同様に所得代替給付にあるが，他方，低所得者への優遇などの社会的給付の性格を備えており，スウェーデン・モデルを参考にしている。

　基本法によって「社会国家」としての性格規定を与えられているドイツでは，その内実として社会保障が不可欠なものとして組み込まれているとともに，婚姻および家族が基本法第6条第1項によって特別な庇護を受けている。そのドイツで，今，「親手当」の性格規定をめぐって，与野党をはじめ，ドイツ労働総同盟やカトリック教会を巻き込んだ論争の輪が広がっている（例えば，*Spiegel*, 2006, 2007; Bußmann, 2006；齋藤，2007）[4]。なお，*Spiegel* (2006) には，„Ich bin Deutschland: Der Kreuzzug der Ursula von der Leyen für Kinder, Kirche und Karriere"（「私はドイツ——子ども，教会，キャリアを守るウルズラ・フォン・デア・ライエンの聖戦」）という特集が掲載されている。また，*Spiegel* (2007) には，„Der Familienkrach"（「家族をめぐる論争」）と，„Der vergoldete Käfig: Wie der Staat die Frauen vom Beruf fernhält-und trotzdem nicht mehr Kinder geboren werden"(「金ぴかの檻——国家はなぜ女性を仕事から引き離すのか，もはや子どもは生まれないのに」）という特集が組まれている。

本章で検討するのは，ドイツ企業家団体のロバート・ボッシュ財団（Robert Bosch Stiftung）が 2006 年に刊行した『企業としての家族（*Unternehmen Familie*)』(Robert Bosch Stiftung, 2006b）である。社会国家ドイツは，企業は「政治的・社会的対話のパートナー」であろうとする試みと，市場経済におけるその「社会的責任の経済的限界」との間で揺れている。一方，労働組合もまた，1990 年代以降，ドイツ統一とグローバリゼーションという国際条件の変化を背景として，「アメリカ的市場主義の増大する圧力と，運動のアイデンティティとの自己矛盾」（田中，2003：112）のなかで，「新たな方法」を模索しているといわれている。[5]

筆者の問題意識は，社会国家ドイツのジレンマとその方向性を検討することにあるが，家族政策の「転換」を初めて提示した 2006 年の『第七次家族報告書（*Siebter Familienbericht, Familie zwishcen Flexibilität und Verlässlichkeit*)』と同時に公表された，ロバート・ボッシュ財団の『企業としての家族』には，家族政策の「転換」に直面したドイツ企業が市場と家族の関係をいかにとらえようとしているのか，家族政策の「転換」をどのように受け止めようとしているのかをみることができるだろう。より具体的には，仕事と家族生活の調和，すなわち「ワーク・ライフ・バランス」政策に対する企業の立場あるいは理念が問題となる。ルイスとキャンベル（Lewis and Campbell, 2007）がいうように，各国の「ワーク・ライフ・バランス」政策は同一の名称であっても，その理念および概念枠組みを異にする。例えば，イギリスでは「労働のフレキシビリティ」として，スカンジナビア諸国では「男性と女性が職場を離れる権利」として，またフランス[6]では「国家による家族政策」として概念化が行われている（*ibid.*: 13）。

それではドイツでは，いかなる概念化が行われているのか。以下の考察にみられるように，ドイツ連邦家族省の『第七次家族報告書』の理念とメッセージは，「時間政策（Zeit Politik）」である。シュレーダー政権下の連邦家族相レナーテ・シュミットのもと，『第七次家族報告書』の作成のために招集された専

門化会議の座長であったハンス・ベルトラム（Hans Bertram）は，オランダの「生涯労働時間口座」モデルに言及しながら，ドイツでは従来の「労働モデルとはまったく異なるモデルが必要になってくる」（ベルトラム，2007：55）として，次のように述べている。[7]

　「私たちは，19世紀末のビスマルクの社会保障制度に基づく人生の過ごし方を基本的な生涯モデルとして，これを今日まで引き継いできた。そして私たちはこうした従来型の人生モデルをもとに議論してきたために，ヨーロッパにおいて（各国で事情こそ異なるものの）育児や老人介護のための時間が大幅に不足するという事態を招いてきたのである。」（同上：57）

　こうして，ベルトラムは，ドイツの家族政策の「パラダイム転換」は「就業上の時間配分だけが労働のリズムを決定する」というこれまでのモデルとは「まったく異なるモデル」を目指している，という。それは「ワーク・ライフ・バランス」政策を意味するのであるが，その理念は「時間政策」（フォン・デア・ライエン連邦家族相）であり，また政策遂行にあたっては，「ワーク・ライフ・バランス」を個人的レベルだけではなくて，「社会的生産と再生産を視野に入れる」（Mückenberger, 2006: 217）必要がある。ミュッケンベルガーがいうように，それは本来，「単なる市場論議や規制緩和論議にはまったく似つかわしくない」（ebd.）。

　それでは，以上にみられるような「時間政策」を，企業はどのように受け止め，展開しようとしているのか。以下で検討するように，『企業としての家族』では，家族は「企業」とみなされている。それは，経済学の理論では，ベッカーによる「新家庭経済学」における家族と企業のアナロジーを想起させる。けれども，両者の間には，共通点とともに，家族をとらえる視点に大きな相違がある。

　以下，まずドイツの家族政策がどのように「転換」しようとしているのか，その背景を概観したあとに，ドイツにおける企業の立場からの「時間政策」への関わり方をみることにしよう。

2 「人口学上のパラドックス」

　従来，ドイツの家族政策は，金銭給付，税制上の控除措置，社会保険における子育て期間の考慮など「経済的視点」に基づいて，家族内における労働を年金などの社会保険制度において評価するなどの政策を実行してきた歴史をもつ（須田，2006：34）。

　けれども，2005 年の大連立政権発足後，とりわけ 07 年以降 CDU のメルケル首相とフォン・デア・ライエン連邦家族相のもとで，家族政策の「パラダイム転換」が実行に移されつつある。その柱はすでに『第七次家族報告書』（2006 年）で提示されていた，①「親手当」制度，②保育のためのインフラ整備，③家族の周りによりよい時間を形成すること（「家族のための地域同盟」や「多世代の家」）に基づくものである。これらは，フォン・デア・ライエン連邦家族相やミュッケンベルガーによって，「時間政策」の三つの柱と呼ばれている（Mückenberger, 2006: 213）。このような政策は，すでに第二次シュレーダー政権のシュミット連邦家族相のもとで公表されていたものである。事実，1997 年の SPD 幹部会が出した労働モデル[8]にはすでに，企業ごとの労働時間の柔軟化と，従業員の生活の安定性という二つを，個人の「時間主権（Zeitsouveränität）」[9]概念のもとで同時に両立させようとするコンセプトが積極的に利用されていた（田中，2003：113）。したがって，大連立政権発足後においても，シュレーダー政権下における少子化対策と「家庭生活と仕事の両立支援」が維持されたといえよう。しかし，2007 年 1 月 1 日に施行された「親手当」法をめぐっては，政権とその支持母体であるカトリック教会との間で意見が対立しており，論争は今も続いている。事実，「カトリック家族同盟」のブスマン会長は，「親手当」が家族にとどまりたい女性の「選択の自由」を否定するものだとして（Bußmann, 2006），政府を批判し，ドイツ連邦裁判所に提訴した。[10]

　ところで，ドイツの少子化傾向は，周知のように，わが国と同様に深刻である。ドイツの合計特殊出生率は，1970 年代に 2.0 を割り込み，以来ずっと 1.3 前後の低水準である。だが「ナチス時代の優生政策の記憶から出産促進政策は

タブーであり，少子化が社会問題として取り上げられることはなかった。しかし近年，人口減少の経済・社会全体への負の影響が認識され始め，少子化対策の観点から家族政策の効果が論じられるようになってきた」（齋藤，2007：56）。ベルトラムはドイツにおける少子化について，一方における平均寿命の長期化という「出生率や移民受け入れなど他の人口学的要因とは無関係に観察される地球規模の現象」であるとともに，他方における家族の多様化・個人主義化のもとでの「選択の自由」，すなわち「出産が個人の選択に委ねられるようになったこと」によって，「人口学上のパラドックス」（ベルトラム，2007：35）が生じたとする。

このような背景のもとで，『第七次家族報告書』では，「親手当」制度に加えて，「保育のためのインフラ整備」と「家族の周りによりよい時間を形成すること」という「時間政策」が含まれている。これについて，『第七次家族報告書』のための専門家会議の座長であるベルトラムは，現代家族における「同時他地域性（Multilokalität）」について，以下のように述べている。

「現代社会の生活は極度に多様化している。そのために家族の構成員同士が生活のリズムを合わせることができず，日常生活において家族全員が揃うことはむしろ大変な贅沢となっている。このためヨーロッパでは，現代家族の『同時他地域性（Multilokalität）』という特徴が顕在化している。この問題を少しでも解消しようと『親子センター（Eltern-Kind-Zentren）』（イギリス）や，家庭と職場の新しい協力形態（ドイツや北欧圏）を開発したり，子どもと家族のためのインフラ整備に予算を投じたりして，子どもを持つ家族のばらばらな生活環境を整備しようと試みている。」（同上：30）[11]

3　『企業としての家族』における家族の位置づけ

3.1　課題と概観

1964年に設立されたロバート・ボッシュ財団は，ドイツで最も大きな企業家団体の財団の一つである。第二次シュレーダー政権および2005年の大連立

政権発足以降，連邦家族省は相次いで新しい家族政策を進めているが，それと連動するように，企業家団体による家族政策に関する一連の報告書が刊行されている。当財団による近年の報告書としては，2005年の『強い家族（*Starke Familie*）』（Robert Bosch Stiftung, 2005），06年の『ドイツにおける子どもをもつことへの希望（*Kinderwünsch in Deutschland*）』（Robert Bosch Stiftung, 2006a）などがある。

『企業としての家族』の特徴は，後述するように，家族は労働力の供給主体であるとともに，市場の労働力を雇用する主体，つまり「企業としての家族」になりうると考える。さらに，財政をはじめ家族に対する政策的支援なしには，資本・市場・国家の発展もない，と考える。つまり，社会発展の動態のなかで家族を明確な主体と考えている。

すなわち，本報告書の課題は，一方で，従来はドイツにおける伝統的な家族主義，「制度化された家族主義」のもとで，家庭にとどまっていた女性の社会進出を進めるとともに，他方で，そのことが家族支援サービス市場を拡大する道筋を描くことにある。これは，前述のように，2007年1月1日より導入された所得比例方式の「親手当」が，「スウェーデン・モデルに基づいている」（Robert Bosch Stiftung, 2006b: 40）ことからわかるように，伝統的なドイツの保守主義モデルからの「転換」を明示しているともいえよう。まさに連邦家族省はそれを，「パラダイム転換」と呼んでいる。

ここで，『企業としての家族』の全体を知るために，その目次構成を以下に提示する（「5」は「企業としての家族」の具体的内容が展開されているので，その細目を掲載する）。

　　（目　次）
1.　序文──「企業としての家族」プロジェクト
2.　課題設定と枠組み
3.　国際比較からみたドイツの家族政策
4.　よりよい支援サービス提供
5.　家族支援サービスの市場潜在力と「企業としての家族」による労働提供──量的試算

第7章　ドイツにおける家族政策の「転換」と企業の対応

　　5.1　「企業としての家族」——基本的熟考
　　5.2　家族による労働供給に影響を与える諸要因，および「企業としての家族」による家族支援サービスに対する需要
　　5.3　家族支援サービス市場の評価と「企業としての家族」における女性の労働提供の評価のための数量的試算
　　　5.3.1　市場潜在力の数量化のための基本的考え方
　　　5.3.2　データベースと推定の単純化
　　　5.3.3　現状の家族支援サービス市場——稼得労働は現実には魅力的ではない
　　　5.3.4　「企業としての家族」の市場潜在力の活性化——改革の提案
　　　5.3.5　改革の提案と，いわゆる女性の家事使用人（Dienstmädchen）を優遇することとは区別すること
　　　5.3.6　シナリオ
　　　5.3.7　代替的な推定による結果
　　5.4　要　約
　　5.5　中間的結論：家族政策の諸方策は労働市場を活性化する——三つの梃子によって年間，6万人分の働き口が生み出される
　6.　育児費用への財政的視点に関する法案の査定
　7.　成果達成行動に向けての要約——家族支援サービスの一層の展開と家族による需要の強化

　以上が，『企業としての家族』の目次であるが，そのなかで「5」の課題が以下のように述べられている。

　「第一に，ドイツではなぜ家族支援サービス市場の発展が遅れているのか，同時に，とりわけ家族をもつ女性の就業率がなぜかくも低いのかを明らかにすること。第二に，家族支援サービス市場が家庭における女性の就業率の増大ととともに進む場合に，この家族支援サービス市場の持続的な潜在力を評価すること。第三に，労働の供給者であり，需要者でもある『企業としての家族』の潜在力が完全に発展するまでの，（長期的な）移行過程を描くこと。」（*ebd.*: 61）

　また「3」の「国際比較からみたドイツの家族政策」では，ドイツにおける家族政策が，主として，スウェーデン，フランス，イギリスの家族政策と比較

173

されている。そこでは「両性稼ぎ主モデル」はすでに一つの「規範」になっており，それは二つの原理に基づいている。その原理とは一つは「男女平等」であり，もう一つは学校教育終了後も生涯にわたって男女共に学習を遂行することである，という (*ebd*.: 40)[12]。また，スウェーデン，フランスの事例から明らかなように，保育所の充実，保育費用の所得控除の拡大，育児手当（親手当）の充実は，一方で「家庭と職業の両立」を可能にし，出生率を上昇させること，他方で，女性のキャリアを中断しないことによって，女性の「人的資本の価値」を高め，男女賃金格差を縮小することにつながるとされている[13] (*ebd*.: 41)。またイギリスにおける地域「幼児教育センター」の充実を紹介するとともに，「イギリスではよく知られているように，労働の柔軟化を家庭と職業の充実政策に結びつけて，企業が大きな利益を得ている」(*ebd*.) という指摘もみられる。

3.2 「企業としての家族」

前掲の本報告書の目次にもみられるように，「企業としての家族」に関する考察は，主として「5」で展開されている。そこでは，①家族を企業とみなすことの意味，②時間予算という考え方，および③家族のもつ市場拡大の潜勢力の試算が試みられている。以下，基本的考え方を提示している個所を取り出してみよう。

まず「企業としての家族」の見方に関する考察の出発点は次のとおりである。

> 「家族を通常とは異なる視点，すなわち『企業としての家族』として考察してみよう。それは一方で，一定の労働力の供給を可能にし，他方では金銭を伴う労働力を需要する。この企業は典型的には，女性と男性と，一人あるいは数人の保護を要する子どもたちからなる。」(*ebd*.: 61)

他方，家族における男女の役割分担については次のように述べられている。長文であるが，引用しよう。

第 7 章　ドイツにおける家族政策の「転換」と企業の対応

「労働者の生涯サイクルにおいて，一般的に，どのような労働を行うかの決定には，どのような教育を受けるかの決定が先行する。このような諸決定はまた，ある人がどのような教育を受けるかを決めた後に何を期待し，生涯サイクルに何を行うかに左右される。『企業としての家族』の構成メンバーに関するわれわれのモデルもそうである。
　われわれの考察の中心には，各人の教育に関する決定と，労働供給に関する決定とがある。そして『企業としての家族』において家事労働の圧倒的部分を担うのは通常，女性である。これは，もう一人のパートナー，通常，男性が『企業としての家族』の一員として何も演じないといっているわけではない。むしろ，今日的状況と合致するのだが，典型的には男性が，彼らの教育に従ってフルタイム労働で働いているのであり，このことは，彼らがどのような教育を受けるのかを決定する際に目指していたことである。さらに，男性の労働供給は限界税率のような経済的刺激に対して非弾力的にしか反応しない。このこともまた，経験に支えられている。さらに家事支援サービスに対する需要もまた，みたところ，男性の就労維持に対しては，相対的に非弾力的である。ここで重要な要因とは，パートナー間の追加的就労であり，それは通常，女性の就労である。」
（*ebd.*: 62-63）

また，以上の説明は図 7-1 のように図示されている。
　以上の家族理解によれば，男性と女性の教育選択とそれに伴う職業選択の問題（性別役割分担の問題），女性が家事労働を担うという「予見」から女性の[14]「人的資本」が低くなり男女賃金格差が生じる。したがって，女性は家事労働に就き男性は市場労働に就く，という傾向がある。その結果，女性の労働力化が制限されるという論理である。本報告書における家族理解に関する特徴は，以下のように整理できる。
　第一に，家族における性別役割分担および市場における男女間賃金格差については，人的資本理論に基づいて，教育選択・職業選択によるとされている。しかし，その背後には，社会的な性別役割分担イデオロギー，「予見」があり，

第Ⅱ部　社会的再生産とケア

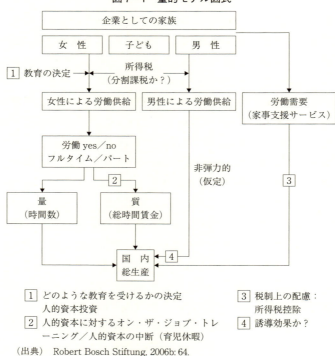

図7-1　量的モデル図式

（出典）　Robert Bosch Stiftung, 2006b: 64.

それが家庭内における性別役割分担と女性の労働力化を阻止しているとされている。

　第二に，家族と資本蓄積との関係は，動態的にとらえられている。家族は家族政策（家庭生活と仕事の両立支援策，親手当や保育所数の拡大）と租税（保育サービスに対する所得控除の拡大），さらに地域における家族同盟の助けを借りるならば，労働力の供給（女性の労働力化）と労働力に対する需要（家事支援サービスに対する需要）を担う。その結果，国民総生産が増大するとされている。

　第三に，家族におけるケア労働の評価については，当然，市場化された家事・育児を利用する場合は，その費用が国民総生産に入ることは明らかであるが，本報告書では，さらに，家庭内で利用する場合も，家族を「企業」をみな

すことによって評価の対象にするという。これは家族のなかに，擬似市場[15]と類似の論理を導入して，ケアの社会化を進めていくことになる。

　以上にみられるように，本報告書では，企業の観点からではあるが，家族の能動的役割が強調されている。それは，『第七次家族報告書』における家族政策の「転換」の方向性や，2007年1月1日から，従来の「親時間」と「育児手当」から「親手当」へ変更されたことを受けた，企業の対応を描いたものである。それは，ミュッケンベルガーが，近年のドイツの仕事と家族の両立政策を評して，「単なる市場論議や規制緩和の論議にはふさわしくない」(Mück-enberger, 2006: 217) と述べているように，企業の立場からも「社会的生産と再生産のシステムを視野に入れている」(ebd.) と考えられる。ミュッケンベルガーはさらに，仕事と家庭の両立政策で重要なのは第一に，「職業を中断することなく子どもの両親であることを保障すること」，第二に，「仕事を続けることによって両親になること」，第三に，「男女差別をなくすこと」(ebd.: 216) と述べており，ドイツの家族政策の新展開がそのような三つの性格を併せ持つことを評価している。

3.3　「時間予算（Zeitbudget）」

　前述のように，『第七次家族報告書』の「最も際立ったメッセージ」は「時間政策」といわれているのだが，本報告書にもそれを受けて「時間予算（Zeitbudget）」(Robert Bosch Stiftung, 2006b: 61) という考え方が展開されている。それは，以下のとおりである。

　　「『企業としての家族』の成人メンバーが自由にできる時間は，24時間のうち再生（Regenerierung）（睡眠）と基本的な肉体保全（Körperpflege）を除いた時間である。残りの時間は二つの行為に分割される。自由時間と家族のための労働（Häusherliche Arbeit）（職業訓練を含む）である。この労働は市場か家庭（子どもの世話をすること〔Betreuung〕，掃除など）で行われる。後者は，経済学では家事生産（Heimproduktion, Home production）と呼ばれている。」[16] (ebd.)

第Ⅱ部 社会的再生産とケア

図7-2 総労働時間の配分

（出典） Robert Bosch Stiftung, 2006b: 62.

「考察の出発点は，外部からの法案の刺激によって，就業労働と家事生産との関係がどの程度，変化しうるのかを検討することである。問題は，これまで家事生産分野で独自になされていた行為が専門化され，外部の提供者から調達されることによって，就業労働部分がどの程度，高まるのかにある。」(*ebd*.: 62)

図7-2は，社会全体の総労働時間の分割図である。

図7-2では，「再生（睡眠）」と「基本的な肉体保全」はともに「再生」に一括されている。ここで注目されるのは，ケア（Betreuung）を含む「家事労働」[17]が「市場労働」とともに，「労働」時間を構成していることである。ここでは，事実上，われわれの24時間のうち，再生時間を除いた時間が，「家事労働」「市場労働」，そして「自由時間」に三分割されている。この視点は，通常の経済学でいわれる「時間の二分法」とは違って，家庭におけるケアを含む「無償労働」を，社会的再生産に不可欠の労働とみなす「時間の三分法」[18]の観点でもある。もちろん，本報告書では，企業の観点から，「無償労働」の市場化を，家族を企業とみなすことによって推進し，そのことによってどの程度，国民生産が増大するのかという経済成長に主たる主眼点が置かれている。

ところで，本報告書にみられる「時間予算」の考え方は，前述のように，すでに1997年のSPD幹部会の「長期労働時間口座」（田中，2003：113）という「新たな労働時間モデル」に関わる概念である。その概念は本来，1990年代の労働の柔軟化，規制緩和を背景とするものであり，「個人や家庭に合わせた労働時間の必要と企業の労働時間柔軟化の要求の両立を，フルタイム労働とそう

でない労働の交替可能性によって確保しようとする試みである。柔軟化を個人の人生設計上の融通可能性としてとらえ，国が制度的にそれを後押しする新しい発想がここでは提起されている」（同上）ともいえる。しかし，実際にはその課題自体，「アンビバレント」であった。したがって，2007年以降に提起された「時間予算」の考え方は，家族政策の転換とともに質的に異なる新たな方向性を提起しているとも考えられる。

　以上，ロバート・ボッシュ財団『企業としての家族』を取り上げながら，『第七次家族報告書』における家族政策のパラダイム「転換」の方向性に対して企業がどのように対応しようとしているのかを検討した。もちろん，本報告書が企業全体の考え方を代表するものとはいえないが，これまでの検討で明らかなように，その特徴は，家族と経済発展に対する理論的分析に基づく具体的政策が提起されている点にある。それゆえ，本報告書を通じて，社会国家ドイツにおける企業の考え方とその模索の姿を読み取ることができると考えられる。以下，その特徴をまとめよう。

　第一は，家族における性別役割分担や時間配分は人的資本理論に基づきながらも，その背後にある社会の規範意識を政策によって変更しようとしている。

　第二は，経済発展のなかで，家族は，相対的に自律性をもつものとして，動態的にとらえられている。家族は，家族政策における仕事と家庭生活の両立支援によって，労働力の供給主体であるとともに，労働力の需要主体（家事支援サービス労働の需要主体）になるとされている。それが企業とのアナロジーに置かれる家族である。その結果，女性の正規労働化が進み，「人的資本」が高まり男女間賃金格差が縮小するといわれる。この論理は『第七次家族報告書』の方向性に対する企業の典型的な対応を表しており，政策的にはスウェーデン・モデルにみられる方向性を目指している。しかし，すでに指摘したように，ケアを含む「無償労働」の社会化を，市場におけると同様に，家族においても擬似市場的把握で論じられており，それが国民総生産と経済発展に寄与するという論理である。

　第三は，「時間予算」にみられるように，われわれの時間が，事実上，家事労働，市場労働，自由時間の三つに分割されていることである。これは，主流

派経済学にみられるように，時間を市場労働と自由時間に分割する「時間の二分法」とは決定的に異なる観点である。それは『第七次家族報告書』で「時間政策」として強調されていた点でもあるが，労働力の再生産を財貨の生産とともに，社会の再生産を担うものとして位置づけるという，ジェンダーの立場とも整合的な，きわめて注目される論点である。

　第四に，家族政策のパラダイム「転換」（『第七次家族報告書』）と，2002年に始動した「ハルツ改革」に代表される雇用政策の規制緩和との関係には留意する必要がある。1990年代以降，ドイツ統一の重みとグローバリゼーションのもとで，長期の高失業率，雇用の柔軟化・非正規化というドイツ労働市場の動向を考えた場合，「企業としての家族」による家事サービスに対する労働力需要は，一方で，失業率の縮小策（短時間労働や僅少労働〔ミニジョブ〕での吸収策）の性格をもつことになる。それゆえ，家族政策の「転換」や企業の対応が，どこまで社会システムの変化を導いていくのかを見極める必要がある。また，ドイツにおける家族政策のパラダイム「転換」とジェンダー平等との関係については，家庭生活と仕事の両立支援策（ワーク・ライフ・バランス政策）の論理・概念枠組みが重要になってくる。

　本章の最初で述べたように，ルイスとキャンベル（Lewis and Campbell, 2007）は，「ワーク・ライフ・バランス」は同一の名称であっても，その理念および概念枠組みは各国で多様であると述べている。スカンジナビア諸国では男女の共通の「権利」として，フランスでは「国家による家族政策」の一部として，そしてイギリスでは雇用の「フレキシビリティ」の一環として，それぞれの概念枠組みをもっている。ここでは，家庭内におけるケア労働が社会的再生産に占める意味が，政策的にどのように位置づけられているかが重要になってくる。

　ドイツは「制度化された家族主義」に基づいて，伝統的に家族を保護してきた。その結果，家族に対して，家族政策を通じて高い児童手当を保障してきた。それは，家族の内部におけるケアを含む家事労働を社会的に評価する基盤を形成したともいえるのではないか。『第七次家族報告書』や本報告書において，必ずしもケア労働の明示的な位置づけが行われているわけではないが，前述のように，前者における「時間政策」と後者における「時間予算」における時間

の三分法は，ケア労働の評価に結びつく観点であるといえよう。

2007年1月1日より導入された「親手当」法は，それまでの「親時間」と「育児手当」に替えて，所得代替給付（67%）と「パパ・クォータ」制を導入した。それによって男性を含む両親の「形成の自由（Gestaltungsfreiheit）」（フランス法の意志自治）を拡大した[19]。ドイツは，一方における規制緩和政策と労働の柔軟化という雇用政策と，他方におけるジェンダー平等を志向する家族政策の間で，新たな方向を模索しているのではないだろうか。

注
1) 本章は，ロバート・ボッシュ財団による，*Unternehmen Familie*（Robert Bosch Stiftung, 2006b）の資料紹介（原，2007）をもとにしている。なお，筆者は，「経済理論学会第55回大会」（2007年10月20日，横浜国立大学）で，本章の内容を「ドイツにおける家族政策の転換とジェンダー主流化」という表題で報告した。国立国会図書館調査および立法考査局の齋藤純子氏からは数々のご教示をいただいた。ここに心より感謝申し上げます。
2) 本書は，ロバート・ボッシュ財団の委託により，ロラント・ベルガー戦略コンサルト（Roland Berger Strategy Consultants）によって作成された。ロバート・ボッシュ財団は1964年に設立され，企業によるドイツで最も大きな財団の一つであり，主として，健康，国際協力，教育，社会と文化の領域で活動を行っている。さらにシュツットガルトでは，ロバート・ボッシュ病院，マーガレット・ボッシュ臨床薬理学研究所，医学史研究所を運営している。
3) 「親手当」制度の導入と家族政策の「転換」，およびドイツ連邦家族省の『第七次家族報告書』（Bundesministerium für Familie, Senioren, Frauen und Jugend, 2006）については，齋藤（2006）および原（2008「3」，本書第6章に収録）を参照されたい。
4) 「カトリック家族同盟（Familienbund der Katholiken）」の機関誌『家族の声（*Stimme der Familie*）』は，連邦政府による新たな家族政策について議論を展開している。とくに，2006年第53号第1-2号のなかで，ブスマンは，「親手当」の導入に対して，家庭内でケアする「選択の自由」の観点から疑問であると述べている（Bußmann, 2006: 5-6；齋藤，2007：59）。
5) 田中（2003）は，ドイツ企業の社会的性格について次のようにいう。「ドイツの社会的経済（Sozialmarktwirtschaft）とは単なる市場経済・自由主義経済とも一線を画し，また計画経済や，拘束力の強い統制をも拒否するところから出発した，ドイツ語でいう『社会的（sozial）』な性格をもった経済である。それは市場経済の自由と同時に共同体的な連帯や構成を常に意識し，その『微妙なバランス』を追求する経済なの

である」（田中，2003：237），と。しかし，近年，ドイツはワイマール共和国以来の社会労働システム，すなわち協約システムを変容させつつあることも事実である（加藤，1973，2003）。

6) フランスの家族政策について，神尾（2007）は，近年それが少子化対策の枠組みを超えて，明確に家族政策のなかに位置づけられるようになったと述べている。

7) ベルトラム（2007）は，筑波大学，ベルリン日独センター，ドイツ日本学研究所，マックスプランク国際社会法研究所，フリードリヒ・エーベルト財団の主催により，日本におけるドイツ年2005/06の公式行事の一つとして，2006年3月9日から11日まで筑波大学と東京有楽町読売ホールで開催された国際会議「少子高齢社会と家族のための総合政策（Familienpolitik in der alternden Gesellshcaft）」に提出された報告論文に基づいて編集された，本澤巳代子／ベルント・フォン・マイデル編『家族のための総合政策』（2007年）に収録されている。ドイツにおいては，すでに1997年に，社会民主党（SPD）幹部会が，グローバリゼーションに対応する企業の労働時間の「柔軟化」を「個人や家庭に合わせた労働時間への必要」と両立させるために，新たな「労働時間モデル」を提起している。『第七次家族報告書』もまた，SPDの連邦家族相シュミットのもとで招集された諮問委員会による報告書である。したがって，2005年以降の大連立政権下，SPDの構想がキリスト教民主同盟（CDU）のアンゲラ・D.メルケル（Angela D. Merkel）首相とフォン・デア・ライエン連邦家族相の主導のもとで，実現に移されたといえよう。

8) SPD-Parteviorstand（1997, 2001）．

9) Zeitsouveränitätの訳語として，田中（2003）は「時間主催」としているが，ここでは，個人による時間に対する権利の意味を込めて，「時間主権」とした。

10) その後，ドイツ連邦裁判所は，「親手当」は父親を含む両親の「形成の自由（Gestaltungsfreiheit）」を保障するものであり，合憲であるとした。本書第6章を参照。

11) ドイツでは，学校の全日制が進められているが，これも，学校を子どもたちの生活の中心的な場にするというプロジェクトの一環に位置づけられている。ドイツの全日制の学校（10年生まで）に通学する生徒の割合は，2002/03年度で9％に過ぎなかった（齋藤，2006）。

12) ただし，イギリスでは，経済的理由からこのモデルがとられるようになったともいわれている。

13) この論理は，人的資本理論に基づいている。

14) この「予見」は社会的な男女役割分担意識，イデオロギーということになるだろう。

15) この「擬似市場」は，現実にわが国においても導入されている「準市場」と制度的には異なっているが，（ケアを含む）家事支援サービスを利用する家族に対する所得控除を国家による補助金に相当するとみなすならば，かなりの類似点を見出せるで

あろう。
16) この箇所の翻訳は，原（2007）をもとにしているが，若干の修正箇所がある。原（2007：389）では，「再生（睡眠）」を「睡眠」，「基本的な肉体保全」を「肉体保全」としている。
17) ドイツ語のPflegeとBetreuungは両者ともに，日本語ではケア（care）と訳される。しかし，前者は身体維持・保全という意味であり，後者は面倒をみるという意味である。われわれがいうケアは，子ども，高齢者，障がい者などへの関係的・感情的労働を意味していることから，後者を用いるのが適切である。本報告書においても，ケアはBetreuungという言葉で表されている。
18) 「時間の三分法」の視点は，ジェンダー視点でもある。これについては，竹中（2001），およびCampbell（2006）の「時間の再分配」論を参照。
19) 詳しくは，齋藤（2006），および原（2008，本書第6章に収録）を参照されたい。

第Ⅲ部

福祉国家の変容と家族政策の主流化
―― ワーク・ライフ・バランス政策とジェンダー平等 ――

第Ⅲ部サマリー

●福祉国家の変容のもとで家族政策は「傍流」から「主流」になった。それは，国家と市場と家族との間に生じた新たな「社会的リスク」を背景としている。新たな「社会的リスク」とは，女性にとっての仕事と家庭生活の両立の困難，人口の高齢化による社会保障の機能不全，教育と労働市場に結びついた社会的排除，福祉の民営化によって社会的弱者が育児や介護の困難に見舞われることなどである。各国において，1990年代以降，「ワーク・ライフ・バランス」の法的枠組みが整備されたのであるが，とくにEUにおける先進的取り組みでは，育児休暇は男性と女性にとって「譲渡できない権利」と規定されている（「親休暇および家族的理由による休暇に関する指令」1996年）。一方，日本では，1992年に「育児休業法」（1995年に「育児・介護休業法」に改正）が施行されたが，「パパ・クォータ」制の施行は2010年からであり，他の諸国に大幅な遅れをとっている。新たな「社会的リスク」は育児や介護からなる「社会的ケア」の不足に結びついており，その解決のためには，ジェンダー平等の観点を不可欠とする。

●第Ⅲ部では，家族政策，とくに「ワーク・ライフ・バランス」政策とジェンダー平等との関連について検討する。第8章では，新たな「福祉政治」である「第三の道」におけるジェンダー平等と「社会的投資」アプローチとの関係について考察する。第9章では，日本における「ワーク・ライフ・バランス」政策の議論を検討して，少子化対策と雇用政策を二本柱として推進されていることを明らかにする。そして第10章では，「ワーク・ライフ・バランス」政策の本来的意味として，「時間を取り戻す」（ヒュー・コリンズ）という歴史的観点について述べる。

第8章　新たな福祉政治の登場
―― 「第三の道」と家族政策

1　福祉国家の変容とジェンダー平等

1.1　福祉国家のジレンマと新たな福祉政治の登場

　福祉国家は，1970年代における戦後蓄積体制の変化を経て，80年代以降の新自由主義による規制緩和とグローバリゼーションの進展のもとで，新たな方向を模索しつつある。本章の課題はこのような福祉国家の変容過程における新たな福祉政治の登場とジェンダー平等との関係について考察することである。

　まず，家族政策の「主流化」にとって重要な二つの変化をあげることができる。一つは，未婚や非婚，さらに単身世帯の増加などの家族形態の多様化，もう一つは，労働市場の規制緩和と流動化，そしてそれに伴う労働力の女性化である。1970年代までの福祉国家の枠組みである「男性稼ぎ主モデル（male breadwinner model）」はしだいに「成人稼ぎ主モデル（adult worker model）」(Lewis and Giullari, 2005) に変わりつつある。その結果，従来の家族構成メンバー間の労働分担関係，すなわち男性は市場における労働を行い女性は家庭おけるケア労働を行うという役割分担関係は変化しつつある。家族には育児や介護などの「社会的ケア」の不足が生じるとともに，家族内部のジェンダー関係が明るみになった。その結果，福祉国家は「誰がケアを担うのか」という「社会的ケア」をめぐる切実な問題に直面している。家族政策の主流化はこのような文脈のなかに位置づけることができる。

　かつてペイトマンは女性にとっての福祉国家のジレンマを「ウルストンクラ

フトのジレンマ」（Pateman, 1989: 197）と呼んだ。それは「家父長制的」福祉国家の枠内では女性が要求するシチズンシップは実現しえないというものであった。女性は一方で，福祉国家のシチズンシップが彼女たちに拡大されることを望んだ。それはジェンダーニュートラルな社会世界に向けたリベラル・フェミニストの主張であった。しかし他方で，メアリ・ウルストンクラフト（Mary Wollstonecraft）が指摘したように，女性は同時に母としての特殊な仕事，「福祉を供給する無償労働」であるケアを行う。それは「市民としての女性の仕事」とみなされてはいるが，公私二分法のもとで福祉国家のシチズンシップの外部に存在することになる。なぜなら「男性稼ぎ主モデル」のもとでは，シチズンシップは市場における雇用労働に結びついており，女性や子どもは「被扶養者（dependent）」という資格においてのみ社会保障の恩恵に浴することができるからである。こうして女性のシチズンシップの要求は福祉国家においてジレンマに陥ることになる。

　1980年代以降，各国において現れた新たな「社会的リスク」（Taylor-Gooby (ed.), 2004），すなわち女性にとって賃労働と家庭生活の両立が困難になること，人口の高齢化が既存の社会保障の機能不全と「社会的ケア」の不足を招くこと，教育状況と労働市場における地位と結びついた社会的排除が生じること，福祉サービスの民営化によって社会的弱者が育児や介護の困難に見舞われることなどによって，ペイトマンのいう「ウルストンクラフトのジレンマ」が明るみに出された。問題の核心は，社会的再生産にとって「社会的ケア」の意味を理論的・政策的に明らかにすることである。

　事実，1980年代末から90年代にかけて各国では，子どもの貧困に対する取り組みや，若者・長期失業者や一人親に対するワークフェア政策，さらに養育費徴収制度などの家族政策が相次いで政策の俎上に載せられることになった。例えば，ルイスは1980年代後半以降のイギリスにおける保守党政権下の二つの法律，89年の「児童法（The Children Act）」と91年の「児童養育法（The Child Support Act）」を比較して次のように述べている。前者ではケアの責任を生物学的な両親のみならず祖父母や他の誰かに任せることが可能な内容となっているのに対して，後者では生物学的な父親にのみ扶養の義務を厳しく課すも

第8章　新たな福祉政治の登場

のとなっている。両者の一見相異なる内容をどのように統一的に理解できるのか。ルイスは両者が家族の多様化に対応するという政治的レトリックのもとで制定されてはいるが，現実には福祉財政の抑制という政策課題を背景として，ケアや養育費をあくまで家族という私的領域に任せるという基本的スタンスに貫かれていると述べている（Lewis, 1996）。つまりこの二つの法制度は基本的に旧来の「男性稼ぎ主モデル」の強化となる。さらに「児童法」では，「ニードをもつ子ども」への公的な対応の必要性が述べられているにもかかわらず，その「ニード」の定義はきわめて選別的で限定的であり，もっぱら社会的排除が集中する地区の子どもたちに向けられている。したがって，将来，ニードを必要とするかもしれない集合としての子どもたちを対象としていない。さらにルイスは，家族政策がもっぱら「公私のパートナーシップ」を志向していることを批判して，「集合的責任と私的責任との間で選択が行われるべきであるという考え方の誤り」を再認識すべきであると述べている (ibid.: 99-100)。

後述するように，1997年に18年間続いた保守党政権を破って政権に復帰した労働党にとっても家族の多様化とケアをめぐる問題は，「第三の道」による家族政策の最も重要な政策課題となった。しかし，それは社会的投資アプローチと「資産ベースの平等主義」（White, 2004: 30）という理念に強く結びつけられている。そこでは将来の市民・労働者としての子どもへの人的資本投資と，社会的に排除されたコミュニティの社会的基盤への投資に重点的に資金が投入されたのである。したがって労働党政権は，一方で本格的な家族政策を行い莫大な予算を子どもや若者対策につぎ込んだにもかかわらず，他方では保守党から引き継いだ福祉の契約主義と社会的投資アプローチという基本的考え方のもとで，結局は制度のより一層の「効率化」を図ることになった。[4]

上述のような福祉国家の変容を，「20世紀型の福祉・雇用レジーム」の解体による「レジーム転換」と呼ぶこともできる（宮本，2011）。それは戦後の「男性稼ぎ主モデル」からの「転換」でもある。そこでは「生活保障とジェンダー」（宮本，2009；大沢，2007）というコンセプトのもとで「包摂と承認の政治」（宮本，2011）の新たな枠組みが提起される[5]，という。宮本のいう「包摂」とは就労支援，雇用創出，家族内の扶養関係を含めた社会保障の再設計，雇用と社

会保障の連携構築など「経済的な分配と再分配にかかわる政治」（同上：191）であり，他方，「承認」とは「劣位におかれた集団の同権化をめぐる政治」（同上）である。「包摂と承認の政治」と「経済的な分配と再分配にかかわる政治」との関連は，本章においても重要な論点である。

以下ではまず，フレイザーによる「承認と再分配」をめぐる議論を考察した後に，第2節では，福祉国家政治の「新たな正統」（Surender, 2004）といわれる「第三の道」を検討する。そこでは，基本的コンセプトである「福祉の契約主義」について考察する。「第三の道」の「効率と公正の新たな同盟」（Giddens, 1998=1999）という理念は，1990年代以降の家族政策の「主流化」に対して，その性格を規定することになった。第3節では，社会的包摂論と社会的投資アプローチにみられる「第三の道」に独自な平等の考え方について検討し，最後に第4節でジェンダー平等の観点から本章の考察をまとめることにしよう。

1.2 「承認と再分配」をめぐる議論

本項では，新しい福祉政治との関連で，フレイザーの「承認と再分配」をめぐる議論をみることにしよう。フレイザーはグローバリゼーションのもとで正義をめぐる言説が「再分配から承認になったのか？（"From Redistribution to Recognition? Dilemma of Justice in a 'Post-socialist' Age"）」（Fraser, 1994=2003）と問題を提起した。そこでは，以下にみられるように，グローバリゼーションのもとでリベラル・フェミニズムが直面する困難と，「第二派フェミニズム」における女性解放の主張の復権が述べられている。

フレイザーによれば，「再分配」とは経済的不公正を，「承認」とは文化的不公正を是正しようとする要求である[6]。ジェンダー的不公正を是正するためには，両方の変革が必要である。すなわち「女性の経済的不利益は，公的な領域ならびに日常生活の場面において，女性の『声』を制限し文化形成への同等な参加を妨げている」からである（ibid.：訳32）。しかし，フェミニストは「再分配／承認ジレンマ」（ibid.）に陥っている。なぜなら再分配の論理はジェンダーそれ自体を廃絶しようとするのに対して，承認の論理はジェンダーの特性に価値を見出すからである。これは人種についても同様である。例えば「低賃金の，

低いステータスの，つまらない，汚い，家庭内の仕事は，圧倒的に有色の人々によって担われ，高賃金の，高いステータスの，ホワイトカラーの，プロフェッショナルな，高度な技術を要する，経営に関わる仕事は『白人』によって担われることがほとんど」（*ibid.* : 訳33）だからである。フレイザーはアメリカの政治現場を念頭に置きながら「文化的従属と経済的従属が相互に強化し合うという悪循環」をみる。すなわち「リベラルな福祉国家と主流派の多文化主義の組み合わせによって不公正を是正しようとする私たちのたゆまぬ努力が逆効果を生みだしている」と述べて「再分配と承認のオールタナティブな概念」を求めた（*ibid.* : 訳49）。

さらにフレイザーは論文「フェミニズム，資本主義，歴史の狡猾さ」（フレイザー，2011a）において上述の議論をさらに展開して次のように述べている。ネオリベラル・グローバリゼーションのもとで「フェミニズムの一部と，勃興する資本主義の新形態——ポスト・フォーディズムの……おぞましい収斂」（同上：28）が起きているのではないか，と。「収斂」とは，フェミニズムが「再分配」から文化的「承認」へとジェンダー公正の要求の焦点を移していくまさにその時期が，新自由主義が「資本主義の精神」をフレキシブルに正当化するグローバリゼーションの時期と一致することを指す。つまり「承認」を求めるフェミニストの「ロマンス」が社会の両極において女性を引きつけている。「一方では，職業的中産階級の女性要員がガラスの天井を断固として割ろうとしている。他方では，女性のテンプスタッフ，パートタイマー，低賃金のサービス産業従事者，家庭内労働者，セックスワーカー，移民，EPZ（Export Processing Zone：輸出加工区——引用者）労働者，マイクロクレジット借入者が，収入と物質的安全だけではなく，尊厳，向上，伝統的権威からの解放を求めている」（同上：42）。例えば，マイクロクレジットの例をとっても，その成果は，借金返済のかなりの記録と生活改善の逸話的証拠にとどまっているではないか，と。この点について，ヘスター・エイゼンシュテイン（Hester Eisenstein）は，「グローバリゼーションが家父長制的な伝統を侵食するにつれて，（文化的差異の承認を要求する——引用者）フェミニズムが文化的溶剤の役割を果たしている」（Eisenstein, 2005: 487）と述べている。

このように,女性の文化的差異の「承認」がネオリベラル・グローバリゼーションのもとで資本蓄積に動員されていることに対して,フレイザーは,将来の方向としては,フェミニストの批判の最良の部分――ここでは「社会主義フェミニズム」の理論化を指す――を「資本主義に関する最近の批判理論の最良のものと統合することにある」(フレイザー,2011a:28)と述べる。

フレイザーやエイゼンシュテインの問題提起は示唆的である。なぜなら,1990年代初めに,ジェンダー平等政策として登場した「ワーク・ライフ・バランス」政策をみても,現実には,グローバリゼーションのもとで雇用政策として効率性の論理に組み込まれているからである。しかもわが国においては,次章で検討するように,「統計的差別」をなくして男女平等を目指すというレトリックのもとで,労働市場の規制緩和への動きが進められているのである。

2 「第三の道」の理論と政策

2.1 ニューレイバーの成立と Peckham

1997年6月の総選挙で18年ぶりに政権に復帰した労働党のブレア首相は,選挙に勝利した直後に,ロンドンで最も恵まれない地区の一つである「ペッカム地区(Peckham Estate)」に赴き,そこで最初のスピーチを行った。かつて1960年代後半より70年代にかけてスラムの人々を救済する目的で広大な場所にコンクリートの巨大な住宅群がつくられた。それがエイルスベリーとペッカム地区である。この地区では当時,半数以上の住人が「住宅給付(Housing Benefit)」を受け取り,5世帯のうち1世帯は職に就いておらず,人口密集度は平均の3倍といわれていた。ペッカム地区は労働党の新しい福祉改革の象徴となった。そこでブレアは,「忘れられた人々と,忘れられた地区をなくす(no forgotten people and no no-hope areas)」と述べて社会的排除への取り組みを宣言した(Stewart, 2009a: 427)。1997年以降,この地区がたどった道筋は,社会的排除への取り組みや公私のパートナーシップによるコミュニティ再生など,ニューレイバーの福祉改革の試みを体現するものであった。

以下では,1990年代に登場した「第三の道」の概念・政策とその帰結につ

いて考えてみる。「第三の道」は各国の制度と政治力学のなかで独自な修正を被りながらも，グローバリゼーションのもとにおける福祉国家の「正統」理論になったともいえよう[7]。本節ではまず「福祉の契約主義」について検討することにしよう。

2.2 「第三の道」の基本論理

「契約」概念は本来18世紀以降の近代社会の基本的なコンセプトであり，それは国家と市民との関係を規定するものであった。しかし20世紀後半，1980年代以降の福祉国家の「縮減」と個人主義化を背景として，政府は社会保障，教育，健康や社会的ケアのサービスをめぐる供給者としての国家と受給者としての市民（市民としての個人）との関係に改めて「契約」概念を用いるようになった。それが「福祉改革の新たな契約主義的アプローチ」（Gerhard et al., 2002: 121）であり，「福祉の契約主義（Welfare contractualism）」である（White, 2000: 507; White, 2003: 15; Lewis, 2003a: 178）。

国家と市場と市民との間の関係を規定するこの契約主義は，福祉政治の基本的性格を形作る。1980年代以降，すでに保守党政権下で導入されていた「福祉の契約主義」はその後，労働党政権によって引き継がれることになる。最も典型的なのはNHS（National Health Service）における「内部労働市場（internal market）」の導入である。1997年のNHS白書『近代的で信頼できる新たなNHSへ』では90年代の初めに保守党政権下で導入された「内部労働市場の弊害」（Department of Health, 1997）をなくすとしながらも，その一方，公私の「パートナーシップに基づいたシステム」（*ibid.*）が必要であると述べられている[8]。公私の「パートナーシップ」による福祉の混合経済の方向性とは「準市場（quasi-market）」の導入のことである。「準市場」とは，1980年代末から90年代にかけて，ハワード・グレナスター（Howard Glennerster）や，ジュリアン・ルグラン（Julian Le Grand）によって提唱された公共政策の理論的枠組みである（Glennerster, 1991; Le Grand, 1991, 2003=2008, 2007=2010）。わが国においても，2000年に始まった公的介護保険制度によって，すでに「準市場」が導入されているのであるが，その財政原理は明確に「契約制の導入であり，競争原理の導入で

ある」（駒村，1999：276）。

　周知のように，イギリスにおける労働党の「第三の道」に先立って，アメリカでは民主党が政権に就いた。両者の政策概念はきわめて類似している。1991年，クリントンは大統領選出馬にあたって「国民と政府との厳粛な合意」としての「新しい盟約」について述べた。政府は「機会を提供し，……責任を呼び起こし，われわれ偉大な国民にとって共同体の意味を復活させる」（White, 2004: 27-28），という。クリントンはその後 1992 年に大統領に選出されるにあたって「われわれの知っている福祉をやめよう（end welfare as we know it）」と宣言した。それから 4 年後の 1996 年には公約どおり「個人責任および就労機会調整法（Personal Responsibility and Work Opportunity Reconciliation Act: PRWORA）」を成立させている。この PRWORA によってアメリカでは史上初めて貧困状態に陥ることに対して時間制限が導入されたのである。1935 年に成立した「要扶養児童世帯扶助（Aid to Dependent Children: ADC，のちに Aid to Families with Dependent Children: AFDC）」は「貧困世帯一時扶助（Temporary Assistance to Needy Families: TANF）」に変わり，支給年限は生涯で 5 年間，継続受給は 2 年間という時限措置が導入された。

　一方，イギリスにおいて労働党は 1992 年の総選挙で優位であるといわれながらも敗北した後に，当時の党首であったジョン・スミス（John Smith）によって社会正義に関する独立の委員会が設立された。この委員会は『ベバリッジ報告』以来の 50 年間の社会政策を再検討し，1994 年に『社会的正義──国民的再生のための戦略（*Social Justice: Strategies for National Renewal*)』（Commission on Social Justice, 1994）を発表した。また以下の文章は，1993 年，Arnold Goodman Charity Lecture におけるブレアの講演の一部であるが，それは，社会的正義の基本的理念である「福祉の契約主義」の考え方を簡潔に表現するものとなっている。

　　「現代のシチズンシップの考え方は権利を与えるが義務を要求する。敬意を示すが見返りを要求する。機会（opportunity）を与えるが責任（responsibility）を求める……これらがすべて一緒になってコミュニティにつ

いての現在の見方を再構成する考え方を形作ることになる。そこでは相互依存と独立の双方が認められるし，強力で団結力のある社会の存在は個人の向上心の達成や進歩にとって本質的である。」(Blair, 1996: 218-220; White, 2004: 27)

以上にみられるように，「第三の道」における政府と市民との「新しい契約 (*New Ambitions for Our Country: A New Contract for Welfare*)」(Secretary of State for Social Security, 1998) の内容とは，政府による「機会 (opportunity)」の提供と市民の「責任 (responsibility)」との関係，そして強力なコミュニティの存在ということになる。「機会」とは労働機会であり，「責任」とは労働責任である。そしてコミュニティはそれらが機能するための生活の質を規定する空間を形作ることになる。さらに以下の『社会的正義』では，この労働機会が雇用労働であることと welfare to work の思想が明確に述べられている。

「労働はわれわれの生活の中心であり，支払労働も無償労働もわれわれの必要を満たし，富と分配のための資源を生み出す。……しかし貧困から抜け出すためには支払労働が最良の道であるとともにディーセントな生活水準の達成を望みうる唯一の方法である。……労働は福祉の一部である。」(Commision on Social Justice, 1994: 151)。

2.3 「福祉の契約主義」をめぐる議論

「福祉の契約主義」はきわめて論争的な概念である。1980年代，保守党政権下において福祉の供給に対する「消費者意識」(Freedland and King, 2003: 469) が強調されたのであるが，それはメージャー政権下に制定された「市民憲章 (Citizen's Charter)」(1991年) に典型的にみられるように，福祉の供給者と受給者との間に消費者意識と契約関係が想定されていた。本章では，「第三の道」の「福祉の契約主義」を検討するにあたって，以下の二つの論点に焦点を当てることにする。第一は，この「福祉の契約主義」において平等はどのように考えられているのか。第二は，「福祉の契約主義」と伝統的な社会民主主義との

関係である。以下，二つの立場を取り上げることにしよう。一つはマーク・フリードランド（Mark Freedland）とデスモンド・キング（Desmond King）による「福祉の契約主義」の批判である。彼らは「福祉の契約主義」をリベラルの名の下での「不寛容（illiberal）」として批判する。もう一つは，ホワイトの立場である。ホワイトは「福祉の契約主義」は社会民主主義から逸脱するものではなく，それは機能主義的社会民主主義の伝統に位置づけられると主張する。ただし，ホワイトは後述するように，「第三の道」においては，明確な「平等」概念が存在しないことを批判する。

(1) 契約的統治と「不寛容（illiberal）」な契約
　　――フリードランドとキングの議論

　まずフリードランドとキング（Freedland and King, 2003; King, 1999）の議論からみることにしよう。彼らは1997年以降，「第三の道」における「契約」は「見せかけの契約，あるいは契約のような取り決め」（Freedland and King, 2003: 465）になっているという。つまり「福祉の契約主義」はミクロレベルとマクロレベルの関係のなかで考えられねばならない，という（ibid.: 470）。ミクロレベルとは政府の公共サービスのエージェント（ソーシャルワーカーや現場の機関）と福祉受給者との契約関係であり，マクロレベルとは市民と国家との契約関係である。しかしここで契約において政策「選択」できるのは政府であって，それがミクロレベルのエージェントや福祉機関に反映する。福祉の受給者には選択の余地はない。契約関係は福祉受給者に対する「行動管理の道具」（ibid.: 465）となっている。つまり，リベラルな契約というレトリックのもとで「不寛容」な契約が遂行されている（ibid.: 470）。このようなミクロレベルとマクロレベルで説明される「福祉の契約主義」は，ホブソンがいうように1980年代以降，市民と国家の契約が実際には「政府とカテゴリーとしての市民の間の集合的合意ではなく，政府と個人的市民との間，あるいは国家の保護下にある市民同士の契約」（Hobson, 2003: 155）になっていると言い換えることもできるであろう。

　さらにフリードランドとキングは福祉の本来の原理は「必要」であるが，「福祉の契約主義」の原理は「選択」であるという。その事例として以下の四

つを上げている。それらは政府の政策選択によって実際に契約あるいは契約と類似の関係が導入された事例であるが，順次，管理の「強制的性格」が強まっていくとされている。①学校と生徒と両親との「家庭と学校との協定（home-school agreement）」，②刑務所当局と刑務所との間の「契約（compacts）」，③青少年犯罪者と青少年犯罪者委員会との間の「青少年犯罪に関する約定（youth offender contracts）」，④雇用サービスと手当を申請している失業者との間の「求職者協定（jobseeker's agreements）」（Freedland and King, 2003: 466）。

　これらの事例のうち，「求職者協定」は保守党時代の「求職者手当」にその起源をもつのであるが，1997年以降は労働党のもとでニューディール・プログラムの礎石となっていく。それは，1997年7月の，5歳以上の子どもをもつ一人親から始まり，若者（15～24歳），長期失業者，求職手当受給者のパートナーへと対象を拡大し，2000年以降は障がい者，50歳以上の失業者と3歳以上の子どもをもつ一人親を含むことになった。一方，ニューディール・プログラムのために行政的には給付省と職業安定局が統合されるとともに，2001年3月には失業者と一人親の最下層に焦点を当てた失業手当のさらなる引き締めが行われた。例えば，読み書きができない失業者が給付の条件となっている読み書き学級へ参加しなかった場合は給付が打ち切られたり，ホームレスや薬物中毒者はジョブ準備計画に参加することを条件に宿泊所を与えられたり，薬物治療を受けるというのである。フリードランドとキングはこのような規律性と罰則はワークフェアの「不寛容」な帰結であることを強調する（ibid.: 475）。

　さらにこのような規律的なワークフェア政策はマクロ経済政策を反映しているといわれる。つまりワークフェアのもとでは，政府による労働「機会」の提供に対して，労働「義務」を遂行しない人々に罰則が科せられる。それは経済理論的にはマクロ経済政策が非自発的失業の不在に基礎を置いているからだという。その第一は，「潜在的な作病者を公的支援に対する依存から外すこと」，第二は，「労働市場への参加はメンバーシップとシチズンシップの定義にとって枢要であるがゆえに，失業者と福祉依存者に労働倫理を教え込むこと」，第三は，ワークフェア政策は「政体のメンバーの義務という意味で正当化される」（ibid.: 473）ということである。

こうして，フリードランドとキングは「第三の道」における「福祉の契約主義」は基本的に，1980年以降の保守党政権による福祉改革における政府と市民との契約という考え方や消費者倫理の導入の延長線上にあると考えている。それは，社会民主主義の考え方とは異質なものである，という。さらにミクロレベルとマクロレベルにおける福祉の供給と受給との関係について契約主義がもたらす「不寛容」なプロセス (ibid.: 476) に注目すべきであると述べている。

(2) 「機能主義的社会民主主義」と「第三の道」——ホワイトの議論

それではホワイト (White, 2004) はどのように述べているのだろうか。以下にみるようにホワイトは，「第三の道」の思想を社会民主主義の流れに位置づけるのであるが，その理論的関係は「複雑」である。その論点は次の二点に集約できる。第一は「第三の道」の思想の根底にはイギリスに伝統的な「機能主義 (functionalism)」がある。それは20世紀初頭のジョン・ホブソン (John Hobson) やレオナルド・T. ホブハウス (Leonard T. Hobhouse) などの「ニューリベラリズム」と，その思想的影響を強く受けているリチャード・H. トーニー (Richard H. Tawney) やハロルド・J. ラスキ (Harold J. Laski) などの「機能主義的社会民主主義 (functionalist social democracy)」の流れに属する。しかしながら，第二に「第三の道」と「機能主義的社会民主主義」は「平等」についての考え方が大きく異なっている。ホワイトは「第三の道」には社会的正義，「平等主義」について明確な理論が存在しないことを最大の問題点として指摘する。

第一の点からみることにしよう。周知のように19世紀末から20世紀にかけて，ヴィクトリア時代の繁栄の後の貧困が社会問題として認識されるようになる。1880年代イギリスには分配上の公正という課題のもと「産業報酬会議」やフェビアン協会が結成される。一方，世紀転換期の資本主義は「効率性の時代」を迎える[10]。オックスフォード理想主義の流れを汲むホブソンやホブハウスら「ニューリベラリズム」と呼ばれる学派は社会的正義とは何かをめぐって議論を展開する。ホワイトは「第三の道」の思想的基礎をこの時期の「ニューリベラリズム」とその影響を受けたトーニーらの「機能主義的社会民主主義」であるとして，その理論の基本的内容を検討する。それは「生産的機能に対する公正な支払い」と「生産的機能に対する公正な機会」という二つの理念（社会

的権利）に典型的に表される。さらに「自由市場の資本主義経済はこの権利を尊重しない。それを保障するためには断固とした国家の行動と支出が必要とされる」(*ibid*.: 39) のである。ホブハウスは以下のように述べる。

> 「正常な精神と肉体をもつ標準的人間（normal man）が有用な労働によって彼と彼の家族に食事や住居や衣服を獲得しうるような経済的条件を整えるのは国家である。『労働の権利 (right to work)』と『生活賃金の権利 (right to a living wage)』……はよい社会の秩序を統合する諸条件である。……適正な報酬の労働機会 (opportunity) が与えられれば，人は生活のために稼ぐ力をもつ。それが，このような機会を最良に利用する権利であり義務である。これに失敗すれば彼はまさに貧者として扱われることになる……。」(Hobhouse, 1994: 76-79; White, 2004: 39-40)

ホワイトはここに，後の「福祉の契約主義」と整合的な社会的正義の考え方をみる。つまり国家による労働「機会」の提供とそれに対する労働の「義務」および「生活賃金の権利」という関係である。しかし同時に「機能主義的社会民主主義」と「第三の道」との重要で決定的な違いも指摘する。それは国家およびコミュニティの繁栄をもたらす「生産的」概念についてである。ブレアは，20世紀初頭以来の労働党の歴史を振り返って，「労働党の価値は変わっていない」，変わったのはビジョンを達成するための「戦術」だけである (Blair, 2004: 18) と述べているのであるが，「機能主義的社会民主主義」においては，労働の義務とともに強調されているのは資産所得で生活している「不生産的」階層に対する課税の強化であった。それは不労所得である相続財産や土地投機による所得に向けられている。「第三の道」の労働党政権はこのような資産所得に対しては明確な方策をとっておらず，それは基本的に「所与」として扱われている。この点についてホブハウスは次のように述べている。

> 「その日の生活に事欠く怠け者を維持する体制が悪いのならば，非常に贅沢な暮しをしている怠け者を維持する体制はもっと悪い。どんな体制で

あろうと大規模な富の相続を認めることは，この点において批判の対象になるだろう。」（Hobhouse, 1912: 16-17; White, 2004: 41）

つまり「機能主義的社会民主主義」においては，「生活賃金」を超える部分については財政制度を通じて分配的正義が求められている。したがってそこでは，社会に依存する人々が批判される場合，そのターゲットは「第三の道」とは違って，「福祉に依存する人々に対してではなくて，種々の無機能な財産に依存している人々に向けられていた」（White, 2004: 41）。ホワイトが「第三の道」は「平等主義」ではなくて「十分主義（sufficientarian）」（*ibid.*: 43）であると述べるのは，このような意味においてである。なぜなら「第三の道」においてはディーセントな最低限の「機会」と生活水準自体が目標となっており，それを超える所得の不平等には手がつけられないからである。それはさらに社会的正義に関しても根本的な違いを生み出す。つまり「機能主義的社会民主主義」においては，短期的目標はディーセントな「生活賃金」の保障であるが，長期的目標は「平等」であった。けれども「第三の道」は「それとは対照的に，ディーセントな機会と生活水準をもたらすように資本主義に強制することが長期的目標となる」（*ibid.*）。

このようにホワイトは，一方で「第三の道」における「福祉の契約主義」がイギリスに伝統的な「機能主義的社会民主主義」に連なることを主張するのであるが，他方で両者の重要な相違点を指摘する。すなわち「第三の道」には「平等」論がないこと，「何をなすべきか」と「正義とは何か」の区別がないことを「争う余地なき誤り」（*ibid.*）と呼んでいる。

以上にみてきたように，「第三の道」における「福祉の契約主義」は個人主義に基づくものであった。そこでは，政府と個人としての市民が直接に対峙することになる。そこからフリードランドとキングは「福祉の契約主義」の「不寛容」さを指摘するとともに，「契約」に基づく「選択」という原理が本来の福祉の原理である「必要」に反することを批判した。その主張は「第三の道」が社会民主主義の原理に反するという主張を含意するものであった。それに対してホワイトは「第三の道」が基本的にはイギリスの機能主義の伝統に基づい

ていると主張した。むしろホワイトによる「第三の道」に対する批判は，そこに「平等」という社会民主主義にとって最も重要な観点が欠如していることに向けられた。さらにフリードランドとキングと同様に，「第三の道」の社会民主主義が T. H. マーシャルによるシチズンシップ論を含んでいないことを認めている。

両者の議論は，「第三の道」が社会民主主義の原理に反しているのか否かをめぐるものであった。したがってその理論的性格については，20世紀初頭におけるホブソン，ホブハウス，トーニーらによって確立された社会民主主義概念とその背景となる「効率性の時代」(Searle, 1971) との関連が問われなければならないだろう。けれども筆者は，ここで，フリードランドとキングが主張する「第三の道」の「不寛容さ」と，他方，ホワイトのいう「十分主義」であり「平等」概念が欠落しているという指摘が，まさに「第三の道」の社会的投資アプローチの性格をよく言い表していることを指摘しておきたい。前者は，ニューレイバーが1980年代以降の保守主義から引き継いだ「福祉の契約主義」を，後者は以下で述べる社会的包摂論を意味している。

3 社会的包摂論と社会的投資アプローチ

これまでみてきたように，「第三の道」の基本コンセプトは個人主義に基づく「福祉の契約主義」である。それは「求職者協定」にみられるように，政府による労働「機会」の提供と，それに対する個人としての市民の労働「責任」との関係である。そしてそれが福祉改革すなわち welfare to work の基本理念となっている。一方，ホワイトがいうように，「第三の道」には「平等」に関する明確な概念は存在しないのだが，「資産ベースの平等主義」とでもいいうる「第三の道」に独自な平等に対する考え方が，社会的排除と包摂に関する理論と政策のなかで展開されている (White, 2004: 30)。それはまた「社会的投資国家」(Giddens, 1998=1999) の文脈に位置づけられる。ギデンズはいう。「私たちは，福祉国家のかわりに，ポジティブ・ウェルフェア社会という文脈の中で機能する社会的投資国家 (social investment state) を構想しなければならない」

(*ibid.*：訳 196-197)。

　その論理は次のようになる。まず国家による福祉の供給は単に不利な状況を軽減することに求められるのではなくて，人々が不利な状況に陥ることを避けることができるような資産形成に向けられるべきである（White, 2004: 30）。ここで，二つの主要なターゲットが選ばれる。一つは，将来の労働者・市民である子どもへの人的投資，もう一つは，排除されたコミュニティへの投資である。すなわち良質な教育を受けた将来の労働力はポスト工業社会の知識経済にとってその基礎をなすとともに，所得の平等に資するということになる。子どもへの投資は「社会的投資戦略の中心」に位置づけられている（Lister, 2006: 53）。具体的政策としては，「チャイルド・トラスト・ファンド（Child Trust Fund）」，「児童タックス・クレジット（Child Tax Credit）」や「シュア・スタート・プログラム（Sure Start Program）」などがあげられる。

　このような「資産ベースの平等主義」は，前述のように「第三の道」の二つの考え方に基づいている。一つは社会的排除と包摂論である。社会的排除という概念は，最初は 1974 年，フランスの社会政策において使用されたのであるが，そこでは現在とは異なる意味合いをもっていた。すなわちそれは「一人親，障がい者，病弱な高齢者，虐待を受けている子どもたち，麻薬常習者，多くの問題を抱えた家庭など」，「社会保護システム」によって包摂できない多数の社会集団を指していた（Daly and Saraceno, 2002: 85）。その後，1980 年代に大量の失業者の存在のもとで社会的排除は，労働市場への参加の失敗によって「社会的ネットワークから切り離された」人々を指すことになる。したがってそこには「イデオロギー上の変化」(*ibid.*) がある。

　事実，EU では 1989 年に「労働者の基本的権利のためのコミュニティ・チャーター（Community Charter of the Fundamental Social Rights of Workers）」が宣言され，90 年には「社会的排除への取り組みにむけての監視（European Observatory for Combating Social Exclusion）」が開始される。「第三の道」における社会的排除と包摂という言説もこのような文脈に位置づけられる。したがってまず社会的包摂は，ワークフェア政策のもとで労働責任をとおして社会へ参加することを要求する。

リスターがいうように，労働党政権は子どもに対して私的責任とともに公的責任の所在を明確にした。それは過去 20 年間の保守党政権下における私的責任論と比較して「イギリス政策史上，画期的である」(Lister, 2006: 55) ともいえる。しかしそれは同時に，子どもへの社会的コントロールと親の行動への規制を強化するという顕著に「権威主義」的な性格を備えていた (*ibid.*)。例えば 1998 年の「犯罪と騒乱に関する法律 (The Crime and Disorder Act)」や 2003 年の「反社会的行動に関する法律 (Anti-social Behaviour Act)」では，子どもに対する親の監督，子どもの夜間外出や反社会的行動の禁止などが規定されている。その規定によれば，例えば子どものずる休みが続く場合には親は罰金を科せられたり投獄されうる場合もある。市民による自由に関する監視団体である「リバティ」は 1997 年以降，16 歳以下の子どもたちの権利が侵食されつつあると述べている (*ibid.*)。

他方，「資産ベースの平等主義」に内在化するもう一つの考え方は，将来の大人としての子どもに対する社会的投資アプローチである。これはすでに述べたように，社会的排除と包摂政策のなかに組み込まれて推進されている。ここでは，以下の問題点を指摘できる。それはすでにエスピン－アンデルセン (Esping-Andersen et al. (eds.), 2002) が述べているように，「第三の道」の投資戦略はあまりに「選択的」でり，「アクティベーションが伝統的な所得保障の代替物になると信じている」点にある。すなわち，社会的投資アプローチにおいては社会政策が経済政策に従属しているのである。それは前述のように，家族政策における子どもの権利（良質なケアを受ける権利）や，ケアをめぐるジェンダー不平等の問題が「第三の道」のコンセンサスにおいて明確な位置づけを与えられていないことによると考えられる。

4 「第三の道」とジェンダー平等

ここでジェンダー平等の視点から社会的投資アプローチと社会的包摂政策の問題点をあげることにしよう。第一に，子どもへの人的投資という政策は同時に，子どもの貧困が最も深刻な貧困家庭の親にニューディール・プログラムに

基づいて市場労働への参加を強制する。その問題点は一人親（とくにシングル・マザー）に凝縮して現れる。一人親は一方で責任ある市民として市場への参加を強制されるとともに，他方では責任ある母親として子どもの行動の管理を要求される。ワークフェア政策が有償労働中心になっており，そこではケアが犠牲にされている。これはジェンダーの問題であるとともに，子どもにとってのケアに関わる問題であり，「子どもの権利に対する認識の限界」（Lister, 2006: 58）を表している。第二に，社会的包摂それ自体のなかに排除が温存される，あるいは包摂自体が排除を生み出すということである。例えばそれは，女性のパート労働について考えてみれば明らかである。つまりケアの責任がある女性が社会的包摂政策とワークフェア政策によって市場労働への参加を求められる。しかし保育の条件が整っていない場合，パート労働を行わざるをえない。彼女たちは社会的包摂という名の下で，雇用の中心から排除されているのではないか（Daly and Saraceno, 2002: 98）。

以上，本章では1980年代以降の福祉国家の変容過程とグローバリゼーションの進展のもとで家族政策が主流化してきたことの背景と，それがジェンダー平等視点と不可分に結びついていることを明らかにしてきた。福祉国家はまさにペイトマンのいう「ウルストンクラフトのジレンマ」に直面している。

問題の核心は，労働力の女性化と家族の変容のもとで「社会的ケア」の不足を誰が担うのかということであった。[11] 1980年代までの公私二分化のもとでの私的責任論に代わって，90年代は新たな福祉政治のもとで家族政策は主流化した。本章では新しい福祉政治の担い手として，イギリス労働党の「第三の道」に焦点を当ててその基本概念を検討した。「第三の道」は，それまでの20年間の保守党政権下で私的領域の問題に追いやられていた家族のケア，とくに子ども政策を重点的に行ったからである。しかし本章で明らかにしたように，ニューレイバーの理論と政策は，福祉の契約主義，社会的包摂論，社会的投資アプローチにみられるように，市場の力を最大限に利用しながら，社会的公正を達成するというものであった。ホワイトがいうようにそれはせいぜい「十分主義」であって平等主義ではない（White, 2004: 43）のである。

注

1) 1985年の「男女雇用機会均等法」と「労働者派遣法」の同時成立に留意すべきであろう（施行はともに1986年）。1986年以降、「労働現場は激変した。女性労働を中心として、パート化・派遣労働者化が進んだ。当時就職して数年程度の、職場の差別や、正社員につきものとされた長時間残業を受け入れられない女性たちは、働き方のスタイルを労働者派遣へと切り替えていった」（中野、2006：ⅲ）。まさに女性のための家族生活と仕事の両立のために「労働者派遣法」が制定されたといえる。したがって、大沢（1998）のように、労働力の女性化を女性の社会進出という積極的側面のみでとらえて、日本的雇用慣行の崩壊は見方を変えれば女性にとってのチャンスであるという見方は、現実と乖離したものである。

2) 本章では「社会的ケア」という用語を、子どもの養育や高齢者の介護などをともに含み、社会の再生産にとって不可欠なケアという意味で使用している。Daly and Lewis（1998）を参照。

3) 例えばイギリスでは、1979年から91年までに子どもの相対的貧困が3倍に増加したといわれている。

4) わが国においても、アメリカで1996年に制定された「個人責任および就労機会調整法」（PRWORA）の影響のもと、2002年に児童扶養手当の改革が行われた。「福祉から就労へ」の掛け声のもと、母子世帯政策の転換を図ろうとするものである。児童扶養手当は2003年より支給開始後5年あるいは母子世帯になって7年経過後には支給額を最大2分の1まで減額することとなっている（藤原、2007：10）。他方、2003年以降には「母子家庭等就業・自立センター」「高等技能訓練促進費」「自立支援教育訓練給付金」など、母子世帯向けの就業支援メニューが次々と新設された。こうした「福祉から就労へ」の母子世帯政策の転換は、2010年施行の「改正児童扶養手当法」および13年施行の「母子家庭の母及び父子家庭の父の就業支援に関する特別措置法」によっても方針が継続されている。

5) 宮本（2011）は、2010年6月に鳩山内閣に代わって、日本型の「第三の道」を掲げた菅政権によってアクティベーションの政策志向が強まった、と述べている。

6) ここでフレイザーの「承認」の定義は、以下のHonneth（1992）に基づいている。すなわち「私たちは自らの統一性（integrity）を潜在的な仕方で、他者からの是認や承認（recognition）を受け取ることで獲得する」。それは「間主観的関係によって獲得される自己理解である」（Honneth, 1992.: 188-189）。

7) イギリスでは、2010年5月の総選挙で労働党が敗北し保守党と自由民主党の連立政権が誕生した。マグヌス・リネル（Magnus Ryner）は「第三の道の死──金融危機とヨーロッパ民主主義」（Ryner, 2010）のなかで、2008年のサブプライム危機によって市場主義に対する疑念が大きくなり、その疑念は市場主義的な社会民主主義である「第三の道」をも直撃した。その結果、ヨーロッパの社会民主主義政権が相次いで

第Ⅲ部　福祉国家の変容と家族政策の主流化

敗退したというのである（*ibid*.: 554）。「第三の道」において公正と効率性という理念の結合が理論と政策においてどのように概念化されたのか，は本章における問題関心でもある。

8)　「第三の道」における「パートナーシップ」については，Lewis（2004）に詳しい。ルイスはコミュニティケアの実例に基づきながら，「調整者」として想定されている国家の役割が現実には困難に直面していること，質の高い福祉を安定して長期に供給するという課題に対して，行動原理を異にする公私の「パートナーシップ」の難しさを指摘している（Lewis, 2004: 217-224）。また宇沢によれば，保守党政権下，NHS に導入された「内部労働市場」の理論はもともとベトナム戦争時にアメリカの経済学者アラン・エントフォーフェン（Alain Entforfen）によって考え出された「キルレーショア（殺戮比率）」という市場原理主義的な指標に基づくという。それはもともと「ベトコン（南ベトナム解放民族戦線）」一人を殺すのに何万ドルかかるかという効率性の指標である。その結果，いったん導入された「内部労働市場」は NHS を元に戻すことができないほどに，制度の根幹を崩壊させた。サッチャー改革の結果，志の高い医師の多くが海外に流出して，1990 年代後半にブレア政権が登場したときには，医師不足で入院待機患者が 130 万人に達していたという（宇沢・内橋，2009：10-11）。

9)　大山（2005, 2012）には，「新右派，中道左派，旧左派の政策の比較」とブレア政権下の失業者に対するニューディール・プログラムにおける若者，長期失業者，一人親，失業者のパートナー，障がい者，50 歳以上，への対応が詳しく述べられている。なお，「第三の道」の若年就労支援策の「規律訓練型」の性格については，居神（2007）を参照。

10)　西沢（2007：413）には，世紀末イギリスの貧困・失業問題と経済学思想の関係が描かれている。「1880 年代イギリス」とは何かは，福祉国家の成立にとって興味深い。とくに「第三の道」と「機能主義的社会民主主義」（White, 2004）との関連性も，この世紀末の歴史的意味に関わる。この時代を「効率性の時代」とする Searle（1971）も参照。

11)　「社会的ケア」の不足を，ジェンダー不平等と子どもの貧困に結びつけて考察する必要があると考えられる。この点については本書第 5 章を参照。

第9章　日本におけるワーク・ライフ・バランス政策

1　ワーク・ライフ・バランス政策とジェンダー平等

　2007年12月17日，政府のワーク・ライフ・バランス推進官民トップ会議は「仕事と生活の調和（ワーク・ライフ・バランス）憲章」（以下，「ワーク・ライフ・バランス憲章」と略記）および「仕事と生活の調和推進のための行動指針」をとりまとめた。[1]「ワーク・ライフ・バランス憲章」では，仕事と生活の調和が実現した社会とは「国民一人ひとりがやりがいや充実感を感じながら働き，仕事上の責任を果たすとともに，家庭や地域生活などにおいて，子育て期，中高年といった人生の各段階に応じて多様な生き方が選択・実現できる社会」であるとされている。本来「仕事と家庭生活の調和」は，われわれにとって普遍的な問題である。なぜなら職場における労働条件は，その裏側における家庭生活の豊かさを規定するからである。したがってここで問題なのは，「多様な生き方」がどのように保障されるかである。現実には，わが国における「ワーク・ライフ・バランス」（以下，WLBと略記）政策をめぐる議論から明らかなように，自律的で中立的な個人による「多様な働き方」の自由な「選択」という文脈で説明されている。それは，1980年代以降の福祉国家の変容，すなわち「福祉の契約主義」[2]化を反映するものであろう。ホブソンがいうように，ケアの責任がある人は，「多様な働き方」の自由な「選択」に際して，構造的に非対称という「細工がほどこされたサイコロ」（Hobson, 2007: 1）しか使用できないのではないだろうか。しかも本章で明らかにするように，その政策決定のプ

ロセスは「仕事と家庭生活の調和」という家族政策が，雇用政策に取り込まれながら道具主義的に変容する過程であった。

本章の目的は，わが国における WLB 政策の議論を考察して，その理論的性格を明らかにし，よって仕事と家庭生活の調和が本来もっているジェンダー平等に対する含意と，そこに欠落している論点を明らかにすることである。結論をあらかじめ述べるならば，以下のとおりである。

第一に，WLB 政策は，雇用の多様化論（「雇用のポートフォリオ」論[3]）に基づいて，「多様な働き方」を個人の自己責任において「選択」するという論理に支えられている。またそれは「ワーク・ライフ・バランス憲章」に謳われるように「明日への投資」という社会的投資アプローチに基づいている。社会的投資アプローチは，すでに第 8 章でも検討したように，1990 年代以降の「新たな福祉政治」の特徴を言い表している。それは「ポジティブ・ウェルフェア社会」（Giddens, 1998=1999）における社会保障への「投資」戦略として位置づけられる。

第二に，わが国における WLB 政策は雇用政策と少子化対策からなっている。両者は本来性格を異にするものであるが，少子化対策は雇用政策に結びつくことにより道具主義的性格を帯びている。例えば後述のように，少子化対策として策定された「次世代育成支援対策推進法」（2003 年）は，一方で「職業生活と家庭生活の両立」を促進しながらも，他方では，多様な働き方と多様な労働条件の整備を進めるという雇用政策である。

第三に，「仕事と家庭生活の調和」の含意は，われわれの生活を形成する二つの領域における「労働」，すなわち市場における有償労働と家庭における無償労働との調和の問題である。そこでは，市場労働と家庭の双方における性別役割分担の見直しというジェンダーの視点が不可欠である。そして，その基軸は，家庭におけるケア労働の社会的意味を「概念化（conceptualization）」（Lewis and Campbell, 2007: 13）することである。「概念化」とは，社会政策の「理念」と言い換えてもよいだろう。実際には，1992 年の育児休業法の施行や 95 年の育児・介護休業法の改正，10 年に施行された「パパ・クォータ」制の導入のように，ケア労働を男女両性で負担する方向性が目指され始めているにもかか

わらず，その実現性は基本的に企業主導にまかされており，景気動向に大きな影響を受けている。本章では，わが国における WLB 政策を支える理論とその政策的帰結を明らかにする。[4]

事実，「ワーク・ライフ・バランス憲章」や育児・介護休業法の数度にわたる改正によって，男女の育児休業取得率は漸進的に上昇しているといわれているが，第1子出産後の女性の継続就業率は「男女雇用機会均等法」施行後の 1986 年以降の統計をみても，出産前有職者のうち約 4 割弱であり長期的にほとんど変化していない。[5] なお『平成 25 年度雇用均等基本調査』の結果の速報版（事業所調査）によれば，2013 年度の育児休業取得率は，女性は前年度に比べ 7.3 ポイントの減少であり 76.3% となっている。そのうち，さらに 29 人以下の小規模事業所における女性の取得率は 14.8 ポイントの大幅な低下となり，58.0% となっている。また，男性の取得率は 0.14 ポイント上昇し 2.03% に改善したが，2020 年までに 13% にするという政府の目標を大きく下回っている。[6]

それでは以下，第2節で雇用の多様化論に基づく「雇用のポートフォリオ」戦略とは何かを説明したあとで，WLB をめぐる議論として，労働市場改革としての WLB 論と，「統計的差別」解消としての WLB 論を検討することにしよう。第3節では，WLB 論のもう一つの柱である少子化対策に関して，キャサリン・ハキム（Catherine Hakim）の「選好理論（Preference theory）」を検討する。ハキムの理論は母国イギリスや EU においてのみならず，日本においても理論的・政策的に大きな影響力をもっていると考えられるからである。[7] 最後に第4節で，WLB 論のインプリケーションについて述べる。

2 ワーク・ライフ・バランス政策をめぐる議論

2.1 雇用の多様化論と労働市場改革

1990 年代「ワーク・ファミリー・フレンドリー」から始まって，「ワーク・ファミリー・バランス」（以下，WFB と略記）として「仕事と家庭生活の調和」を求めるという政策は，政府においてもアカデミズムにおいても，その意味についてきちんとした議論も行われないままに WLB 政策と言い換えられるよう

になった。その言葉の言い換えは,どのような意味をもっているのだろうか。例えば大沢（2008）は,両者の関係について次のように述べている。

　「90年代に入ると,それまでの『ワーク・ファミリー・バランス』は,独身や子どものいない女性,あるいは男性会社員についての仕事と生活の調和に関するニーズに対応できないことから,その対象が広げられ,従業員全体の私生活に配慮したプログラムへの取り組みがおこなわれるようになった。これが今日の『ワーク・ライフ・バランス』である。」（大沢,2008：27）

　つまり大沢によれば,WLBにおける「両立支援といった福祉的施策の枠組み」は,「働きながら責任や要望を果たせる環境づくり」へと政策の目的と手段そして対象を変化させたことになる。その「本質」は「もう企業は個人を守ってくれない」,そういう「自己責任」の時代にはわれわれは「働きながら学び続けることが必要不可欠」ということになる（同上：27-28）。WLB政策を,「キャリア権」という法的権利の構想（諏訪,1999：54）や,「明日への投資」に結びつける立場（「ワーク・ライフ・バランス憲章」）も大沢と同様に自律的個人による「自己責任」の文脈で論じられる。後述するように,1990年代の初めに登場した,ケア責任を男女ともに担うというジェンダー平等の方向性は,しだいに雇用政策の一部に組み込まれていったのである。

　そのような流れを端的に示すのは,日本経営者団体連盟の『新時代の「日本的経営」』（1995年）や「雇用対策法」（2001年）である。そこではWLB論は人事戦略として位置づけられるとともに,労働者の「ニーズの多様性」というレトリックのもとで,WLBの実現のためには,「働き方や処遇条件を決定する企業の人材活用の見直しがもっとも重要」（佐藤・武石（編）,2008：5）な要因であるとされる。

（1）「雇用のポートフォリオ」論
　前述のように,雇用の多様化を論じたものとして注目されるのは,1995年の日経連『新時代の「日本的経営」』と,2001年の「雇用対策法」改定である。

前者はそれまで個々の民間大企業で行われてきた改革を総括し，雇用・賃金改革の具体的指針を表したものであり，後者は政府の雇用・失業対策を，雇用の維持・安定や解雇防止から雇用流動化と創業支援へと転換させるものである。とくに前者において提起された労働市場を流動化させ就業形態を多様化させるための「雇用ポートフォリオ」論（労働者を三つのグループ，すなわち①長期蓄積能力活用型グループ，②高度専門能力活用型グループ，③雇用柔軟型グループに分ける）はのちに，雇用戦略として WLB 政策の考え方の中核となっていく[10]。それ以降，「新・日本的経営」の普及によって労働者の個別化・多様化が一挙に進むことになり，同質性・一律性を前提とした日本的労使関係はその基盤を掘り崩されることになった（石畑・牧野（編著），2009：119）。例えば，2003 年に少子化対策として制定された「次世代育成支援対策推進法」も 301 人以上を雇用する企業に対して「職業生活と家庭生活の両立」と育児・介護休業法の取り組みを促進させるとしながら，その一方で「多様な働き方」と「多様な労働条件」の選択肢の拡大を示している。

(2) 労働市場改革と WLB 政策

八代尚宏は WLB を「労働市場改革」の文脈で論じる（八代，2008：31）。まず労働市場改革について八代は次のようにいう。すなわち「今の労働法制では，雇用保障を重視しすぎることで，結果的に，残業の少ない働き方の選択肢をえらべない」，それを中立化するためには「合理的な資産の組み替え」が必要である。「家計でも企業でも，その保有する金融資産の構成は高い成長期には収益性を重視したハイリスク・ハイリターンの考え方で投資する一方，低い成長期には，ローリスク・ローリターンの流動性に重点をおくことが合理的である」（同上：69），と。ここで「ローリスク・ローリターン」とは，上述の「雇用のポートフォリオ」でいわれる，三つの労働者グループの組み合わせの戦略であり，「不況時には雇用調整が容易な非正社員の比率を高めなければならない」（同上）ことになる。

こうして八代は，労働市場の流動化を阻む日本的雇用慣行による正社員保護主義を批判する。「多様な働き方」と「多様な労働条件」の選択肢を拡大するためには日本的雇用慣行を改革することが必要となる。労働市場の改革の内容

は以下の三点にまとめられる。第一に「派遣労働を社会的に多様な働き方の一つとして認知すること」，第二に「正社員の解雇規制の弾力化」，第三に「多様な働き方を支援する人材ビジネスの育成」である（同上：169）。このような主張は1990年代以降の非正規労働者の増大[11]という現状を市場主義によって正当化する考え方である。けれども八代による「同じ企業内に，固定的な働き方と流動的な働き方が併存する多様な社会を目指す」（同上：174）という理想と現実（経済格差の拡大，貧困そして希望の喪失）との乖離はあまりにも大きい。

　その一方で，八代は「同一労働・同一賃金」を主張する。だがそれは労働市場における競争原理のもとで正規労働と非正規労働の「賃金の均衡化」が達成されることを意味する。すなわち「同一労働・同一賃金」とは八代によれば「市場での競争が十分に働いていれば，同じ商品やサービスの価格は等しくなるという『一物一価の法則』を労働市場にあてはめただけにすぎない。……現状の働き方で，法律で無理やりに同一賃金を強制するようなイメージを持つ場合があるが，そうではなく，働き方の壁を低めることで，市場の力を活用し，自然に均衡賃金が基本となる」。「同一労働・同一賃金」とともに労働市場の効率性と公平性がともに達成されることになる。だが日本の労働市場には「受給バランスを反映した賃金形成を妨げる障壁」が存在する，それは企業内組合と日本的雇用慣行である。ゆえに，企業の合理的行動の実現によって効率性を達成し，労働者にとっても多様な働き方と「同一労働・同一賃金」を達成するためには，労働市場改革が必要だという論理である（八代，2009：73）。八代は一貫して，企業のコスト・ベネフィット計算による効率性，すなわち経済合理性の追求によって公平性が達成されることを主張する。[12]

　八代はWLB政策についても，規制緩和と労働市場改革の文脈で論じることになる。すなわち「男女の固定的な役割分担」は「日本的雇用慣行の隠れた特徴」であり，その改革のためには「育児休業を活用して，男性の働き方に女性を合わせようという考え方……には限界がある」，「むしろ，女性の多様な働き方に画一的な男性の働き方を合わせていく」（同上）。重要なのは「多様な働き方」，すなわちWLBの「選択肢」の拡大と「合理的」な規制改革である，と。現実には，『2013年度就業構造基本調査』にみられるように，女性の57.5％

が非正規労働者である。しかも，この20年間，女性の約40％は出産（第1子）に際して仕事を辞めている。したがって八代の主張に従うならば，労働市場改革と労働法の規制緩和のさらなる推進によって，そのような現状すなわち「多様な働き方」を一般化することになる。八代の見解の特徴は，第一に，市場の完全性に対する無条件の信頼であり，第二に，社会的再生産におけるケアの意味，すなわちその概念化がまったくみられないということである。

事項で検討する，山口一男もまた，一方では男女平等賃金の達成と，日本においてとくに特徴的な「統計的差別」解消の論理を，一般職女性を対象として積極的に論じるのであるが，他方では，八代と同様に日本的な雇用管理と企業内組合に対する規制緩和，労働市場の規制緩和，裁量的労務管理を提唱する。そこでは，ジェンダー平等を労働市場における正規女性労働者に限定して論じることの方法的な限界をみることができる。

2.2 「統計的差別」解消の論理

山口（2008a，2008b，2009）のWLB論は，「男女賃金差別」解消の論理を展開するなかで論じられる。山口はまず，日本の「男女賃金格差」（厚生労働省の審議会「男女間の賃金格差にかんする研究会」〔2002年〕では男性の平均賃金水準100に対して女性のそれは65.3である）[13]がきわめて大きく，しかも強固に存在し続ける原因は企業による「統計的差別」が原因であるとする。そして「男女の賃金格差解消への道筋——統計的差別の経済的不合理性の理論的・実証的根拠」（山口，2008b）を探るという文脈のなかでWLB論を展開する。山口はまず，「統計的差別」の理論を検討する。まず「統計的差別」について，その簡単な定義をみることにしよう。以下の文章は，山口・樋口（編）（2008）のなかで，樋口美雄によって簡潔に説明されている箇所からの引用である。

> 「女性というグループがあります。女性の中にも一つの企業に長く勤める人もいれば，すぐに辞める人もいる。しかし個々人が長く勤めるのか，すぐに辞めてしまうのかはなかなか判断しにくいし……コストがかかります。そこで……平均値に基づいて判断をし，それに基づいて，例えば採用

ですとか,あるいは人材活用ですとか,そういったものをしていきます。これが『統計的差別』です。統計的というのは,平均値に基づいてということを意味しています。……コストを節約するため,企業の合理性から考えて判断し,女性は早く辞めてしまうんだという前提にたって人材活用を考えたほうが,コスト・ベネフィットの計算上は得になる。」(山口・樋口(編),2008：211-213)

このような統計的差別理論はベッカーの「差別の経済学」によるものであり,本来,企業による女性（さらに黒人やヒスパニックなどのマイノリティを含む）に対する差別が経済合理的であることを説くものであった。この理論に対して山口はまず,統計的差別理論には四つの変種（フェルプスの理論,エイグナーとケインの理論,アローの理論,そしてコートとラウリーの理論）があって,それらの理論ではすでに統計的差別理論に内在するいくつかの「不合理性」,すなわち統計的差別が惹き起こす「不合理」な帰結が明確に論じられているという[14]。ここでいわれる「不合理性」とは,例えば,統計的差別理論は一般職女性のインセンティブと生産性向上意欲を失わせて「社会的に望ましくない均衡をもたらす」(コート,ラウリー)とか,「逆選択」つまり,企業は女性一人ひとりの資質について知らないが,被用者の女性は自分自身のことを知っているから高賃金だったら働く有能な女性が辞めてしまう（シュワップ）などである。さらに,山口はベッカーの「新家庭経済学」の援用である「予言の自己成就」(企業による離職するという予測に対して,女性は合理的判断で離職を選択するという。これは,ベッカーの離婚の予測のアナロジーである)についてもまた,統計的差別理論の不合理性との関連で論じる（山口,2008b：52-58)。

それでは,現実に,日本の企業はどのような統計的差別を行っているのか。ここでは,日本の企業の現実と,その「不合理性」が,WLB 政策との関連で論じられることになる。山口は離職のコストの算定には二つの要素があるとする。一つは「離職が起こる確率 P」,もう一つは「離職が起こったときのコスト C」である。したがって女性の離職の平均コストである「期待コスト」は要素の積 PC である。企業による「期待コストを下げる戦略としては,起こった

場合のリスク C を下げるという戦略と，リスク P を下げる戦略がある」（同上：57）。しかしわが国の企業は C を下げることばかり考えて，P を下げることにはほとんど目が向いていない。その結果，統計的差別を行う企業に対しては，「予言の自己成就」や「逆選択」が起きるという。ここから山口は，日本の企業の統計的差別を解消するためには「リスク減少策である企業の WLB 戦略が合理性をもつ」（同上：37）という。そしてすでに実証されているいくつかの統計的結果（中田，1997）に基づいて，「男女賃金差別」をもたらす日本の特殊性を以下のようにまとめ，そこからの脱却の道を提示する。

(1) 女性の結婚・育児による高い離職率──「統計的差別の原因」
(2) 「わが国の雇用は年功賃金制度や正規雇用の強い雇用保障」
(3) 「ワーク・ライフ・バランスへの取り組みの遅れ」
(4) 人事決定が，人事部・人事課の裁量にまかされている

したがってこれらの特殊状況を解決して「男女賃金格差」を解消するためには「企業の戦略」（山口，2008a：231）としての WLB 政策を推進し，同時に，労働市場の流動化と，人事決定を欧米型のように現場の部局で決定するという方策が提示される（同上：234）。

こうして，山口は「男女賃金格差」解消に向けて次のように説明する。

第一に，山口は，2005 年度の男女別，フルタイム・パートタイム別，正規・非正規別，年齢別の時間当たり賃金に基づいて「男女賃金格差」の要因分析を行う。そこで男女雇用形態の違いが約 31.3%，フルタイムで正規雇用者内での男女の賃金格差が約 55% であるとする。その一方，分析に際しては「正規・非正規の割合の男女差は男女の雇用機会の不平等によってうまれるが，フルタイマーとパートタイム就業の割合の男女差は，社会における仕事と家庭の両立度などにも影響されるものの，男女の選好の違いにより生まれると仮定」（山口，2008b：46）して，そこから，分析の対象を「フルタイム正規の女性労働者」に限定する。それに対してパートタイムという就業形態は男女の「選好」に解消される。現実をみれば，パートタイマーの約 7 割を女性が占めており，それは女性雇用者全体の 4 割超に当たる。さらにアルバイト・派遣・契約労働などを加えると，非正規労働は女性労働の半数を優に超えている。このよ

うな労働市場の現状に照らすならば，山口による正規女性労働者への分析対象の限定は，結局，男女間賃金格差解消の問題を企業の人事戦略に結びつけて論じるという方法と課題に制約されているといわざるをえないだろう。[15]

　第二に，山口の理論的特徴は，「統計的差別」の合理性（合理的差別）と不合理性（不合理的差別）を分けることである。そして，その「不合理性」，すなわち女性による「逆選択」や「予言の自己成就」などを解消することを目的とする。そして，それが日本の企業に特徴的な「統計的差別」を解消する道につながるという。そのような枠組みは山口の用いる分析方法に規定されている。しかし，当然ながら，不合理な要因が解消されれば，労働市場は経済合理性の場に転化する。つまり「合理的」差別は残るのである。例えば男女の「選好」に帰せられるパート労働を行う一人親の女性が，家庭内におけるケアと労働市場におけるパート労働の両立の狭間に置かれている状況は「合理的差別」として残り，その解決の道筋は，山口の理論における仮定の対象外となる。第一の論点にも関わるが，八代と同様に，家庭における無償労働やケア労働におけるジェンダー平等の視点がみられないために，労働市場においてパート労働を強いられる立場に置かれる女性に対する視点もまた欠落することになる。[16] 山口が課題として掲げる「男女共同参画」への道筋と，そこで用いられる分析の方法と理論との間には，依然として大きなギャップがあるといわざるをえないだろう。

2.3　少子化対策論

　日本における少子化対策は 1989 年の出生率が 1.57 となった，いわゆる「1.57 ショック」（1990 年）以降，本格化した。それはまず，女性が主として担っていた育児を，男女ともに担う制度として法制化することになった。その結果，わが国ではジェンダー平等政策は，雇用政策とともに少子化対策に規定されて，それとの関連で議論されることになったのである。[17]

　それでは，少子化対策と雇用政策はケアに関する家族政策を媒介としてどのように結びつけられたのだろうか。まず少子化対策との関連については，1980 年代半ば以降の女性の就業率と出生率の逆転現象の「世の中がひっくり返るほどの（'the world turned upside down'）」の衝撃が直接のきっかけであるといわれ

第 9 章　日本におけるワーク・ライフ・バランス政策

ている（Castle, 2003: 209; Lewis, 2009: 25）。すなわち，1960 年代以降，先進各国では女性の就業率が高まるにつれて出生率は低下した。事実，1960 年と 80 年との比較では，OECD 平均で出生率は 2.88 から 1.87 へ，しかもすべての国で低下した。ところが，1980 年半ば以降，西欧の一部の国と北欧では，女性の就業率の上昇と出生率の上昇が同時に生じたのである。

　ここから次のような政策的インプリケーションが導かれる。すなわち女性の就業率は少子化に直接結びつくわけではない。1980 年代半ば以降の西欧の一部の国と北欧では，女性の就業率の上昇に伴う家族政策の充実が，当該国における出生率上昇をもたらしたのではないか。したがって，女性の就業率上昇を支える保育サービスや育児休暇のようなケア政策が必要である。つまり，ここで少子化対策がケア政策に結びつく。このような政策の論理は，わが国においては，「1.57 ショック」直後の 1991 年に法制化された「育児休業法」（92 年施行）や「今後の子育て支援のための施策の基本的方向について」「緊急保育対策等 5 か年事業」（1994 年）の策定に結びつく。これはさらに人口問題審議会の各種報告書や内閣府男女共同参画会議「仕事と子育ての両立支援策に関する専門調査会」による「男女共同参画社会の実現に重要かつ緊急の課題」（2001 年）を経て，2002 年 1 月に発表された将来の合計特殊出生率 1.39 の予測を契機とした「少子化対策プラスワン」（2002 年），「少子化社会対策基本法」「次世代育成支援対策推進法」（2003 年）として法制化されていく。

　以上の一連の少子化対策の流れは，基本的には女性の労働市場進出に伴うケアに対する政策の充実という意味において，ジェンダー平等の方向性を示したものである。[18]しかし，男女間におけるケアの分担にとって重要な「パパ・クォータ」制が登場するのは 2010 年施行の「改正育児・介護休業法」における「パパ・ママ育休プラス」においてである。その道のりは，西欧各国の法制化に比べて大幅に遅れている。それと同時に，このような少子化対策はしだいに雇用政策と連携して WLB 政策の道具主義的性格を形作っていくことになる。

　既述のように，1995 年の日経連による『新時代の「日本的経営」』（日本経営者団体連盟，1995）における「雇用ポートフォリオ」戦略や，2001 年の「雇用

対策法」の労働流動化への労働政策の方向転換を背景として，雇用政策と少子化対策との政策的融合が進む。例えば，2003年に法制化された「次世代育成支援対策推進法」では，301人以上を雇用する事業主に対して一方で「職業生活と家庭生活の両立」と行動計画策定の義務づけおよび介護・育児休業法を上回る取り組みを促進するとともに，他方で所定外労働の削減，フレックスタイム制，多様な働き方の選択肢の拡大，在宅勤務の推進などの多様な労働条件の整備を促すことになった。これを萩原（2010）は「官民連携体制」と押さえたうえで，両者を結びつけたのは合計特殊出生率の反転と企業目標としての経営業績の向上としての「ふたつの『生産性』への効果」（萩原，2010：83）であると適切に述べている[19)]。こうして少子化対策の含意は，ジェンダー平等から雇用政策（ポートフォリオ戦略）へと転換していくのである。

3　女性の「選好」と少子化対策――ハキムの「選好理論」の検討

　これまでみてきたように，WLB政策は雇用主導の政策になっている。事実，少子化対策の一環として制定された「次世代育成支援対策推進法」（2003年）も「多様な働き方」と「多様な労働条件」に連携して進められることになった。またそれは，個人の「ニーズ」や「選好」の多様性を重視するといわれている[20)]。われわれは，ここに，1980年代以降の福祉国家の変容のもとで進展する，個人主義化とwelfare to workの思想を読み取ることができる。

　本節は，個人主義，市場主義を反映した少子化対策の理論としてハキムの「選好理論（Preference theory）」を検討する。ハキムの理論は「女性が何を望んでいるか」という女性の「選好」にターゲットを合わせて，それに応じた少子化対策を提起するものである。

　ハキムは後掲の表9-1のように，女性をそれぞれの選好に対応する三つのグループ（①家庭志向型，②適応型，③仕事志向型）に分ける。そして，2000年代当時のイギリス労働党政権のケア政策の対象が「仕事志向型」の少数派にもっぱら向けられているとして，「家庭志向型」の同じく少数派（専業主婦）にこそケア政策の焦点を合わせるべきであると主張する。

ハキムの理論は，イギリスを中心としてEUの中道右派の家族政策に大きな影響を与えているのであるが（例えば，Hakim et al., 2008），同時に，わが国の少子化をめぐる議論にも一定の影響を与えている。例えば，「保育所を整備すれば子どもは増えるのか」という問いのもとで「保育のマクドナルド化」を憂える池本（2003, 2008）も，企業主導型のWLB政策の問題点を指摘して公共政策として国・自治体が中心となって進めていくヨーロッパ型のWLB政策を支持する権丈（2008）も，ハキムの選好理論と共通の分析枠組みに基づいているといえるだろう。すなわち，両者ともに「社会規範としての女性の生き方ではなくて，女性自身が自分の人生をどう考えているのかに注目」（権丈，2008：172）するという視点と方法を主張する。池本と権丈は，それぞれ少子化政策に対する見解は異なってはいるが，ここで問題にしたいのは，女性の中立的「選好」やそれに伴う女性の自由な「選択」という概念や方法が孕む理論的・政策的問題点である。前節で検討した山口もまた，フルタイムかパートタイムかは個人の「選好」に基づくとして「統計的差別」解消による「男女同一労働・同一賃金」の議論からパートタイム労働の女性たちを排除していたが，山口の議論に対してもまた，ハキムと同様の問題点を指摘できる。

3.1 ハキムの「選好理論」と合理的選択理論

まずハキムの「選好」概念の理論的性格をみることにしよう。ハキムの論文 "Grateful slaves and self-made women: Fact and fantasy in women's work orientations"（Hakim, 1991）は，彼女の数多くの文献のなかで，のちに，*Work-Lifestyle Choices in the 21st Century*（Hakim, 2000）[21]のなかで最終的に確立する「選好理論」の基本的方法を提示している。ハキムはどのような問題意識をもって「選好（Preference）」概念を導入したのか，その理論的・政策的インプリケーションはどのように説明されているのか。以下，少し詳しく検討することにしよう。

ハキムの問題意識は，当初，労働市場に強固に存在する「分断化（segregation）」の理由を説明する「質的」に新しい理論を構築することにあった。彼女はイギリスの *British Social Attitude Survey* やアメリカの *National Survey* な

どに依拠しながら，なぜ女性は賃金や安全性，フリンジ・ベネフィットなどの労働条件が低い仕事に対して「不釣り合いなほど高い満足度を示している」のだろうかと問う。この「満足度」はのちに女性の仕事に対する「態度」と仕事への「関わりあい方」を規定するとされるのであるが，ハキムはこれを女性労働の「パラドックス」(Hakim, 1991: 101) とか，「不合理的満足」(*ibid.*: 103) と呼んでいる。こうして，ハキムは，労働市場分断化を「不正であり女性の意思に反している」(*ibid.*: 102) とするフェミニストの理論分析に対立することになる。

ハキムによれば，女性の仕事に対する満足度は，パート労働は正規労働よりも高く，家事労働はパート労働よりも高いという。そして，一部（当時の資料でいえば，女性労働の3分の1と推定されている）のキャリア志向型の女性以外は，低い仕事に満足しているとする (Hakim, 1991)。上述の Hakim (1991) の表題にある「居心地のよい奴隷（grateful slaves）」とは家事労働者のことであり，「自立した女性（self-made women）」とはキャリア志向の少数派の女性であるという。もちろん，ハキムの分析は1980年中葉の資料に基づいている。しかし，その後もハキムは一貫して，ここで確立した「選好」概念によって女性をグループ分けして，女性の労働に対する「態度」と「選択」，それに基づく「行動」の違いを労働市場分断化存続の説明の理論的根拠にしている。いわく，女性は仕事を「選択する自由があるが，男性は働くか否かについてまったく選択できない」(*ibid.*: 103) と。こうして，パラドックスを解く鍵は，女性の「選好」であり，それを規定する要因は第一に「仕事を他の生活の優先順位に合わせるという慣習的要因（conventional factor）」，第二に「仕事に関する夫の選好に従うことができるという慣習的要因」(*ibid.*: 107) であると述べている。

このような女性特有の「選好」を強調するハキムの理論に対しては，イギリス国内において，データの読み方を含めて，現実理解に対する「過ち」(Ginn et al., 1996)，新たなジェンダー「本質主義」という批判 (Crompton and Lyonette, 2005) がある。しかしハキムの理論の特徴は，労働市場分断化を性別役割分担イデオロギーによる構造的な強制によってではなく，むしろ，新古典派経済学による合理的選択理論によって説明する方向に向かっている。これは，ハキム

の個人主義的な方法に基づいている。ハキムによれば，労働市場の分断化は歴史的にも，また国によっても異なってはいるが，分断化の事実とその存続自体については，「いまや，女性自身の選好と選択の反映とみなすべきであって，ベッカーがいうように，雇用者は一定のタイムラグを伴って，彼らの考え方を修正しているのである」。また経済学における「合理的選択理論は（社会学による——引用者）選好や行動データから大きな利益を得るだろう」（Hakim, 1991: 115)，という。

こうして，ハキムの選好理論の基本的枠組みは方法論的個人主義に基づいている。必然的に，ハキムのいう女性労働の「パラドックス」（低い労働条件と高い満足度)，すなわち「不合理的満足」は「慣習的要因」による「選好理論」に基づけば，実は，結果として「合理的」な均衡に転化することになる。すなわち，最終的には「パレート最適」の状態になるということである。

3.2 女性の三つのグループ分け——政策的インプリケーション

ハキムは上述の「選好理論」に基づいて，仕事とライフ・スタイルについての女性の「選好」を表9-1のように「家庭志向型」「適応型」そして「仕事志向型」に分ける。ここで「適応型」の女性の労働はパート労働が大半である。したがって，この三つのグループは就業形態からすれば，「家庭志向型」「適応型」の非正規のパート労働と，「仕事志向型」の正規労働に分類されることになる。

さらにハキムは，「選好理論」が労働市場分断化論の研究に対してもつ含意について次のように述べる。「職業分断化の研究は，今後，フルタイム労働にのみ限定すべきであって，現実的な労働参加を伴わないパート労働は除外すべきである。また有償労働に対する（人的——引用者）投資の問題は所得の男女差別として研究されるべきである。同様に，所得格差の重要な理由としては，仕事の分断化に代えてコンパラブルワースの問題に再着目して研究されるべきである」（ibid.: 115)，と。つまり，所得格差研究においては，労働市場分断化論は捨てて，正規労働の男女間賃金格差にのみ注目すべきということになる。さらにハキムは，雇用者の労務管理はこのような労働の質的相違が女性の「選

表9-1 21世紀の女性の仕事とライフスタイルに関する選好の分類分け

家庭志向型	適応型	仕事志向型
女性の20% 10〜30%の間を変動	女性の60% 40〜80%の間を変動	女性の20% 10〜30%の間を変動
家族生活と子どもが人生を通じて高い優先度	このグループは最も多様であり，仕事と家庭の両立を望む女性，両者を揺れ動く女性，確たるキャリアをもっていない女性を含む	子どもがいない女性はここに集中する 人生の主要な優先度は雇用，あるいは雇用に代わる政治，スポーツ，芸術などの諸活動
仕事を望まない	働きたいが，完全にキャリア形成に参加するわけではない	仕事あるいはそれに代わる諸活動への参加
知的才能として獲得された能力	仕事の目的によって獲得された能力	雇用あるいは他の諸活動の質を高めるための大きな投資
子どもの数は政府の社会政策，家族の豊かさなどによって影響を受ける 雇用政策には反応しない	このグループは政府の社会政策・雇用政策・機会均等政策とその宣伝，景気動向，不況などに影響を受けやすい 例えば，所得税と社会福祉手当，教育政策，学校の行事予定，育児サービス，労働する女性に対する公的な支援，女性雇用を促進する法的支援，労働する女性に対する組合の支援，パートタイム労働と労働のフレキシビリティの利用可能性，経済成長と豊かさと制度的要因全般	経済機会，政治機会，芸術上の機会などに影響を受けやすい 社会政策，家族政策には影響を受けない

(出典) Hakim, 2000: 158.

好」に基づくことを十分に認識すべきだ，という。前項で述べたように，このハキムの主張は，わが国における男女雇用機会均等政策を女性正規労働者に限定して論じる議論（山口，2008a，2008b）と方法上の共通性をもっている。

こうして，ハキムは，社会政策とりわけ少子化対策は「家庭志向型」の女性に焦点を当てるべきだとする。現実にハキムは，イギリスにおける中道右派のシンクタンクの報告書（Hakim et al., 2008）のなかで，政府が勤労者向けの育児休暇やケアサービスを充実させることに疑問を提起して，むしろ「家庭志向型」の女性への補助金である「両親在宅育児手当」を充実させることを主張する。

このような主張は2008年に保守党のジョージ・オズボーン（George Osborne；2015年現在，大蔵大臣）が労働党の育児サービスに対して，それを「働く母親のためのものであって，国家によって運営される保育所」と批判して，伝統的家族への回帰を主張したことと共通の立場に立っている（Lewis, 2008: 500）。事実，オズボーンは2010年5月に保守党と自由民主党の連立内閣が成立してのちに，大蔵大臣に就任して，そこで最初にとりかかった諸政策に「チャイルド・トラスト・ファンド」の廃止構想が含まれていたことは象徴的である。

このハキムによる報告書では，女性の「選択」の自由，家族の「選択」の自由が中軸をなしている。その基礎には，「発達した欧米の産業化社会では女性の生活はほとんど男性と同じように独立（self-made）している」（Hakim, 1991: 114）という前提と，女性の行動は「社会構造や家族による強制」に規定されているというよりも「自己決定を行うアクター」であるという前提がある（ibid.）。

4　ワーク・ライフ・バランスの論理

以上にみられるように，ハキムは社会政策や雇用政策などの公共政策を重視しながらも，その基本的枠組みを方法論的個人主義に求める。女性は労働に対する「態度」や「選好」に応じて，労働に対する「関わり方」や「行動」を「自己決定」し「選択」する，という論理はきわめて主観的である。

ルイス（Lewis, 2003b, 2008, 2009）もまた，ハキムが女性の労働に対する「態度」を直接に「行動」に帰結させる論理を，社会構造的要因を無視していると批判している。さらに，現実の保育の諸条件（どのような育児が利用できるのか，両親はどのような費用を払えるのか，政府はどのような政策オプションを提供できるのか）との妥協のもとでの「両親の選択」を，ハキムが「現実的選択（real choice）」（Hakim et al., 2008: 6）と呼んでいることを政治的レトリックに過ぎないという。ルイスがいうように，本来の意味での「真の選択（real and genuine choice）」とは，公正で適正な賃金，安全な労働，寛容な家族政策が整った状態のもとで可能なのであって，単なる現実的な妥協ではない（Lewis, 2008: 501）。

ハキムはさらに，パート労働を，基本的に家庭に優先順位を置くという女性の「選好」に結びつけている。しかし，このような理解に対しては，シングル・マザーの置かれた現実を対置することによって，ハキムの理論と現実との矛盾を明らかにすることができる。例えば日本を取り上げてみよう。『平成23年度全国母子世帯調査』によれば，一人親の女性の就業率は 80.6％[22]（一般女性の就業率は 48.2％）である。その一方，年間平均収入は 223 万円（うち就業収入は 181 万円），全世帯平均 548.2 万円の約 46％である。さらに『平成25年度国民生活基礎調査』によれば，日本の母子世帯とその子どもの貧困率は 54.6％（全世帯では 16.3％）となっている。一人親の女性たちは稼ぎ主として市場で働き（家庭責任のために，しばしば不熟練のパート労働である。2011年時点で母子世帯の母親の 48.2％ がパート，アルバイトである），家庭ではケア労働の担い手である。一人親の女性たちは労働市場における低賃金と，子どもと過ごす時間の不足状態に陥っている。彼女らは果たしてハキムの「選好理論」では「仕事志向型」なのか，それとも「適応型」で両立型なのか。ここでもまた，自由な「選択」に際して，ケアの責任がある人々は，「細工がほどこされたサイコロ」(Hobson, 2007: 1) しか使用できないのである。

日本においても，前述のように権丈は「女性のライフコースに関する選好」（権丈, 2008 : 173) に基づいて，女性を「家庭志向」「双方志向」「仕事志向」と分けて，比率的に大きい「双方志向」の女性たちに WLB 政策を行うよう主張するのであるが，その見解に対しては，前述のように，ハキムに対するのと同様の方法論的個人主義の問題点を指摘することができるであろう。

以下，WLB 政策の論理について，まとめることにしよう。

第一に，WLB，すなわち「仕事と家庭生活の調和」はわれわれにとって普遍的な問題である。なぜなら職場における労働条件は，その裏側における私的生活の豊かさを規定するからである。そのような意味で，WLB 政策は「時間政策」でもある（竹中, 2001 : Mückenberger, 2006)。けれども，これまでの考察で明らかになったように，WLB の論理は実際には，1980 年代以降，福祉国家の変容，「福祉の契約主義」(White, 2003) 化のなかで生じている。そこでは，ケアの責任がある人もそうでない人も，平等で自立的な個人として現れる。そ

のような意味において，WLB を真に実現するためには，家庭における育児や介護の無償のケア労働の社会的意味を明らかにするというジェンダー平等の視点が不可欠である。これまでみてきたように，わが国の WLB をめぐる政策や議論はもっぱら雇用政策として進められており，そのような視点が稀薄である。

第二に，WLB 議論のもう一つの柱として位置づけられている少子化論も，女性の「選好」に基づく政策という方向性がとられている。そこでは，ハキムの「選好理論」にみられるように，女性のライフサイクルに関する「態度」に基づく「選好」の三分類（「家庭志向型」「適応型」「仕事志向型」）の理論的・政策的意味を考える必要があるだろう。「選好」理論はその背後にある構造的強制を捨象することになる。そのような理論に基づいた政策は，例えば，パート労働に集中する女性の「行動」の社会的意味を説明できない。それは，個人主義的で道具主義的な少子化対策とそれに基づく WLB 政策の限界である。

注
1) 「ワーク・ライフ・バランス推進官民トップ会議」座長の樋口美雄・慶應義塾大学教授は，委員の高木剛・連合会長と御手洗富士夫・経団連会長とともに，福田総理に憲章と行動指針を提出した。
2) 「福祉の契約主義」については，本書第 8 章を参照。
3) 1995 年に公表された，日経連『新時代の「日本的経営」』（日本経営者団体連盟，1995）は，80 年代後半からの労働市場の規制緩和の現状を総括し，雇用・賃金改革の具体的指針を提起した。その中核である「雇用のポートフォリオ」という戦略は，労働者を「長期蓄積能力活用型グループ」「高度専門能力活用型グループ」「雇用柔軟型グループ」の三つのグループに分類して，その組み合わせをいかに効率よく利用するかが，個別企業の経営戦略にとって重要であるとした。2012 年 12 月に誕生した第二次安倍政権もまた，労働市場の規制緩和を推進している。内閣府規制改革会議の雇用ワーキング・グループは労働の非正規化が進んでいる現状を追認する形で，さらなる流動化の指針を 2013 年 5 月 29 日に発表した。報告書の三つの柱は，①正社員改革，②民間人材ビジネスの規制改革，③セーフティネット，職業教育訓練の整備・強化である。具体的には，ⓐジョブ型正社員の雇用ルールの整備，ⓑ有料職業紹介事業の規制改革，ⓒ労働者派遣制度の合理化である。
4) 2014 年 4 月 1 日施行の，「改正育児・介護休業法」では，育児休業取得の最初の 180 日までは従前所得の 67％（従来の給付率は 50％），181 日以降，子どもが 1 歳に

第 III 部　福祉国家の変容と家族政策の主流化

なるまで給付率 50％，母親とともに父親も休業する場合（「パパ・ママ育休プラス制度」利用時）は，子どもが 1 歳 2 ヵ月に達する日までの育児休業に対して支給されることになった。育児休業手当は雇用保険から支払われるが，この規定は，従来に比較してかなり大幅な前進である。67％ の所得代替率の規定は，2007 年 1 月 1 日より「親手当」を導入したドイツの事例に倣っていると考えられる。ただし，ドイツでは両親がともに育休をとる場合には，二人で 14 ヵ月（一人親は一人で 14 ヵ月）であり，財源はすべて税である。

5) 第 1 子出産前の女性の継続就業率は，1985 年の「男女雇用機会均等法」成立（86 年施行）以降，39.0％（1985～89 年），39.3％（90～94 年），38.1％（95～99 年），39.8％（2000～04 年），38.0％（2005～09 年）とほとんど変化がみられない。なお，女性の出産前就業率は同期間において，61.4％ から 70.7％ に伸びている（国立社会保障・人口問題研究所「第 14 回出生動向基本調査（夫婦調査）」）。

6) 『日本経済新聞』2014 年 6 月 23 日付。この数値にみられるように，育児休業取得率，WLB の達成度は，それが企業の自主努力に任される限りは景気動向や職場環境に大きく左右されることになる。

7) ハキムの著書，*Work-Lifestyle Choices in the 21st Century*（Hakim, 2000）において展開された「選好理論」と選択の自由論は，イギリス国内において，フェミニストによる論争を引き起こした。また，本書の序文は，ギデンズによって執筆されている。ギデンズはそこで，「後期近代社会における起動力（driving force）は，個人主義である。そこでは男性も女性も自らの価値とライフ・スタイルを選択する自由を獲得するだけではなく，そのような選択を行う義務を負う。なぜなら，もはや，普遍的な確実性や善い生活の固定したモデルがあるわけでないから」（Hakim, 2000, Preface by Anthony Giddens）と述べている。ハキムは，わが国において 2007 年 5 月に開催されたシンポジウム（コーディネーター，山口一男）「少子化とワークライフ・ファミリーバランス――世界と日本」において招待講演を行っている。

8) ワーク・ファミリー・フレンドリーから WLB 政策という文言への転換は，新自由主義を軸とする小泉構造改革が本格化する 2003 年頃である。

9) 両者をわかりやすく解説したものとして，田代・萩原・金澤（編）(2006) の第 13 章の 247 頁と石畑・牧野（編著）(2009) の「V-7」の 119 頁（両者ともに村上英吾執筆部分）を参照。

10) 佐藤は「人事戦略としてのワーク・ライフ・バランス支援」を説く（佐藤, 2008；佐藤（編著）2004；佐藤（編集代表），2010；佐藤・武石（編），2008）。佐藤は WLB 政策に対する投資のコスト・ベネフィットについて，「コストを要する WLB 支援もありますが，WLB 支援の多くは，コストを要するのではなく，WLB 支援を行うことで社員の仕事への意欲や生産性が高まることが少なくなく，経営に貢献するものです」（佐藤（編集代表），2010：5）と述べている。

11) 『2013年度就業構造基本調査』によれば，非正規社員比率は過去最高の38.2％。20年前の調査と比べると非正規の比率は16.5ポイント上昇した。なかでも女性の非正規化率は57.5％と半数を大幅に超えている。正社員だった人が転職のときに非正規になる流れも強まっている。2008年から12年の5年間に転職した人のうち，転職前に正社員だった人のうち40.3％が非正規になった。この数値は2007年の前回調査と比べて3.7ポイントの上昇である。また非正規社員が正社員になるケースは24.2％にとどまっている（総務省，2013；『日本経済新聞』2013年7月13日付）。

12) 八代の規制緩和論批判として，竹田（2008）を参照。

13) 厚生労働省『平成23年度賃金構造基本統計調査』（2012年）によれば，日本における男女間賃金格差は男性100に対して，女性は70.6（2011年）となっている。他の国々をみると，スェーデン86.0（2011年），フランス82.5（2007年），ドイツ82.2（2010年），アメリカ81.2（2010年），イギリス80.1（2010年），韓国68.4（2010年）である。

14) 四つの統計的差別理論の詳しい内容については，山口（2008b）を参照。

15) もちろん，山口の理論が「家族の経済学」の方法的枠組みに規定されていることは，明らかである。

16) 本田（2010）は，自律した個人の自由な「選択」というレトリックで語られる主婦のパート労働の実例を描き出している。そこには，低賃金のために二つ以上の仕事を掛け持ちするマルチ・ジョブホルダーや，パート労働者のサービス残業，非正規であるがゆえに公立保育所を拒否されるパート主婦の置かれた状況が描かれている。

17) 萩原（2010）は，1991年の育児・介護休業法における男女機会均等の影響について述べている。

18) このような法制化が実現する背景として，国連の93 SNAのサテライト勘定による無償労働の策定や，1995年の国連「北京世界女性会議」におけるジェンダー主流化の採択，さらに，国際フェミニスト経済学会（IAFFE）による「ケア労働」とジェンダー平等に関する研究の進展（Himmelweit, 1995=1996；久場，1996, 2002；久場（編著），2002；竹中，2001）があったことを明記すべきであろう。

19) ただし，この時期の政策について萩原（2010）は「ジェンダー非対称なアプローチ」と呼んでいる。すなわち，「女性はその家族活動を起点に，男性はその職業生活を起点に，職業生活と家族生活との相互連関を読み解いていくジェンダー非対称なアプローチがとられたのである」（萩原，2010：84），という。

20) この個人主義化は1980年代以降の福祉国家の「縮減」過程，すなわち，「福祉の契約主義」（White, 2003）の流れに対応している。そのことについては，原（2008, 2009a, 2009b, 本書第4章，第10章に所録）を参照されたい。

21) 本書に対するギデンズの序文については，本章の注7）を参照。

22) わが国におけるシングル・マザーの就業率は，戦後一貫して80％から90％の高

い数値を示している。これは国際的にみても極立った特徴である。

第 10 章 ｜ ワーク・ライフ・バランスの射程
——時間政策とジェンダー平等

1 福祉国家の変容とワーク・ライフ・バランス政策

　「福祉国家の哲学」は本来，高度に不平等な社会の文脈のなかで資本と労働の対立を調整することによって，社会的秩序を維持する手段となっていた。けれども 1980 年代以降の福祉国家の「縮減」過程とそこで進展する市場主義化，個人主義化のもとで，今や「第二の重要な調停」（Lewis, 2006b: 5）が従来は私的領域の「プライバシー」の問題とされた家族とそのジェンダー関係に向けられるようになった。その結果，家族政策は「傍流」から「主流」になった。

　すなわち，一方では，家族が「男性稼ぎ主モデル（male breadwinner model）」から「成人稼ぎ主モデル（adult worker model）」（Lewis and Giullari, 2005）に移行しつつある。他方で労働のフレキシビリティによって労働市場における非正規化と家族における「社会的ケアの不足」[1]が生じている。ポスト工業社会における新たな「社会的リスク」[2]（Taylor-Gooby (ed.), 2004）と呼ばれる現象は，実は，福祉国家における公私二分法がジェンダー不平等を内在化させていたことを明らかにした。本書第 4 章で考察したように「経済的シチズンシップ」という概念の登場は，そのような文脈に位置づけられる。

　1990 年代以降，各国で提唱されるようになった「ワーク・ライフ・バランス」（以下，WLB と略記）政策は本来，雇用，ケア，福祉を総合する政策である[3]。しかし EU 雇用戦略の展開においてみられるように，当初，ジェンダー平等の視点と結びついていた「ワーク・ファミリー・バランス」（以下，WFB と略記）

政策は，雇用戦略のなかで，しだいに WLB 政策と言い換えられるようになった。その結果，両者の間には，政策目的，手段，対象にズレが生じている[4]。そこで求められるのは，社会的ケアの「概念化」（Lewis and Campbell, 2007: 13）であるが，現実の政策においては，WLB 政策は雇用政策と少子化対策という二つの柱のもとで道具主義的に変容している。

　本章では，WLB のもつ理論的射程を，時間政策とジェンダー平等という観点から考察する。まず第2節では WLB の歴史的意義について検討する。トムスンとコリンズは，18世紀から19世紀にかけての賃労働の成立そのもののなかに，仕事と生活の分離，労働の柔軟性の欠如をみる。それは，WLB を歴史的にみる視点であり，福祉国家の発展の道筋を考えるうえで示唆的である。第3節では，WLB 政策が最も早く登場した EU における展開過程を考察する。EU ではさらにこの過程が，welfare to work という就労促進的で「積極的 (positive)」福祉国家（Giddens, 1998=1999）における「福祉の契約主義」化とともに進展したことについて検討する[5]。最後に第4節では，WLB 政策における「仕事と家庭生活の調和」という，本来，われわれにとって「普遍的」で永続的問題（浅倉，2006）とジェンダー平等との関連を，時間政策という観点から取り上げる。コリンズ（Collins, 2003=2008）は，労働法の観点から，労働者が労働に対する決定権を取り戻す可能性を，WLB のなかにみているのであるが，この論理は，WLB の歴史的意義を現代の家族政策（育児休暇や出産休暇などの「休暇」をとる「権利」や，「柔軟な働き方」を決定する「権利」）において実現することを意味しており，WLB が WFB なくしては実現しえないことと，ジェンダー平等視点のもつ普遍的性格を表すものである。

2 「労働規律」の形成による仕事と生活の分離
──ワーク・ライフ・バランスの歴史的意味

　本節では，18世紀から19世紀にかけてのイギリスにおける賃労働の成立そのもののなかに，仕事と生活の分離，労働の柔軟性の欠如をみるトムスンとコリンズの見解を考察する。

第10章　ワーク・ライフ・バランスの射程

　トムスンは，18世紀から19世紀のイギリスにおける労働規律（work-discipline）の形成について，次のように述べている。18世紀の農村社会では，時間は「仕事に方向づけられていた」。そこでは「労働と生活の境目は曖昧であり」，「時間で区切られた」労働よりも，「人間的で包括的な労働」（Thompson, 1991: 358）が行われていた。だが工場制度の確立とともに「19世紀を通じて，時間の節約（time-thrift）のプロパガンダが労働者に向けられ続ける」（ibid.: 395）。こうして，資本主義的な「労働の規律」が形作られた，という。この過程は，同時に，社会生活が公私の領域に二分化されることを意味している[6]。

　イギリスの労働法学者コリンズもまた，『イギリス雇用法（*Employment Law*）[7]』（Collins, 2003=2008）のなかで，「仕事と生活の調和」という問題を，資本主義社会における賃労働という形態が孕む根本問題であるという。すなわち，資本主義の成立期，「1812年にダニエル・バートンの自動織機工場でラッダイトに向けられた銃声」（ibid.: 訳76）のなかに，「労働の社会的分業の到来」をみる。「邪悪な工場」に向けられたラッダイト（Luddite, 19世紀初頭の熟練職工の秘密組織を指す呼び名）[8]の怒りは，仕事を奪った機械に向けられただけではなくて，「仕事のリズムと場所を決定する自律性を失ったことや，工場所有者らの新たな権力構造への抵抗感から引き起こされたものだった」（ibid.: 訳77）。「労働時間には家事や社交，休憩などを挟むことが出来なくなった。こうして工場の労働時間からは柔軟性が失われた」（ibid.）。それ以来，われわれにとって，「仕事と生活の調和」は最重要な課題であり続ける，と。

　後述するように，コリンズは，ここから現代のWLB政策のなかに，労働者が自らの手に労働の「自律性」を取り戻し，「雇用法の法的構造を転換する潜在的効果」（Collins, 2005: 124）をみる。そして，労働の「柔軟性の権利（right of flexibility）」（ibid.: 99）という新たな概念を提起する。けれどもこの概念は，コリンズによれば，パート労働や有期労働のような「フレキシビリティ」労働の概念とは異なり，それをはるかに超えたものである。具体的には，労働者が，労働の「柔軟性の権利」を手にする「最初の一歩」（Collins, 2003=2008: 訳92）として，「有給の出産休暇」「育児休暇」さらに「職場復帰する権利」などがあ

231

げられる。これらは後に述べるように,「時間政策 (time politics)」に関わる労働者の「権利」とみなされている。このような見解は,WLB を歴史的にみる視点であり,福祉国家の発展の道筋を考えるうえで示唆的である。

3　EU におけるジェンダー平等とワーク・ライフ・バランス

　WFB 政策は,本来,仕事と家族生活に二分化された時間を,いかにして調和させるのかという問題である。エヴァリンハムはそれを,時計「時間」で測られる公的領域と,自由な「生きられた時間」への二分化と言い換えた。この時間の調整,時間政策は,ジェンダー平等の性格をもっている。なぜなら,性別役割分担のもとでは,私的領域である家族における無償のケアの担い手が主として女性の役割とみなされるからである。本節では,EU の政策展開を手がかりに,当初,ジェンダー平等政策として提起されていた WFB 政策が,EU 雇用戦略のなかで,しだいに WLB 政策と言い換えられていく過程をみることにしよう。それは,前述のように,「福祉の契約主義」化を背景とするものであるが,それに加えて,マリア・ストラティガキ (Maria Strategaki) がいうように,ジェンダー平等政策の位置づけは,現実には,「取り込み (cooptation)」と「開放的調整政策 (open method coordination)」という政策手法によって大きな影響を受けているからである (Strategaki, 2004: 44)。まずこの点からみていくことにしよう。

3.1　「ジェンダー平等政策」「取り込み」「開放的調整政策」

　ジェンダー平等が,EU において法的にも政策的にも,最も発展した分野の一つであることは明らかである (宮崎,2005：15)。けれども,ストラティガキが述べるように,EU 統一は「アイデンティティを形作るプロジェクト」と「経済的・政治的・社会的変化を共同的かつ実践的方法で育む」という「二つの相互に絡みあったプロジェクト」からなっている。したがって,ジェンダー平等は,一方では「理念」として「発展」しながらも,他方では,政治的・政策的にジェンダー平等を「取り込む」という政策のために,一連の政策パッケ

ージの「枠組み」のなかで理念を「変質」させることがあるという（Strategaki, 2004: 31）。

それに加えて，2000年にEUのリスボン・サミットで明示的に導入されたEC（European Council）の「開放的調整政策」という新しい手法によって，指令はターゲットを設定するだけの"soft law"であり，各国はそれぞれ独自の政策手段をとることができるために，「社会的統合の目標は，調和（harmonization）から収斂（convergence）へと変化している」（ibid.: 33）といわれている。したがって，ターゲットに向けての政策手段はオープンなので，加盟各国による異なるアプローチが，ジェンダー平等の理念の「変質」をもたらすという（Rubery, 2002）。ここに，EU共通の政策達成の難しさがある。

EUでは，ローマ条約第119条（現第141条）において「男女同一賃金原則」が規定されて以来，数々の行動計画によって男女間の雇用平等が強調されてきた。そのなかで，最初に「仕事と家庭生活」の調和への言及がみられるのは，1974年の「社会行動計画」においてである。だがそれは「家庭責任を有する女性の就業を可能にするための一手段」（宮崎，2005：24）という認識にとどまっていて，具体的施策については「曖昧」（Strategaki, 2004: 42）なままであった，といわれている。その後，1980年代には，福祉国家の「縮減」過程を背景として，ジェンダー平等についての法的展開はみられない。親休暇指令の立法化が望まれていたが，「イギリスの猛烈な反対」（宮崎，2005：24）で頓挫することになる。一方，加盟各国の間にも，国家が家族という私的領域に関与することへの「警戒」（同上）があった，といわれている。ルイス（Lewis, 2003b）は，イギリス保守党時代の家族政策に対して，一方では労働するか育児をするかの決定は女性に任せるという「リバタリアン」の立場，他方では母親が雇用を求めることに対して疑念を示す「権威主義」の立場と呼んでいるが（ibid.: 222），そのような思考は，1980年代のEU全体の支配的潮流をなしていたと思われる。

だが，その後，1989年の「労働者憲章」と90年の「第三次男女雇用機会均等計画」のなかに，労働と家族責任の「調和」が再度取り上げられることになる。それ以来，WFB政策はEUの家族政策の主流になっていく。1992年には「育児に関する勧告」，96年には「親休暇および家族的理由による休暇に関す

る指令」(「親休暇指令」),さらに 2001 年には「パートタイム労働指令」が採択されることによって WFB の法的枠組みが整う。[10] ジェンダー平等の視点から,とくに注目されるのは,第一に,「親休暇指令」のなかで育児休暇が「譲渡できない権利」と規定されており,休暇は家族単位ではなく男女各労働者に与えられるべきであるとされていること,第二に,「育児に関する勧告」のなかで男女間の平等な育児の達成を目的として,男性の育児参加促進措置についての言及がみられることである (宮崎,2005:25)。

他方,2001 年の「パートタイム労働指令」における「柔軟な働き方」の概念は曖昧で多義的である。一方における,労働者が仕事と家庭を両立するために必要な「柔軟な働き方」と,他方における,グローバルな市場が要求する「柔軟な働き方」の区別は曖昧なままである。前者は,コリンズ (Collins, 2003=2008) がいう,「有給の出産休暇」「育児休暇」「職場復帰する権利」などの「労働の柔軟性」の決定権を労働者が手にするという視点を含意するものであるが,後者は,むしろ WFB 政策における,仕事と家庭を両立させるという考え方から,WLB 政策における,自律的個人による多様な働き方を「選択」するという考え方への質的転換をもたらすことになる。

3.2 EU 雇用戦略——ワーク・ファミリー・バランス政策からワーク・ライフ・バランス政策への転換

(1) EU 雇用戦略における WFB 政策

1997 年のアムステルダム条約によって,EU はフレキシブルな雇用戦略を重点課題として取り上げることになる。その後,同年に開催された EU のルクセンブルク・サミットでは,雇用戦略の四つのガイドラインとして,労働者の「雇用される能力 (employability)」「適応性 (adaptability)」「企業家精神 (entrepreneurship)」そして「ジェンダー平等 (gender equality)」があげられることになった。これを受けて,1999 年には,「ジェンダー主流化」の指針が導入されて,すべての政策にジェンダー平等の観点が導入される (Rubery, 2002; Rubery et al., 2003)。[11] だが同時に,この枠組みによって,WFB 政策に対して「雇用主導の政策」という性格が付与されることになった。

また，2000年のEUのリスボン・サミットでは，雇用率の具体的数値目標が定められる。すなわち2010年までに，女性の雇用率は60％，全体の雇用率は70％という目標である。それと同時に，女性の労働力率を高めるための保育政策の一層の拡充が提案される。さらに，2000年と01年には，フランスおよびスウェーデンとベルギーが議長国のときに，女性の政治参加率の上昇とWFB政策が目標として掲げられる。これを受けて，2002年のバルセロナ会議では保育施設の具体的目標として，3歳以下の充足率は33％，3歳以上から就学前までの充足率は90％が設定される。これら一連の数値の設定は，一方で，ジェンダー平等達成への具体的道筋を描いたという点では評価できるのだが，他方，ジェンダー平等という政策目標に対して政策手段がしだいに「道具主義」化していく過程でもあった（Rubery, 2002; Rubery et al., 2003）。

(2)　社会的投資アプローチ——WFB政策からWLB政策へ

　以上にみられるように，WFB政策は，EU雇用戦略の枠組みのなかで，女性雇用率の上昇と保育政策の推進という二つの柱から成り立つことになる。「女性雇用率」の上昇という目標自体は，1970年代後半以降からの女性の雇用率の上昇傾向によって，その正当性を与えられている。だが，ここにはいくつかの論理が絡みあっている。それは次のように整理できる。

　第一に，このWFB政策が，子どもの貧困克服のための「社会的包摂」というEU戦略に連携することである。そこでは，子どもへの保育サービスや所得控除は「ケア」に対してというよりも，むしろ「子どもによりよい人生のスタートを与えるための初期教育」に対する「社会的投資」（Lewis, 2003b: 219）と考えられている。社会的投資アプローチは人的資本理論に基づくものであるとともに，投資に対する相応の「見返り」を要求することになる。ここには，子どものケアや，無償のケア労働が果たす社会的意味についての「概念化」がみられない。われわれはここに，「有償労働を要求する契約主義的政策」（White, 2003）と社会的投資アプローチとの関連をみることができる。それは，ケア労働のような社会的貢献に対して不当な取り扱いになる。

　第二は，子どもの貧困克服と，シングル・マザーの就労促進政策が連携することである。つまり，子どもの貧困の多くが母子世帯に集中しているというこ

表 10-1　労働者の立場からの WLB 政策と WFB 政策の区別

	WLB 政策	WFB 政策
目　的	所得をもたらさない活動（家事労働・ケア・余暇）に対して時間とエネルギーを費やすこと	扶養家族，とくに子どもに対するケアを容易にすること
資　格	すべての雇用労働者	家族責任やケア責任をもっている人たち
機　会	雇用主と雇用労働者間の協定による	出産，子どもの年齢および病気や障がいのある親族との関係による
内　容	主に労働時間に関する雇用慣行	ケアに対する時間，金銭，サービスに関する政策

（出典）　Lewis and Campbell, 2008: 530.

とから，所得を増大して子どもの貧困を克服するために，女性の雇用率上昇の目標が，シングル・マザーに向けられるということである（Rubery et al., 2001; Lewis, 2003b）。

　第三は，このような女性の就労促進政策と保育政策が，就労と福祉を結びつける，welfare to work 政策の論理に基づいていることである。ここでは，貧困で子どものいるシングル・マザーを就労させるということが直接の目標となる。そして，2000 年以降，WFB 政策のなかに，「労働のフレキシビリティ」「多様な働き方」が積極的に導入されることによって，女性による雇用と就労の「選択」の問題は，しだいに「両親による選択」という「中立的用語」に変化していく。こうして，WFB 政策は WLB 政策という用語に変化していくのである。

　表 10-1 にみられるように，WLB 政策における「ライフ」とは「所得をもたらさない活動」を指す。そこには，無償のケア労働のほかに，趣味や「自己啓発」などの余暇が含まれている。けれどもルイスとキャンベルがいうように，ケアの責任を担っている人たちは，果たして，このような「ライフ」をもつことができるだろうか（Lewis and Campbell, 2008: 534）。女性はケアのために「休暇」をとり，男性は「自己啓発」のために「休暇」をとることになりはしないだろうか。本来，WFB 政策に含意されていたジェンダー平等の達成のためには，「労働時間に関する雇用慣行」に頼るだけでは限界があるだろう。なぜな

ら,労働契約には,市場経済で前提されている「対称的な交渉力」は存在しないからである[12]。ジェンダー平等にとって重要なのは,このように不完全な制度(ここでは労働契約)には公的な介入によって,「育児休暇」をとる権利を法的に保障することである。

3.3 「福祉の契約主義」とワーク・ライフ・バランス政策

以上の検討で明らかなように,WFB政策におけるジェンダー平等の視点は,しだいに雇用政策に取り込まれるとともに,WLB政策と言い換えられるようになった。その理念は「多様な働き方」に対する「選択」の自由である。これは,本書でこれまで検討してきたように「福祉の契約主義」(White, 2003; Lewis, 2003a) という考え方に基づいている[13]。ここでは,「福祉の契約主義」の概念を改めて確認した後に,WLB政策との関連についてみることにしよう。

「福祉の契約主義」を明確に述べているのは,1998年のイギリス・ニューレイバーの『緑書(*New Ambitions for Our Country*)』(Department of Social Security, 1998) の次の文言である。「現代福祉国家の核心には,責任と権利に基づく,市民と政府の間の新しい契約が存在することになるだろう」(*ibid.*: 80; White, 2003: 12)。この契約に従えば,国家は契約に基づいて福祉の給付を行うが,それは責任ある行動という「準契約的な見返り (quasi-contractual return)」を要求する。つまり,「福祉の契約主義」とは,福祉国家における従来の「社会契約」,すなわち国家と市民としての個人との「集合的合意」ではなくて,「国家と市民的個人の間,あるいは国家の保護下にある個人同士の契約」(Gerhard et al., 2002: 115) を意味することになる。これは,1980年代以降の福祉国家の変容における,個人主義化と市場主義化を反映した概念である。

それでは,この契約主義化は,WLB政策における雇用主導の政策をどのように特徴づけるのか。以下のように,三つに整理できるだろう。

第一は,『緑書』でいわれる「責任と権利に基づく,市民と政府の間の新しい契約」における責任とは,労働する義務と責任であり,それへの見返りとして国家による福祉を受ける権利が与えられることになる[14]。これは,1990年代後半から登場する「第三の道」における社会的包摂論[15],すなわち労働すること

によって社会的に包摂されるという「ワークフェア（welfare to work）」と呼ばれる政策に対応する。そこでは「社会において，典型的には無償で行われているケア労働のような形の社会的貢献に対しては，……不当な」（Lewis, 2003a: 5）取り扱いとなるとともに，WLB 政策におけるケアの視点と「概念化」の欠如をもたらす。

第二は，「福祉の契約主義」のもとでは，WLB 政策が，政府主導による「成人稼ぎ主モデル」の推進と同時に進められることである。そこでは，男性と女性とは同一の自律的個人として取り扱われることになる。かくして，家族における，家族メンバーをケアするという「私的義務はもはや，シチズンシップにとっての障害とはみなされない。平等な権利は男性に対しても女性に対しても，雇用への参加をとおして達成されることになる」（Gerhard et al., 2002: 114）。しかし政府主導における「個人主義化」は，労働市場と家族における性別役割分業のもとで推進されている。ここでは，新自由主義のもとにおける「成人稼ぎ主モデル」と「男性稼ぎ主モデル」が併存している。現実には，女性たちは，二つのモデルの間で，家庭におけるケアと労働との二重の負担に直面している[16]。したがって，WLB 政策もケアの視点が伴わなければ，女性の「脱家族化」も「脱商品化」（Esping-Andersen, 1990=2001, 1999=2000）も起こりえないであろう。

第三は，WLB 政策が社会的投資アプローチによって推進されていることである。ルイスは，イギリスの文脈において，ニューレイバーによる子どもへの投資，すなわち「子どもによりよい人生のスタートを与えるための初期教育投資」が，同時に，子どもの貧困克服のための，一人親の女性に対する就労促進策と同時に進んでいることを指摘している。すなわち，社会的投資アプローチは「有償労働を要求する契約主義的」政策志向に貫かれており，そこにはケアの視点がみられない（Lewis, 2003b: 219）。

4　時間政策の視点——時間を取り戻す

本章の第 2 節で考察したように，コリンズは，トムスンとともに，「仕事と家庭生活の調和」という問題を，資本主義における賃労働という形態が孕む根

第10章 ワーク・ライフ・バランスの射程

本問題であるととらえた。したがって，WLB 政策の論理のなかに労働者の「柔軟性の権利」（Collins, 2005: 99）をみるとき，それは，現在の法制度においてもっぱら使用者に与えられている労働時間の「無制限の柔軟性」（Collins, 2003=2008：訳 104）を労働者が取り戻すという考え方となる。

コリンズはそれを，WLB 政策が有する歴史的インプリケーションであるとともに，雇用契約の諸制度の「地殻変動」（Collins, 2005: 100）をもたらすものであるという。この概念は，実践的意味をもつだけではない。それが，資本主義的賃労働の成立とともに始まった「仕事と家庭生活」の「時間の分化（separation of time）」（Collins, 2003=2008：訳 77）を「転換」するという論理に結びつくとき，われわれは，そこに，明確な歴史認識を読み取ることができる。それは，わが国の議論にはみられない観点でもある。コリンズの考え方について，以下の二点を指摘しておこう。

第一は，コリンズは労働の「柔軟性の権利」概念を主張するが，それは，労働市場の規制緩和と「労働の多様性」を主張する論理とは決定的に異なっている。なぜなら後者は，労働と生活，すなわち有償労働と無償労働のバランスを労働者の多様な「選好」（Hakim, 2003；大沢，2008；八代，2008）や，それに基づく「選択」に任せる個人主義的な経済「モデル」に基づいているからである。合理的な市場原理を前提するこの「モデル」には，低賃金のパートタイムの仕事や臨時雇いの仕事に就かざるをえない「女性の苦渋の選択」（Collins, 2003=2008：訳 89）やワーキングプアの問題は排除されている。雇用契約における労使関係は非対称な力関係となっており，したがってそこに雇用法が介入するのである。[17]

第二は，コリンズによれば，WLB 政策のインプリケーションとは「労働は商品ではない」（ILO「フィラデルフィア宣言」1944 年）というスローガンのもつ「パラドックス」に，「新たな局面」（*ibid.*：訳 92）を開くことである。「新たな局面」とは何か。それは，「労働時間のパターンを決定する権限が，使用者から労働者へと実質的に委譲される」（*ibid.*）ことにより，労働者が「自律性」を獲得することである。そのことによって現行の「雇用法の法的構造を転換する潜在的効果」（Collins, 2005: 124）をもつことである。具体的には，まず有給の

出産休暇，職場復帰する権利，パパ・クォータ，子どもや病気や介護のための休業を国家が法的に介入し制度化することから始めることになる（Collins, 2003=2008：訳 92）。

　本章では，時間政策の観点から WLB 政策を検討した。以下，そこで明らかになった論点をまとめることにしよう。
　第一は，「仕事と家庭生活の調和」を歴史的にとらえる視点についてである。第 9 章で検討したように，WLB 政策は，現実には，少子化対策と雇用政策を二つの柱として議論されている。それは，本来，WFB 政策としてジェンダー平等の視点と結びついていたのであるが，WLB 政策への転換とともに，企業による正規職の女性に対する WLB の施策（山口，2008a, 2008b）や，両立志向の「選好」をもつ女性への施策（Hakim, 2000, 2003；権丈，2008），さらに「多様な働き方」（佐藤（編著），2004；佐藤・武石（編），2008；佐藤（編集代表），2010）というように，雇用の流動化政策へと論点が移っている。そこでは，本章で検討したように，最大の非正規労働者である女性のパート労働や，シングル・マザーの WLB そして母子世帯の子どもの貧困問題など，ジェンダー視点と不可分に結びついた論点は除外されることになる。
　しかし，トムスンやコリンズがいうように，WLB 政策がもつ歴史的射程を広げることによって，その展開の道筋が異なってくる。つまり，資本主義的生産における賃労働の成立によって労働時間と生活時間が分離して，労働時間は公的領域を形作り，生活時間は私的領域を形作った。コリンズがいうように，WLB 政策は，失われた労働時間を取り戻すことによって，われわれが，公私の領域の調和のとれた生活時間を形作ることを意味する。具体的には，「有給の出産休暇」「職場復帰する権利」さらに「育児休暇」（「パパ・クォータ」制を含む）などは労働の「柔軟性の権利」を獲得する「最初の一歩」である。そして，調和のとれた仕事と生活時間の獲得という普遍的課題は，同時にジェンダー平等を達成することになる。
　第二に，WLB の歴史的視点は，時間政策に結びつく。すなわち，主流派経済学にみられるように，労働と余暇への「労働の二分法」から，ジェンダー視

点による労働とケアと余暇への「労働の三分法」への移行である。しかし現実には，1980年代以降の労働市場の規制緩和の過程で，「労働のフレキシビリティ」は進み，労働時間も生活時間も分断化されている。とくに育児や介護などのケア時間の分断化は，ケアの供給者においても，ケアの受給者においても，急速に進んでいる。第6章でみたように，福祉国家の動態化に際して，社会的ケアが誰に，どのように担われているかという「社会的ケアレジーム」の視点は重要であろう。ドイツの事例にもみられるように，ケアが社会的にどのように位置づけられるかは，福祉国家の動態化の方向を規定すると考えられる。実際に，「制度化された家族主義」といわれるドイツでは，それまでの「親時間 (Elternzeit)」法に代えて，2007年1月1日より「親手当 (Elterngeld)」法が施行されることによって，「パパ・クォータ」制が導入され，1年で父親の育児休業取得率は2倍（5%から10%へ），そして現在（2015年時点）では約25%の取得率となっている。[18]

育児と介護をともに含む「社会的ケア」（Daly and Lewis, 1998, 2000）が，社会においてどのように担われているのかによって福祉国家の方向性が規定される「ケアレジーム」論[19]や，男性がどの程度，ケアに関わっているか（つまり，男性がどの程度，父親になっているのか）によって，福祉レジームの発展の度合いをみる「父性 (fatherhood) レジーム」（Hobson (ed.), 2002）論などは，WLB論の理論的・実践的な発展にとって有効な視点を提供すると考えられる。

注

1) ここでいう「社会的ケア」は，子どものケア，介護，障がい者のケアなどを含む概念である。社会保障においては，各国でそれぞれ異なる理念に基づいて，制度設計されている。しかしそれらを，社会の再生産に位置づけることによって，それが重要で有効な概念になることと，そこにはジェンダーの視点が不可欠であることが明確となる。原（2013b，本書第6章に収録），Daly and Lewis (1998, 2000) を参照。
2) 新たな「社会的リスク」とは，女性にとって賃労働と家庭生活の両立が困難になること，人口の高齢化が既存の社会保障の機能不全を引き起こすこと，教育状況と労働市場の地位に結びついた社会的排除が生じること，福祉サービスの民営化によって社会的弱者が育児や介護の困難に陥ること，などである。
3) イギリス労働党の当時の大蔵大臣，ジェームス・ゴードン・ブラウン（James Gor-

don Brown）の以下のスピーチは，WFB 政策の必要性を明確に述べたものである。「この予算案は現代の家族生活の現実とその必要に対して，ベバリッジの原理を適用する。今日，多くの家族が共働きに偏っており，ほとんどの女性が働いている。親たちが直面している最も大きなプレッシャーのうちのいくつかは，ベバリッジの時代にはほとんど知られていなかった。それは，一方の親が出産後，仕事を辞めて家にいたり，パート労働をすることによる所得の減少や，母親が働きにでるための保育需要などである」（「英国議会下院議事録」2002 年 4 月 17 日より）。

4) 本章で考察するように，1990 年代，「仕事と生活の調和」は WFB から WLB へと言い換えられている。ここでは，「言葉が問題である（discourse matters）」(Lewis and Campbell, 2008: 529)。ただし現実には，WLB 政策という言葉がすでに定着したものとして使用されている。したがって，本章では以下，コンテクストに応じて，ジェンダー平等との関連で両者を区別する場合と，すでに定着した言葉として WLB を使用する場合とがある。

5) welfare to work 政策は多様であり，一括して論じることはできない。アングロ・サクソン型と呼ばれるアメリカとイギリスの間にも相違がみられる。とくにイギリスでは，1997 年のニューレイバーの登場とともに，保育政策に対する予算の拡大がみられた。それは，イギリスの家族政策の歴史において画期的な家族政策であるといわれている。しかし，その家族政策が，「ポジティブ・ウェルフェア社会」（ギデンズ）における社会的投資という形態をとったために，相対的貧困率（とくに女性の一人親家庭）の低下にもかかわらず，所得格差はより一層の拡大をみた。本書第 5 章では，労働のフレキシビリティがケアの不足と子どもの貧困を生み出していることについて論じている。

6) エヴァリンハムは，トムスンと同様に，資本主義の成立とともに，われわれの社会時間が，「時計時間」で測られる公的領域と，「自由な」「生きられた時間（time lived）」からなる私的領域に二分化されたとして，次のように述べている。「産業社会における労働秩序は，家庭から生産を引き離して，社会生活を二分化した。一つは公的領域に，もう一つは私的領域に。労働に費やされる時間は賃金と引き換えに雇用者に割り当てられた時間とみなされ，私的領域で消費される時間は自由な時間となる」（Everingham, 2002: 388）。本書第 5 章参照。

7) コリンズの著書は『雇用法』という表題からもわかるように，伝統的な労働法のテキストではない。「序文」にも書かれているように，コリンズの基本的視角は，EU 雇用戦略における労働のフレキシビリティを，労働者が「労働を取り戻す」ための「労働の柔軟性の権利」に転換することによって，「社会的包摂の促進，事業の競争力の促進，広範囲にわたる市民的自由と社会権の確保」を実現する方向性にある。WFB や WLB を雇用政策や少子化対策としてみるのではなくて，ジェンダー平等の観点から「仕事と家庭生活の調和」の歴史的意味を主張している点は，理論的にも実

践的にも評価できるであろう。
8) ラッダイトという名称は，運動の指導者 Ned Ludd が「キング・ラッド」と呼ばれたことに因む。
9) 「男女の家族責任の分担」を明確に謳ったのは，1975年にメキシコで開催された第1回国連世界女性会議においてである。
10) 育児に関しては，すでに，1990年の NOW (New Opportunities for Women) でも言及されている。また，1993年には，WFB という概念が初めて，ジェンダー平等や家族政策とは切り離された形で，失業と成長の問題として取り上げられている (Strategaki, 2004: 44)。
11) 以下の WLB に関する政策展開の記述は，Rubery (2002), Rubery et al. (2003) に依拠している。またジェンダー主流化の導入とともに，ジェンダー平等がみえにくくなったことについては，同じく，Rubery (2002) を参照。
12) 市場や契約という「制度」の理念は，「対称的な交渉力」に決定的に依存しているが，「現実の市場経済でこの微妙なバランスが満たされることはむしろまれである」(竹田，2008：29)。
13) 本書の第4章，第8章を参照。
14) 「第三の道」における社会民主主義の検討は，White (ed.) (2001), White (2004), 原 (2012a, 2012b, 本書第8章に収録) を参照。
15) ルース・レヴィタス (Ruth Levitas) は社会的包摂を，道徳的包摂，労働による包摂，そして所得の再分配による包摂の三つに分類している (Levitas, 1998)。レヴィタスは，1970年代後半にフランスに登場した社会的包摂論が，80年代以降，福祉国家の変容のもとで，各国において多様性をもって論じられていることを適切に整理している。道徳的包摂はアメリカにおける「ニューライト」とコミュニタリアンの思想，労働による包摂はアングロ・サクソン諸国における welfare to work，そして所得の再分配による包摂はスカンジナビア諸国における社会民主主義的包摂を指している。そのうえで，レヴィタスは，イギリスの「第三の道」の社会的包摂論が，道徳的包摂と労働による包摂の折衷であるとしている。
16) 例えば，わが国において2000年に導入された介護保険制度は，04年までは利用者が着実に増加したのであるが，その後，介護の家族主義化の傾向がみられる。とくに，2006年以降からは，「介護支援を利用していない人」の増加率 (30.3%) が，「介護保険を利用している人」の増加率 (22.6%) をはるかに上回っている。しかも，介護者の介護・看護時間総量でみれば，その約7割を女性が担っている (原，2013b：56)。なお，わが国においては，保育の社会化が，「横浜方式」として推進されている。急激な少子化という要因を考慮すべきではあるが，準市場化や市場化は保育の不安定性をもたらす危険性がある。ポーコック (Pocock, 2006=2010) は，オーストラリアにおける「有償労働への過度の執着」とそのことによる「生活時間および

生活と時間の商品化が，社会的再生産，とくに子どもや若者にどのような影響を与えるか」を考察している。本書（翻訳）『親の仕事と子どものホンネ——お金をとるか，時間をとるか』の原題は，『労働市場が子どもを飲み込む——労働，子どもとサステイナビルな未来（*The Labour Market Ate My Babies: Work, Children and a Sustainable Future*)』である。

17) 雇用法は，「伝統的な法的分類に依拠することができない」（Collins, 2003=2008：訳25）とされている。というのは，それは「一般契約法から，複雑な欧州の制度，人権，競争法にいたる，公法と私法のほとんどあらゆる分野を横断せざるをえない」（*ibid.*）からである。
18) 詳しくは，原（2007, 2008, 本書第4章に収録）を参照。
19) 詳しくは，原（2013b, 本書第4章に収録）を参照。

参 考 文 献

日本語文献（五十音順）

青木昌彦・奥野正寛（編著）(1996)『経済システムの比較制度分析』東京大学出版会。
青柳和身（2004）『フェミニズムと経済学——ボーヴォワール的視点からの『資本論』再検討』御茶の水書房。
浅倉むつ子（2006）「労働法と家族生活——『仕事と生活の調和』政策に必要な観点」『法律時報』第78巻第11号, 25-30。
足立眞理子（1999）「フェミニスト経済学という可能性」『現代思想』1999年1月号, 105-113。
足立眞理子（2001）「市場・制度・『家族』——フェミニスト経済学の可能性」杉浦克己・柴田徳太郎・丸山真人編著『多元的経済社会の構想』日本評論社, 所収。
足立眞理子（2010）「労働概念の拡張とその現代的帰結——フェミニスと経済学の成立をめぐって」『季刊 経済理論』第47巻第3号, 6-21。
阿部彩（2008）『子どもの貧困——日本の不公平を考える』岩波書店。
居神浩（2003）「福祉国家動態論への転回——ジェンダーの視点から」埋橋孝文編著『比較のなかの福祉国家』ミネルヴァ書房, 所収。
居神浩（2007）「規律訓練型社会政策のアポリア——イギリス若年就労支援政策からの教訓」埋橋編著（2007), 所収。
生垣琴絵（2010）「1920年代アメリカの消費論——女性経済学者ヘーゼル・カーク」『經濟學研究』（北海道大学）第60巻第3号, 29-42。
生垣琴絵（2013）「森本厚吉の消費経済学」『経済社会学会年報』35, 115-125。
生垣琴絵（2014）「20世紀初頭のアメリカにおける女性と経済学——ホーム・エコノミクスを介して」経済学史学会第78回大会共通論題予稿集。
池本美香（2003）『失われる子育ての時間——少子化社会脱出への道』勁草書房。
池本美香（2008）「少子化対策におけるワーク・ライフ・バランスへの期待」山口・樋口編（2008), 所収。
石畑良太郎・牧野富夫（編著）(2009)『よくわかる社会政策』ミネルヴァ書房。
伊藤セツ（1990）『生活経済学』有斐閣。
伊藤セツ・川島美穂（編著）(2008)『消費生活経済学』三訂, 光生館。
岩田美香（2015）「子どもの貧困——現代社会の諸視点から」法政大学大原社会問題研究所／原伸子・岩田美香・宮島喬編『現代社会と子どもの貧困——福祉・労働の視点から』大月書店, 所収。
上野千鶴子（1990）『家父長制と資本制——マルクス主義フェミニズムの地平』岩波書店。
宇沢弘文（2000）『社会的共通資本』岩波書店。

宇沢弘文・内橋克人（2009）『始まっている未来——新しい経済学は可能か』岩波書店。
後房雄（2015）「日本における準市場の起源と展開——医療から福祉へ，さらに教育へ」RIETI Discussion Series, 15-J-022, 1-28。
梅澤直樹（2002）「女性労働差別問題とマルクス派社会経済学の再構築」久場編著（2002），所収。
埋橋孝文（編）（2007）『ワークフェア——排除から包摂へ？』法律文化社。
江沢あや（2012）「アメリカの福祉改革　福祉退出者研究の教訓と洞察」法政大学大原社会問題研究所／原伸子編著『福祉国家と家族』法政大学出版局，所収。
衛藤幹子（2003）「ジェンダーの政治学（上）——シチズンシップの構想とエージェンシー」『法學志林』第100巻第3号，1-39。
エンゲルス，F.（1884）「家族，私有財産および国家の起源」『マルクス・エンゲルス全集』第21巻，大月書店，1965年，所収。
大石亜希子（1998）「子供のコストと少子化対策」『経済セミナー』No. 516, 22-25。
大沢真知子（1998）『新しい家族のための経済学——変わりゆく企業社会のなかの女性』中央公論社。
大沢真知子（2008）『ワークライフシナジー——生活と仕事の"相互作用"が変える企業社会』岩波書店。
大沢真知子・駒村康平（1994）「結婚の経済学——晩婚化の経済要因」社会保障研究所編『現代家族と社会保障——結婚・出生・育児』東京大学出版会，所収。
大沢真理（1986）『イギリス社会政策史』東京大学出版会。
大沢真理（1993）『企業中心社会を超えて——現代日本を〈ジェンダー〉で読む』時事通信社。
大沢真理（2007）『現代日本の生活保障システム——座標とゆくえ』岩波書店。
大沢真理（編）（2011）『承認と包摂へ——労働と生活の保障』岩波書店。
大山博（2005）「英国の福祉改革の概観——『welfare to work』を中心として」『大原社会問題研究所雑誌』第560号，1-21。
大山博（2012）『福祉政策の形成と国家の役割——プラクティカルな政策をめざして』ミネルヴァ書房。
岡本英男（2007）『福祉国家の可能性』東京大学出版会。
落合恵美子・阿部彩・埋橋孝文・田宮遊子・四方理人（2010）「日本におけるケア・ダイアモンドの再編成——介護保険は『家族主義』を変えたか」『海外社会保障研究』No. 170, 4-19。
小幡道昭（1990）「労働市場の変成と労働力の価値」『経済学論集』（東京大学）第56巻第3号，2-30。
加藤榮一（1973）『ワイマル体制の経済構造』東京大学出版会。
加藤榮一（2003）「財政システム——統一の負担とグローバル化の圧力」戸原四郎・加藤榮一・工藤章編『ドイツ経済——統一後の10年』有斐閣，所収（のちに，加藤榮一『福祉国家システム』ミネルヴァ書房，2007年に再録）。
金子勝（2001）「青木理論と日本企業の現実」上井喜彦・野村正實編著『日本企業——理論と現実』ミネルヴァ書房，所収。

参 考 文 献

神尾真知子（2007）「フランスの子育て支援――家族政策と選択の自由」『海外社会保障研究』No. 160, 33-72。

川口章（2008）『ジェンダー経済格差』勁草書房。

北明美（1997）「ジェンダー平等――家族政策と労働政策の接点」岡沢憲芙・宮本太郎編著『比較福祉国家論』法律文化社, 所収。

木本喜美子（1995）『家族・ジェンダー・企業社会――ジェンダー・アプローチの模索』ミネルヴァ書房。

木本喜美子・大森真紀・室住真麻子（編著）（2010）『社会政策のなかのジェンダー』明石書店。

久場嬉子（1987a）「経済学とフェミニズムの潮流」女性学研究会編『女の目で見る』勁草書房, 所収。

久場嬉子（1987b）「マルクス主義フェミニズムの課題」女性学研究会編『女の目で見る』勁草書房, 所収。

久場嬉子（1996）「解説」Himmelweit（1995=1996）134-136。

久場嬉子（1999）「"合理的選択"に関するフェミニスト・クリティーク――ケアの制度経済学試論」『進化経済学論集』No. 3, 31-40。

久場嬉子（2002）「ジェンダーと『経済学批判』――フェミニスト経済学の展開と革新」久場編著（2002）, 所収。

久場嬉子（編著）（2002）『経済学とジェンダー』明石書店。

久場嬉子（2015）「新自由主義とジェンダー平等――『労働力商品化体制』の現状と課題」大原社会問題研究所・女性労働史研究会報告レジュメ（2015年10月10日）。

権丈英子（2008）「ワーク・ライフ・バランス――経済的発想の功罪」山口・樋口編（2008）, 所収。

厚生労働省（2012）『平成23年度賃金構造基本統計調査』。

小林正弥（2004）「福祉公共哲学をめぐる方法論的対立――コミュニタリアン的観点から」塩野谷裕一・鈴村興太郎・後藤玲子編『福祉の公共哲学』東京大学出版会, 所収。

駒村康平（1998）「晩婚化・未婚化のメカニズム」『経済セミナー』No. 516, 16-20。

駒村康平（1999）「介護保険, 社会福祉基礎構造改革と準市場原理」『季刊・社会保障研究』35(3), 276-284。

小峯敦（編著）（2011）『経済思想の中の貧困・福祉――近現代の日英における「経世済民」論』ミネルヴァ書房。

斎藤修（2013）「男性稼ぎ主型モデルの歴史的起源」『日本労働研究雑誌』第638号, 4-16。

齋藤純子（2006）「『育児手当』から『親手当』へ――家族のパラダイム転換」『外国の立法』第229号, 164-169。

齋藤純子（2007）「ドイツの連邦親手当・親時間法――所得比例方式の育児手当制度への転換」『外国の立法』第232号, 51-76。

齋藤純子（2012）「ドイツ社会国家と家族政策」大原社会問題研究所／原伸子編著『福祉国家と家族』法政大学出版局, 所収。

佐藤博樹（編著）（2004）『パート・契約・派遣・請負の人材活用』日本経済新聞社。

佐藤博樹（2008）「ワーク・ライフ・バランスと企業によるWLB支援」山口・樋口編（2008），所収。
佐藤博樹（編集代表）（2010）『ワーク・ライフ・バランス——仕事と子育ての両立支援』ぎょうせい。
佐藤博樹・武石恵美子（編）（2008）『人を活かす企業が伸びる——人事戦略としてのワーク・ライフ・バランス』勁草書房。
下夷美幸（1999）「家族クレジット・児童給付・障害者手当」武川正吾・塩野谷裕一編『先進諸国の社会保障 イギリス』東京大学出版会，所収。
下夷美幸（2008）『養育費政策に見る国家と家族——母子世帯の社会学』勁草書房。
下夷美幸（2012）「イギリスにおける養育費政策の変容——子どもの貧困対策との関連から」『大原社会問題研究所雑誌』No. 639, 1-15。
周燕飛（2014）『母子世帯のワーク・ライフと経済的自立』労働政策研究・研修機構。
須田俊孝（2006）「ドイツの家族政策の動向——第二次シュレダー政権と大連立政権の家族政策」『海外社会保障研究』No. 155, 31-44。
諏訪康夫（1999）「キャリア権の構想をめぐる一試論」『日本労働研究雑誌』第468号，54-64。
総務省（2001）『社会生活基本調査』。
総務省（2013）『平成24年度就業構造基本調査』。
武川正吾（1997）「福祉国家の行方」岡沢憲芙・宮本太郎編『比較福祉国家論——揺らぎとオルタナティブ』法律文化社，所収。
武川正吾（2007）『連帯と承認』東京大学出版会。
竹田茂夫（2001）「J企業論の失敗」上井喜彦・野村正實編著『日本企業——理論と現実』ミネルヴァ書房，所収。
竹田茂夫（2008）「労働の規制緩和と現代経済学——批判（上）」『労働法律旬報』No. 1676, 64-69。
竹中恵美子（1984）『女性解放の視点からみた家事労働』日本女性学研究会（のちに，『竹中恵美子全集 VI 家事労働（アンペイド・ワーク）論』明石書店，2011年に再録）。
竹中恵美子（1989）『戦後女性労働史論』有斐閣（のちに，『竹中恵美子著作集 II 戦後女子労働史論』明石書店，2012年に再録）。
竹中恵美子（1993）「1980年代マルクス主義フェミニズムについて」竹中恵美子『グローバル時代の労働と生活——そのトータリティをもとめて』ミネルヴァ書房，所収（のちに，『竹中恵美子著作集 VII 現代フェミニズムと労働論』明石書店，2011年に再録）。
竹中恵美子（2001）「新しい労働分析概念と社会システムの再構築——労働におけるジェンダー・アプローチの新段階」竹中恵美子編『労働とジェンダー』明石書店，所収（のちに，『竹中恵美子著作集 VII 現代フェミニズムと労働論』明石書店，2011年に再録）。
竹中恵美子（2002）「家事労働論の現段階」久場編著（2002），所収（のちに，『竹中恵美子著作集 VI 家事労働（アンペイドワーク）論』明石書店，2011年に再録）。
竹中恵美子／関西女の労働問題研究会（2009）『竹中恵美子の女性労働研究50年——理論と運動の交流はどう紡がれたか』ドメス出版。

参 考 文 献

竹永進（編・訳）(1997)『ルービンと批判者たち――原典資料20年代ソ連の価値論論争』情況出版。
田代洋一・萩原伸次郎・金澤史男（編）(2006)『現代の経済政策』第3版, 有斐閣。
田中洋子（2003)「労働――雇用・労働システムの構造転換」戸原四郎・加藤榮一・工藤章編『ドイツ経済――統一後の10年』有斐閣, 所収。
田宮遊子・四方理人（2007)「母子世帯の仕事と育児――生活時間の国際比較から」『季刊社会保障研究』第43巻第3号, 219-231。
所道彦（2012)『福祉国家と家族政策――イギリスの子育て支援策の展開』法律文化社。
中川スミ・青柳和身・森岡孝二（編）(2014)『資本主義と女性労働』桜井書店。
永瀬伸子（1997)「女性の就業選択――家庭内生産と労働供給」中馬宏之・駿河輝和編『雇用慣行の変化と女性労働』東京大学出版会, 所収。
中田善文（1997)「日本における男女賃金格差の要因分析――同一職種に就く男女労働者間の賃金格差は存在するのか？」中馬宏之・駿河輝和編『雇用慣行の変化と女性労働』東京大学出版会, 所収。
中野麻美（2006)『労働ダンピング――雇用の多様化の果てに』岩波書店。
西沢保（2007)『マーシャルと歴史学派の経済思想』岩波書店。
仁平典宏・山下順子（編）(2011)『労働再審 5 ケア・協働・アンペイドワーク』大月書店。
日本経営者団体連盟（日経連）(1995)『新時代の「日本的経営」』（新・日本的経営システム等研究プロジェクト報告）。
萩原久美子（2010)「『両立支援』政策におけるジェンダー」木本喜美子・大森真紀・室住眞麻子編著『社会政策のなかのジェンダー』（『講座 現代の社会政策』第4巻）明石書店, 所収。
橋本美由紀（2010)『無償労働の評価および政策とのつながり』産業統計研究社。
服部良子（2011)「家事労働の揺らぎと担い手」仁平・山下編（2011), 所収。
原伸子（2000)「書評：竹永進編訳『ルービンと批判者たち――原典資料20年代ソ連の価値論論争』（情況出版, 1997年)」『経済志林』第68巻第2号, 319-332。
原伸子（2001)「『市場と家族』再考 (1)」『経済志林』第69巻第3号, 259-304。
原伸子（2005)「ジェンダーと『経済学批判』――ケアの経済学に向けて」法政大学比較経済研究所／原伸子編『市場とジェンダー――理論・実証・文化』法政大学出版局, 所収。
原伸子（2007)「ドイツにおける家族政策の『転換』と企業の対応――Robert Bosch Stiftung, *Unternehmen Familie*, 2006, における家族」『経済志林』第75巻第3号, 371-394。
原伸子（2008)「福祉国家と家族政策の『主流』化――『ワーク・ライフ・バランス』の理論とジェンダー平等」『大原社会問題研究所雑誌』No. 594, 1-18。
原伸子（2009a)「ワーク・ライフ・バランス概念・論理について考える――EUにおける政策展開をてがかりに」『女性労働研究』No. 53, 85-95。
原伸子（2009b)「福祉国家の『変容』と『ワーク・ライフ・バランス』の論理――雇用・家族・ジェンダー」『季刊 経済理論』第45巻第4号, 45-56。
原伸子（2011)「ワーク・ライフ・バランス政策の論理――批判的考察」『経済志林』第78巻第4号, 165-194。

原伸子（2012a）「福祉国家の変容と家族政策——公私二分法とジェンダー平等」法政大学大原社会問題研究所／原伸子編著『福祉国家と家族』法政大学出版局，所収。

原伸子（2012b）「福祉国家の変容と子どもの貧困——労働のフレキシビリティとケア」『大原社会問題研究所雑誌』No. 649, 30-46。

原伸子（2013a）「書評，Jane Humphries, *Childhood and Child Labour in the British Industrial Revolution*」『大原社会問題研究所雑誌』No. 651, 65-71。

原伸子（2013b）「福祉国家の変容と社会的ケア——雇用・家族・ジェンダー」『季刊 経済理論』50（3）: 31-40。

原伸子（2013c）「福祉国家の変容と家族政策——雇用・ケア・ジェンダー」『経済科学通信』No. 133, 55-60。

原伸子（2015）「イギリスにおける福祉改革と子どもの貧困——『第三の道』と社会的投資アプローチ」大原社会問題研究所／原伸子・岩田美香・宮島喬編『現代社会と子どもの貧困——福祉・労働の視点から』大月書店，所収。

樋口美雄（2008）「ワーク・ライフ・バランス促進のための政府の役割」山口・樋口編（2008），所収。

フォリー，ダンカン，K.（1990）竹内茂夫・原伸子訳『資本論を理解する——マルクスの経済理論』法政大学出版局（Dancan K. Foley, *Understanding Capital: Marx's Economic Theory*, Cambridge, MA: Harvard University Press, 1986; Duncan K. Foley, *Money, Accumulation and Crisis*, Chur: Harwood Academic Publishers GmbH, 1986）。

深井英喜（2006）「サッチャー・ブレアの挑戦」小峯敦編『福祉国家の経済思想——自由と統制の統合』ナカニシヤ出版，所収。

深井英喜（2011）「ブレア新労働党の社会経済思想——公平と効率の調和と社会的排除概念」小峯敦編著『経済思想の中の貧困・福祉——近現代の日英における「経世済民」論』ミネルヴァ書房，所収。

深澤和子（1999）「福祉国家のジェンダー化——1980年代以降の研究動向（欧米を中心として）」『大原社会問題研究所雑誌』No. 485, 1-15。

深澤和子（2003）『福祉国家とジェンダー・ポリティックス』東信堂。

藤原千沙（2005）「福祉と女性労働供給の関係史——母の就業と母子福祉」佐口和郎・中川清編著『福祉社会の歴史——伝統と変容』ミネルヴァ書店，所収。

藤原千沙（2007）「母子世帯の階層分化——制度利用者の特徴からみた政策対象の明確化」『季刊家計経済研究』第73号, 10-20。

藤原千沙・山田和代（編）（2011）『労働再審3 女性と労働』大月書店。

フレイザー，ナンシー（2011a）関口すみ子訳「フェミニズム，資本主義，歴史の狡猾さ」『法学志林』第109巻第1号, 27-51。

フレイザー，ナンシー（2011b）関口すみ子訳「規律化から柔軟化へ？——グローバライゼーションの影の下でフーコーを再読する」『思想』第1051号, 60-77。

ベルトラム，ハンス（2007）辻朋季訳「ドイツの少子化と家族政策——第7次家族報告書の概要」本澤巳代子／ベルント・フォン・マイデル編『家族のための総合政策——日独国際比較

の視点から』信山社,所収.
本田一成(2010)『主婦パート 最大の非正規雇用』集英社.
正木一郎(1999)「『二層モデル』とマルクスの資本循環論——経済学批判の貨幣論的再構成のために」『経済学雑誌』(大阪市立大学)第100巻第2号,1-28.
松川誠一・久場嬉子・清水洋行・藤原千沙・矢澤澄子・吉村治正(2009)「ケアサービスの準市場化はケア労働者に何をもたらしたのか——グループホーム職員の心理的ストレス,職務満足,組織コミットメント」『社会政策研究』第9号,223-241.
マルクス,カール(1859)『経済学草稿・著作』(『マルクス資本論草稿集3』)大月書店,1984年.
水田珠江(1973)『女性解放思想の歩み』岩波書店.
水田珠江(1994)『女性解放思想史』筑摩書房.
御船美知子(1996)『家庭生活の経済——生活者の視点から経済学を考える』放送大学教育振興会.
宮崎由佳(2005)「EUにおけるジェンダー平等へのアプローチ」『労働法律旬報』第1609号,15-27.
宮本太郎(2009)『生活保障——排除しない社会へ』岩波書店.
宮本太郎(2011)「レジーム転換と福祉政治——包摂と承認の政治学」大沢編(2011),所収.
村松安子(2002)「マクロ経済政策とジェンダー——『非対称性への挑戦』」田中由美子・大沢真理・伊藤るり編著『開発とジェンダー——エンパワーメントの国際協力』国際協力出版会,所収.
村松安子(2004)「マクロ経済学のジェンダー化を目指すジェンダー予算——概念,経験と課題」科学研究費補助金研究成果報告書『予算のジェンダー分析(gender budget)をめぐる基礎的研究』(平成13年度~15年度基盤研究(C),課題番号:13837030),1-27.
村松安子(2005)『「ジェンダーと開発」論の形成と展開』未來社.
森ます美(2005)『日本の性差別賃金——同一価値労働同一賃金原則の可能性』有斐閣.
八代尚宏(1993)『結婚の経済学——結婚とは人生における最大の投資』二見書房.
八代尚宏(2008)「ワーク・ライフ・バランスを通じた女性の人材活用」山口・樋口編(2008),所収.
八代尚宏(2009)『労働市場改革の経済学』東洋経済新報社.
安川悦子(2000)『フェミニズムの社会思想史』明石書店.
安川寿之輔・安川悦子(1993)『女性差別の社会思想史——増補・民主主義と差別のダイナミズム』明石書店.
山口一男(2008a)「男女平等とワーク・ライフ・バランス——統計的差別解消への道筋」山口・樋口編(2008),所収.
山口一男(2008b)「男女の賃金格差解消への道筋——統計的差別の経済的不合理の理論的・実証的根拠」『日本労働研究雑誌』No. 574,40-67.
山口一男(2009)『ワークライフバランス——実証と政策提言』日本経済新聞出版社.
山口一男・樋口美雄(編)(2008)『論争 日本のワーク・ライフ・バランス』日本経済新聞出

版社。

山森亮（2002）「合理的経済『男』を超えて――フェミニスト経済学とアマルティア・セン」久場編著（2002），所収。

ルービン，イサーク・イリイチ（1981）佐藤金三郎訳「マルクスとベイリー」『エコノミア』第72巻，56-66。

外国語文献（アルファベット順）

Atkinson, A. B. and J. Hills (1998) *Exclusion, Employment and Opportunity,* CASE Paper 4, London School of Economics.

Becker, G. (1965) "A Theory of the Allocation of Time," *Economic Journal,* 75, 493-511.

Becker, G. (1975) *Human Capital,* New York: Columbia University Press. （ゲーリー・S. ベッカー，佐野陽子訳，1976，『人的資本――教育を中心とした理論的・経験的分析』東洋経済新報社）

Becker, G. (1985) "Human Capital, Efforts, and the Sexual Division of Labor," *Journal of Labor Economics,* 3 (1), 833-858.

Beechy, V. (1987) *Unequal Work,* London: Verso. （ヴェロニカ・ビーチ，高島道枝・安川悦子訳，1993，『現代フェミニズムと労働――女性労働と差別』中央大学出版部）

Ben-Porath, Y. (1980) "F-Connection: Families, Friends, and Firms and the Organization of Exchange," *Population and Development Review,* 6 (1), 1-30.

Beveridge, W. H. (1942) *Beveridge Report: Social Insurance and Allied Services,* White Paper, London: HMSO. (W. H. ベバリッジ，山田雄三監訳，1969，『ベバリッジ報告 社会保険および関連サービス』至誠堂）

Beveridge, W. H. and others (1932) *Changes in Family Life,* London: George Allen and Unwin.

Bhaskar, R. (1997) *A Realist Theory of Science,* 3rd ed., London: Verso. （ロイ・バスカー，式部信訳，2009，『科学と実在論――超越論的実在論と経験主義批判』法政大学出版局）

Blair, T. (1996) *New Britain: My Vision for a Young Country,* London: Fourth Estate.

Blair, T. (2004) *New Britain: My vision of a Young Coutry,* Cambridge, MA.: Westview.

Brandth, B. and E. Kvande (2001) "Flexible Work and Flexible Fathers," *Work, Employment & Society,* 251-264.

Brewer et al. (2010), "Child Poverty in the UK since 1998-99: Lessons from the Past Decade," London: Institute for Fiscal Studies.

Brown, G. (1994) *Fare is Efficiency,* London: The Fabian Society.

Bundesministerium für Familie, Senioren, Frauen und Jugend (2006) *Siebter Familienbericht: Familie zwischen Flexibilität und Verlässlichkeit, Perspectiven für eine lebenslaufbezogene Familienpolitik.*

Bundesregierung (2006) "Elterngeld: Paradigmenwechsel in der Familienpolitik," 03/11/2006.

Bußmann, E. (2006) *Stimme der Familie,* 53. Jahrgang, Heft1-2, 7-8.

Campbell, M. (2006) "New Labour and the Redistribution of Time," *The Political Quarterly,* 77

(2), 255-264.
Castle, F. G. (2003) "The world turned upside down: Below replacement fertility, changing preference and family-friendly public policy in 21 OECD countries," *Journal of European Social Policy*, 13 (3), 209-227.
Cigno, A. (1991) *The Economics of the Family*, Oxford: Oxford University Press. (A. シグノー, 田中敬文・駒村康平訳, 1997, 『家族の経済学』多賀出版)
CIPD (Chartered Institute of Personnel and Development) (2005) Flexible working: The implementation challenge, London.
Collins, H. (2003) *Employment Law*, Oxford: Oxford University Press. (ヒュー・コリンズ, イギリス労働法研究会訳, 2008, 『イギリス雇用法』成文堂)
Collins, H. (2005) "The Right of Flexibility," in J. Conaghan, and K. Rittich eds., *Labour Law, Work, and Family: Critical and Comparative Perspectives*, New York: Oxford University Press.
Commission on Social Justice (1994) *Social Justice: Strategies for National Renewal*, London: Vintage.
Crompton, R. and C. Lyonette (2005) "The new gender essentialism—Domestic and family 'choices' and their relation to attitudes," *British Journal of Sociology*, 56 (4), 601-620.
Cunningham, H. (2012) "Review: Jane Humphries, *Childhood and Child Labour in the British Industrial Revolution*," *Journal of Social History*, Spring, 856-858.
Daly, M. and J. Lewis (1998) "Conceptualising Social Care in the Context of Welfare State Restructuring," in Lewis ed. (1998).
Daly, M. and J. Lewis (2000) "The concept of social care and the analysis of contemporary welfare states," *British Journal of Sociology*, 51, Issue 2, 281-298.
Daly, M. and C. Saraceno (2002) "Social exclusion and gender relations," in Hobson, Lewis and Siim eds. (2002).
Department for Education and Employment (1998) *Meeting the Childcare Challenge*.
Department for Education and Skills (2003) *Every Child Matters*.
Department for Social Security (1999) *Opportunity for All: Tackling Poverty and Social Exclusion*, London: DSS.
Department of Health (1997) *The New NHS Modern. Dependable*, London: Stationery Office.
Department of Social Security (1998) *New Ambitions for Our Country: A New Contract for Welfare*, London: Stationery Office.
Dimand, R., M. Dimand and E. Forget (2000) *A Biographical Dictionary of Women Economicst*, Cheltenham and Northampton: Edward Elgar.
Eisenstein, H. (2005) "A Dangerous Liaison?: Feminism and Corporate Globalization," *Social & Society*, 69 (3), 487-518.
Elson, D. (1997) "The Economic, the Political and the Domestic: Businesses, States and Households in the Organization of Production," *New Political Economy*, 3 (2), 189-208.

Elson, D. (2001) "Gender, Responsive Budget Initiatives: Key Dimensions and Practical Examples," UNIFEM, *Gender Budget Initiatives: Strategies, Concepts and Experiences.*

Elson, D. (2002) "Within a Context of Economic Reform," in D. Budlender et al. eds., *Gender Budget Make Cents: Understanding Gender Responsive Budgets,* Commonwealth Secretariat.

England, P. (1989) "A Feminism Critique of Rational-Choice Theories: Implications for Sociology," *The American Sociologist,* 20 (1), 15-28.

England, P. (1993) "The Separative Self: Androcentric Bias in Neoclassical Assumptions," in M. A. Ferber and J. A. Nelson eds., *Beyond Economic Man,* Chicago and London: University of Chicago Press.

England, P. and N. Folbre (1999) "Who Should Pay for the Kids?" *Annals of APSS (American Academy of Political and Social Science),* 563, 194-207.

England, P and N. Folbre (2003) "Contracting for Care," in M. A. Ferber and J. A. Nelson eds., *Feminist Economcs,* Chicago and London: University of Chicago Press.

Esping-Andersen, G. (1990) *The Three World of Welfare Capitalism,* Cambridge: Polity Press. (G. エスピン-アンデルセン, 岡沢憲芙・宮本太郎監訳, 2001, 『福祉資本主義の三つの世界——比較福祉国家の理論と動態』ミネルヴァ書房)

Esping-Andersen, G. (1999) *Social Foundation of Postindustrial Economies,* Oxford: Oxford University Press. (G. エスピン-アンデルセン, 渡辺雅男・渡辺景子訳, 2000, 『ポスト工業経済の社会的基礎——市場・福祉国家・家族の政治経済学』桜井書店)

Esping-Andersen, G. (2009) *The Incomplete Revolution Adapting to Women's New Right,* Cambridge: Polity Press. (イエスタ・エスピン-アンデルセン, 大沢真理監訳, 2011, 『平等と効率の福祉革命——新しい女性の役割』岩波書店)

Esping-Andersen, G. et al. (eds.) (2002) *Why We Need a New Welfare State,* New York: Oxford University Press.

Everingham, C. (2002) "Engendering time—Gender equality and discourses of workplace flexibility," *Time & Society,* 11 (2/3), 335-349.

Familienbund der Katholiken (2006) *Stimme der Familie: Informationen-Positionen-Perspektiven,* 53, Heft 1-2.

Ferber, M. A. and B. A. Birnbaum (1977) "'New Home Economics': Retrospects and Prospects," *Journal of Consumer Research,* 4 (1), 19-28.

Field, F. (1989) *Losing Out: The Emergence of Britain's Underclass,* London: Blackwell.

Finch, J. and D. Groves (1983) *Labour and Love: Women, Work and Caring,* London: Routledge and Kegan Paul.

Fleetwood, S. (ed.) (1999) *Critical Realism in Economics,* London: Routledge.

Folbre, N. (1986) "Hearts and Spades: Paradigms of Household Economics," *World Development,* 14 (2), 245-255.

Folbre, N. (1991) "The Unproductive Housewife: Her Evolution in Nineteenth-century Economic Thought," *Signs,* 16 (3),XX-XX.

Folbre, N. (1994a) *Who Pays for the Kids?: Gender and Structure of Constraints,* London: Routledge.
Folbre, N. (1994b) "Children as Public Goods," *AEA Papers and Proceedings,* 86-90.
Folbre, N. (ed.) (1996a) "Introduction," *Feminist Economics,* 2 (3), xi-xii.
Folbre, N. (ed.) (1996b) *The Economics of the Family,* Cheltenham, UK・Brookfield, US: Edward Elgar Publishing Limited.
Folbre, N. and M. Abel (1989) "Women's Work and Women's Households: Gender Bias in the U.S. Census," *Social Research,* Fall, 546-569.
Folbre, N. and S. Himmelweit (2000) "Introduction Children and Family Policy: A Feminist Issue," *Feminist Economics,* 6 (1), 1-3.
Forget, E. (1996) "Margaret Reid: A Manitoba Home Economist Goes to Chicago," *Feminist Economics,* 2 (3), 1-16.
Fraser, N. (1994) "After the Family Wage: Gender Equality and the Welfare State," *Political Theory,* 22 (4): 591-618. (ナンシー・フレイザー, 仲正昌樹監訳, 2003,『中断された正義——「ポスト社会主義的」条件をめぐる批判的省察』御茶の水書房, 所収。引用に際しては必ずしも邦訳に従っていない)
Fraser, N. (2008) *Scales of Justice: Remaining Political Space in Globalizing World,* Cambiridge: Polity Press. (ナンシー・フレイザー, 向山恭一訳, 2013,『正義の秤——グローバル化する世界で政治空間を再想像すること』法政大学出版局)
Fraser, N. (2014) "Behind Marx's Hidden Abode: For an Expanded Conception of Capitalism," *New Left Review,* 86. Mar/Apr., 55-72., (ナンシー・フレイザー, 竹田杏子訳, 2015,「マルクスの隠れ家の背後へ——資本主義の概念の拡張のために」『大原社会問題研究所雑誌』683・684, 7-20)
Fraser, N. and L. Gordon (1994) "A Genealogy of Dependency: Tracing a Keyword of the U.S. Welfare State," *Signs,* 19 (2), 309-336.
Freedland, M. and D. King (2003) "Contractual governance and illiberal contracts: Some problems of contractualism as an instrument of behaviour management by agencies of government," *Cambridge Journal of Economics,* 27, 465-477.
Gardiner, J. (1997) *Gender, Care and Economics,* London: Macmillan Press.
Gardiner, J. (2000) "Rethinking self-sufficiency: Employment, families and welfare," *Cambridge Journal of Economics,* 24, 671-689.
Gerhard, U., T. Knijn and J. Lewis (2002) "Contractualization," in Hobson, Lewis, and Siim eds., (2002).
Giddens, A. (1998) *The Third Way: The Renewal of Social Democracy,* Cambridge: Polity Press. (アンソニー・ギデンズ, 佐和隆光訳, 1999,『第三の道——効率と公正の新たな同盟』日本経済新聞社)
Giddens, A. (2000) *The Third Way and its Critics,* Cambridge: Polity Press. (アンソニー・ギデンズ, 今枝法之・千川剛史訳, 2003,『第三の道とその批判』晃洋書房)

Ginn, J. et al. (1996) "Feminist fallacies: A reply to Hakim on women's employment," *British Journal of Sociology,* 47 (1), 167-174.

Glennerster, H. (1991) "Quasi-Markets for Education?" *Economic Journal,* 101, 1268-1276.

Graham, H. (1991) "The concept of caring in feminist research: The case of domestic service," *Sociology,* 25 (2), 203-218.

Grossbard-Shechtman, S. (2001) "The New Home Economics at Columbia and Chicago," *Feminist Economics,* 7 (3), 103-130.

Gustafsson, S. (1997) "Feminist neo-classical economics: some examples," in G. Dijkstra and J. Plantenga eds., *Gender and Economics,* London: Routledge.

Hakim, C. (1991) "Grateful slaves and self-made women: Fact and fantasy in women's work orientations," *European Sociological Review,* 7 (2), 101-121.

Hakim, C. (2000) *Work-Lifestyle Choices in the 21st Century: Preference Theory,* Oxford: Oxford University Press.

Hakim, C. (2003) "A New Approach to Explaining Fertility Patterns: Preference Theory," *Population and Development Review,* 29 (3), 349-374.

Hakim, C. et al. (2008) *Little Britons: Financing Childcare Choices,* London; Policy Exchange.

Hara, N. (2006) "Gender Budget and Care: Macroeconomic Analysis from the Gender Perspective," *Keizai-Shirin* (Hosei University Economic Review), 74 (1-2), 253-271.

Hara, N. (2007) "Towards a Political Economy of Care," *Journal of International Economic Studies,* 21, 17-31.

Hara, N. (2010) "Work-life Balance in Japan from the Gender Perspective: A Critical Assessment," Paper presented at 19th IAFFE (International Association for Feminist Economics) Conference, in Buenos Aires, 22-24th July 2010.

Hara, N. (2015) "Flexible Work, Deficiency of Care and Child Poverty: A Critical Assessment of Gender Equality Policy in Japan," Paper presented at 24th IAFFE (International Association for Feminist Economics) Conference, in Berlin, 16-18th July 2015.

Hardt, M. and A. Negri (2009) *Commonwealth,* United States: M. Hardt and A. Negri.(アントニオ・ネグリ，マイケル・ハート，水島一憲監訳，2012,『コモンウェルス――〈帝国〉を超える革命編（上）（下）』NHK出版)

Hartmann, H. (1976) "Capitalism, Patriarchy and Job Segregation by Sex," *Signs,* 1 (3), 137-169.

Harvey, D. (2005) *A Brief History of Neoliberalism,* Oxford: Oxford University Press.(デヴィッド・ハーヴェイ，渡辺治監訳，2007,『新自由主義――その歴史的展開と現在』作品社)

Hills, J., T. Sefton and K. Stewart (eds.) (2009) *Towards a More Equal Society?,* Bristol: Policy Press.

Himmelweit, S. (1994) "Postscript to 'The Reality of Value'," in Mohun ed. (1994).

Himmelweit, S. (1995) "The Discovery of 'Unpaid Work': The Social Consequences of the Expantion of 'Work'" *Feminist Economics,* 1 (2), 1-19.(スーザン・ヒメルワイト，久場嬉子訳，1996,「"無償労働"の発見――"労働"概念の拡張の社会的諸結果」『日米女性ジャー

ナル』第20号, 116-136)
Himmelweit, S. (ed.) (2000) *Inside the Household*, Houndmills: Macmillan.
Himmelweit, S. (2002) "Making Visible the Hidden Economy: The Case for Gender-Impact Analysis of Economy Policy," *Feminist Economics*, 8 (1), 49-70.
Himmelweit, S. and S. Mohun (1977) "Domestic labour and capital," *Cambridge Journal of Economics*, 1, 15-31.
Himmelweit, S. and S. Mohun (1978) "The Anomalies of Capital," *Capital & Class*, 6, 67-105.
Himmelweit, S. and S. Mohun (1981) "Real Abstraction and Anomalous Assumptions," in Ian Steedman et al., *The Value Controversy*, London: Verso,.
Himmelweit, S. and S. Mohun (1994) "The Reality of Value," in Mohun ed. (1994).
Hobhouse, L. (1912) *The Labour Movement*, 3rd ed., New York: Mcmillan.
Hobhouse, L. (1994) "Liberalism", in J. Meadowcroft ed., *Liberalism and Other Writings*, 2nd ed., Cambridge: Cambridge University Press.
Hobson, B. (1990) "No exit., no voice: Women's economic dependency and the welfare state," *Acta Sociologica*, 33, 235-250.
Hobson, B. (2000) "Gender and Citizenship in Transition," in B. Hobson ed., *Gender and Citizenship in Transition*, New York: Routledge.
Hobson, B. (ed.) (2002) *Making Men into Fathers*, Cambridge: Cambridge University Press.
Hobson, B. (2003) "Introduction," *Social Politics*, 10 (2), 155-156.
Hobson, B. (2007) "Introduction," *Social Politics*, 14 (1), 1-3.
Hobson, B., J. Lewis and B. Siim (eds.) (2002) *Contested Concepts in Gender and Social Politics*, Cheltenham, UK. and Northampton, MA., USA.: Edward Elgar.
Hochschild, A. R. (2000) *The Time Bind, When Work Becomes Home and Home Becomes Work*, New York: Metropolitan Books. (アーリー・ラッセル・ホックシールド, 坂口緑・中野聡子・両角道代訳, 2012, 『タイム・バインド——働く母親のワークライフバランス』明石書店)
Home Office (1998) *Supporting Families: A Consultation Document*, London: Stationary Office.
Honneth, A. (1992) "Integrity and Disrespect: Principles of a Morality Based on the Theory of Recognition," *Political Theory*, 20 (2), 187-201.
Hoyt, E. (1928) *The Consumption of Wealth*, New York: Macmillan.
Hoyt, E. (1938) *Consumption in Our Society*, New York and London: McGraw-Hill.
Humphries, J. (1977) "Class struggle and the persistence of the working-class family," *Cambridge Journal of Economics*, 1 (3), 241-258.
Humphries, J. (1994) "Review, *Beyond Economic Man in Feminist Theory and Economics* edited by Marianne A. Ferber and Julie A. Nelson," *Journal of Economic History*, 54 (2), 483-484.
Humphries, J. (1995) "Economics, Gender and Equal Opportunity," in Humphries and Rubery eds. (1995).

Humphries, J. (ed.) (1995) *Gender and Economics,* Aldershot: Edward Elger Publishing.

Humphries, J. (1998) "Towards a Family-friendly Economics," *New Political Economy,* 3 (2), 223-240.

Humphries, J. (2003) "Child Labor: Lessons from the Historical Experience of Today's Industrial Economies," *World Economics Review,* 17 (2), 175-196.

Humphries, J. (2004) "Household Economy," in R. Floud and P. Johnson eds., *The Cambridge Economic History of Modern Britain, Volume 1, Industrialization 1700-1860,* Cambridge: Cambridge University Press.（ジェーン・ハンフリーズ，川崎暁子訳，2012,「市場と世帯経済――産業革命期イギリスにおける家族の経験」法政大学大原社会問題研究所／原伸子編著『福祉国家と家族』法政大学出版局，所収）

Humphries, J. (2010) *Childhoood and Child Labour in the British Industrial Revolution,* Cambridge: Cambridge University Press.

Humphries, J. and J. Rubery (1984) "The reconstitution of the supply side of the labour market: the relative autonomy of social reproduction," *Cambridge Journal of Economics,* 8 (4), 331-346.

Humphries, J. and J. Rubery (1995) *The Economics of Egual Opportunities,* Manchester: Equal Opportunity Commission.

IEA Health and Welfare Unit (1996) *Charles Murray and the Underclass: The Developing Debate* (Choice in Welfare, No. 33) London.

Jefferson, T. and J. E. King (2001) "New Intended to be a Theory of Everything: Domestic Labor in Neoclassical and Marxian Economics," *Feminist Economics,* 7 (3), 71-101.

Jones, M. and R. Lowe (2002) *From Beveridge to Blair,* Manchester and New York: Manchester University Press.

Joyce, R. et al. (2010) *Poverty and Inequality in the UK: 2010,* London: Institute for Fiscal Studies.

Kessler-Harris, A. (2001) *In Pursuit of Equality: Women, Men and the Quest for Economic Citizenship in 20th-Century America,* New York: Oxford University Press.

Kessler-Harris, A. (2003) "In Pursuit of Economic Citizenship," *Social Politics,* 10 (2), 157-175.

Kessler-Harris, A. (2007) *Gendering Labor History,* Urbana and Chicago: University of Illinois Press.

King, D. (1999) *In the Name of Liberalism: Illiberal Social Policy in the United States and Britain,* New York: Oxford University Press.

Kirk, H. (1953) *The Family in the American Economy,* Chicago: University of Chicago Press.

Kitty, E. F. (1999) *Love's Labor: Essays on Women, Equality, and Dependency,* New York and London: Routledge.（エヴァ・フェダー・キティ，岡野八代・牟田和恵監訳，2010,『愛の労働あるいは依存とケアの正義論』白澤社発行，現代書館発売）

Knijn, T. (1994) "Fish without Bikes: Revision of the Dutch Welfare State and Its Consequences for the (in) Dependence of Single Mothers," *Social Politics,* 1 (1), 83-105.

Kuhn, A. and A. Wolpe (eds.) (1978) *Feminism and Materialism: Women and Modes of Production,* London and Boston: Routledge & Kegan Paul.（A. クーン，A. ウォルプ編，上野千鶴子ほか訳，1986,『マルクス主義フェミニズムの挑戦』第 2 版，勁草書房）

Kuiper, E. and J. Sap (1995) "Introduction," E. Kuiper and J. Sap eds., *Out of the Margin: Feminist Perspectives on Economics,* London: Routledge.

Kuznets, S. (1941) *National Income and Its Composition, 1919-1938,* vol. I, New York: National Bureau of Economic Research.

Kyrk, H. (1923) *A Theory of Consumption,* New York and Boston: Houghton Mifflin.

Kyrk, H. (1929) *Economic Problems of the Family,* New York and London: Harper.

Kyrk, H. (1950) "Income distribution as a measure of economic welfare," *American Economic Review,* 40, 342-355.

Lawson, T. (1997) *Economics & Reality,* London: Routledge.（トニー・ローソン，八木紀一郎監訳，2003,『経済学と実在』日本評論社）

Le Grand, J. (1991) "Quasi-Markets and Social Policy," *Economic Journal,* 101 (408), 1256-1267.

Le Grand, J. (2003) *Motivation, Agency, and Public Policy: Of Knights and Knaves, Pawns and Queens,* Oxford: Oxford University Press.（ジュリアン・ルグラン，群司篤晃監訳，2008,『公共政策と人間——社会保障の準市場改革』聖学院大学出版会）

Le Grand, J. (2007) *The Other Invisible Hand: Delivering Public Service through Choice Competition,* Princeton: Princeton University Press.（ジュリアン・ルグラン，後房雄訳，2010,『準市場 もう一つの見えざる手——選択と競争による公共サービス』法律文化社）

Levitas, R. (1998) *The Inclusive Society?: Social Exclusion and New Labour,* Houndmills and New York: Palgrave Macmillan.

Lewis, J. (1992) "Gender and the development of welfare regimes," *Journal of European Social Policy,* 2 (3), 159-173.

Lewis, J. (1996) "Anxieties about the Family: A New Parenthood Contract?" *Political Quarterly,* 67 (2), 92-100.

Lewis, J. (1997) "Gender and Welfare Regimes: Further Thoughts," *Social Politics,* 4 (2), 160-177.

Lewis, J. (ed.) (1998) *Gender, Social Care and Welfare State Restructuring in Europe,* Aldershot: Aschgate.

Lewis, J. (2003a) "Economic Citizenship: A Comment," *Social Politics,* 10 (2), 176-185.

Lewis, J. (2003b) "Developing Early Years Childcare in England 1997-2002: The Choices for (Working) Mothers," *Social Policy and Administration,* 37 (3), 219-238.

Lewis, J. (2003c) "Responsibilities and Rights: Changing the Balance," in N. Ellison and C. Pierson eds., *Developments in British Social Policy 2,* London: Palgrave.

Lewis, J. (2004) "What is New Labour? Can it Deliver on Social Policy?" in J. Lewis and R. Sureder eds., *Welfare State Change: Towards a Third Way?.*

Lewis, J. (2006a) "Employment and Care: The Policy Problem, Gender Equality and the Issue of

Choice," *Journal of Comparative Policy Analysis*, 8 (2), 103-114.
Lewis, J. (2006b) "Work/family reconciliation, equal opportunities and social policies: The interpretation of policy trajectories at the EU level and the meaning of equality," *Journal of European Public Policy*, 13 (3), 420-437.
Lewis, J. (ed.) (2006) *Children, Changing Families and Welfare States*, Cheltenham, UK and Notthampton, MA. USA: Edward Elgar.
Lewis, J. (2008) "Children Policies and the Politics of Choice," *Political Quarterly*, 79, 499-507.
Lewis, J. (2009) *Work-Family Balance, Gender and Policy*, Cheltenham, UK and Northampton, MA., USA: Edward Elgar.
Lewis, J. (2013) "Continuity and Change in English Childcare Policy 1960-2000," *Social Politics*, 20 (3), 358-386.
Lewis, J. and M. Campbell (2007) "UK Work/Family Balance Policies and Gender Equality, 1997-2005," *Social Politics*, 14 (1), 4-30.
Lewis, J. and M. Campbell (2008) "What's in the Name? 'Work and Family' or 'Work and Life' Balance Policies in the UK since 1997 and the Implications for the Pursuit of Gender Equality," *Social Policy and Administration*, 42 (5), 524-541.
Lewis, J. and S. Giullari (2005) "The adult worker model family, gender equality and care: The search for new policy principles and the possibilities and problems of a capabilities approach," *Economy and Society*, 34 (1), 76-104.
Lewis, J. and B. Hobson (1997) "Introduction," in Jane Lewis ed., *Lone Mothers in European Welfare Regimes: Shifting Policy Logics*, London: Jessica Kingsley.
Lewis, J. et al. (2008) "Patterns of Development in the Work/Family Reconciliation Policies for Parents in France, Germany, the Netherlands and the UK in the 2000s," *Social Politics*, 15 (3), 261-286.
Lewis, J. et al. (2011) "What are Children's Centers?: The Development of CC Sercices, 2004-2008," *Social Policy and Administration*, 45 (1), 35-53.
Lietzmann, T. (2014) "After Recent Policy Reforms in Germany: Probability and Determinants of Labour Market Integration of Lone Mothers and Mothers with a Partner who Receive Welfare Benfits," *Social Politics*, 21 (4), 586-616.
Lister, R. (2004) "The Third Way's Social Investment State," in J. Lewis and R. Surender eds., *Welfare State Change: Towards a Third Way?*, Oxford: Oxford University Press.
Lister, R. (2006) "An agenda for children: Investing in the future or promoting well-being in the present?" in Lewis ed. (2006).
Marshall, T. H. (1973) *Class, Citizenship and Social Development*, Chicago and London: University of Chicago Press.
Marshall, T. H. and T. Bottmore (1992) *Citizenship and Social Class*, London: Pluto Press. (T. H. マーシャル,トム・ボットモア,岩崎信彦・中村健吾訳,1993,『シティズンシップと社会的階級——近現代を総括するマニフェスト』法律文化社)

参考文献

Marx, K. (1867) *Das Kapital*, Vol. 1., *MEW*, 23.
McCloskey, D. N. (1986) *The Rhetoric of Economics*, Brighton: Wheatsheaf Books. (ドナルド・N. マクロスキー, 長尾史郎訳, 1992, 『レトリカル・エコノミクス――経済学のポストモダン』ハーベスト社)
McCrate, E. (1987) "Trade, Merger and Employment: Economic Theory on Marriage," *Review of Radical Political Economics*, 19 (1), 73-89.
McCrate, E. (1988) "Gender Difference: The Role of Endogenous Preference and Collective Action," AEA Papers and Proceeding, 235-239.
Mead, L. (1986) *Beyond Entitlement: The Social Obligation of Citizenship*, New York: Free Press.
Mead, L. (1997) *The New Paternalism*, Washington, DC: Brookings Institute.
Mead, L. and C. Beem (eds.) (2005) *Welfare Reform and Political Theory*, New York: Russell Sage Foundation.
Milliband, E. (2005) "Does inequality matter?" in A. Giddens and P. Diamond eds., *New Egalitarianism*, Cambridge: Polity Press.
Mincer, J. (1963) "Market Price, Opportunity Costs, and Income Effects," in C. Christ ed., *Measurement in Economics*, Stanford: Stanford University Press.
Mohun, S. (ed.) (1994) *Debates in Value Theory*, New York: St Martin's Press.
Mückenberger, U. (2006) „Die zeitpolitische Wende in Familienpolitik," im Christine Henry-Huthmacher Hrsg., *Politik für Familien: Wege in eine kinderfreuntliche Gesellschaft*, Herder: Freiburg.
Murray, C. (1984) *Losing Ground: American Social Policy, 1950-1980*, New York: Basic Books.
Nardinelli, C. (1990) *Child Labor and the Industrial Revolution*, Indiana: Indiana University Press. (クラーク・ナーディネリ, 森本真美訳, 1998, 『子どもたちと産業革命』平凡社)
Nilsson, M. (2011) "Review: Jane Humphries, *Childhood and Child Labour in the British Indsutrial Revolution*," Scandinavian Economic History Review, 59 (3). 296-298.
Oakley, A. (1990) *Housewife*, 2nd ed., London: Penguin.
O'Connor, J. (1993) "Gender, class and citizenship in the comparative analysis of welfare regimes: Theoretical and methodological issues," *British Journal of Sociology*, 44 (3), 501-518.
OECD (2006) *Economic Survey of Japan*.
OECD (2009) *Society at Glance 2009*, OECD Social Indicators, OECD Publishing.
Orloff, A. S. (1993) "Gender and the Social Rights of Citizenship: The Comparative Analysis of Gender Relations and Welfare States," *American Sociological Review*, 58, 303-328.
Ott, N. (1995) "Fertility and Division of Work in the Family: A game theoretic model of household decisions," in E. Kuiper and J. Sap eds., *Out of the Margin*, London: Routledge.
Parker, G. (1992) "Counting Care: Numbers and types of informal carers," in J. Twigg ed., *Carers: Research and Practice*, London: HMSO.

Pateman, C. (1989) *The Disorder of Women,* Cambridge: Polity Press.

Penn, H. (2007) "Children Market Management: How the United Kingdom Government has reshaped in developing early childhood education and care," *Contemporary Issues in Early Childhood,* 8 (3), 192-207.

Perrons, D. (2006) "Squeezed between two agendas: Work and childcare in the flexible UK," in Lewis ed. (2006).

Pocock, B. (2006) *The Labour Market Ate My Babies: Work, Children and a Sustainable Future,* Annandale: Federation Press.（バーバラ・ポーコック，中里英樹・市井礼奈訳，2010,『親の仕事と子どものホンネ——お金をとるか，時間をとるか』岩波書店）

Polachek, S. W. (1995) "Human Capital and the Gender Earnings Gap: A Response to Feminist Critiques,"in E. Kuiper and J. Sap eds., *Out of the Margin,* London: Routledge.

Polanyi, K. (1957) *The Great Transformation: The Political and Economic Origins of Our Time,* Boston: Beacon Press.（カール・ポランニー，吉沢英成ほか訳，1975,『大転換——市場社会の形成と崩壊』東洋経済新報社）

Polkinghorn, B. and D. L. Thomson (1998) *Adam Smith's Daughters: Eight Prominent Women Economists from the Eighteenth Century to the Present,* Cheltenham, and Northampton, MA.: Edward Elgar Publishing.（B. ポーキングホーン，D. L. トムソン，櫻井毅監訳，2008,『女性経済学者群像——アダム・スミスを継ぐ卓越した八人』御茶の水書房）

Pollak, R. A. (1985) "A Transaction Cost Approach to Families and Households," *Journal of Economic Literature,* XXIII, 581-608.

Pujol, M. (1984) "Gender and class in Marshall's principles of economics," *Cambridge Journal of Economics,* 8, 217-234.

Pujol, M. (1992) *Feminism and Anti-Feminism in Early Economic Thought,* Aldershot, UK and Brookfield, USA: Edward Elgar Publishing.

Rathbone, E. (1924) *The Disinherited Familie,* Bristol: Falling Wall Press.

Reid, M. (1929) "An Estimate of Number of Women Engaged in Homemaking," (with Hazel Kyrk) *Journal of Home Economics,* 21, 424-426.

Reid, M. (1934) *Economics of Household Production,* New York: John Wiley & Sons.

Reid, M. (1977) "How New is the 'New Home Economics'?" *Journal of Consumer Research,* 4 (3), 181-183.

Ridge, T. (2009) "It Didn't Always Work: Low-Income Children's Experiences of Changes in Mother's Working Patterns in the UK," *Social Policy & Society,* 8 (4), 503-513.

Robert Bosch Stiftung (2005) *Starke Familie: Bericht der Komission 》Familie und demographischer Wandel《.*

Robert Bosch Stiftung (2006a) *Kinderwünsch in Deutschland: Konsequenzen für eine nachhaltige Familienpolitik.*

Robert Bosch Stiftung (2006b) *Unternehmen Familie.*

Rosén, Å. (1993) "An Equilibrium Search, Matching Model of Discrimination," Workingpaper,

No. 102, FIEF, Stockholm: Trade Union Institute for Economic Research.

Rubery, J. (1978) "Structured labour markets, worker organization and low pay," *Cambridge Journal of Economics*, 2, 17-36.

Rubery, J. (2002) "Gender mainstreaming and gender equality in the EU: The impact of the EU employment strategy," *Industrial Relations Journal*. 33 (5),. 500-522.

Rubery (2005) "Reflections on Gender Mainstreaming: An Example of Feminist Economics in Action?" *Feminist Economics*, 11 (3), 1-26.

Rubery, J. et al. (2001) "The Future of European Labor Supply: The Critical Role of the Family," *Feminist Economics*, 7 (3), 33-69.

Rubery, J. et al. (2003) "Gender equality still on the European agenda—But for how long?" *Industrial Relations Journal*, 34 (5), 477-497.

Rubery, J. et al. (2005) "Working time, industrial relations and the employment relationship," *Time & Society*, 14 (1), 89-111.

Rubin (1994) "Abstract Labour and Value in Marx's System," in *Debates in Value Theory*, edited by Simon Mohun, Houndmills and London: St. Martin's Press.

Ruskin, J. (1862) *Unto This Last: Four Essays on the First Principles of Political Economy, The Works of John Ruskin*, edited by E. T. Cook and Alexander Wedderburn, Library Edition, London 1905, vol. XVII, 13-114.(邦訳としては,ジョン・ラスキン,飯塚一郎・木村正身訳, 2008,『この最後の者にも ごまとゆり』中央公論新社(中公クラシックス),を使用)

Ryner, M. (2010) "An Obituary for the Third Way: The Financial Crisis and Social Democracy in Europe," *Political Quarterly*, 81 (4), 554-563.

Sainsbury, D. (1993) "Dual welfare and sex segregation of access to social benefits: Income maintenance policies in the UK, the US, the Netherlands and Sweden," *Journal of Social Policy*, 22, 69-98.

Sainsbury, D. (1996) *Gender Equality and Welfare States*, Cambridge: Cambridge University Press.

Schultz, T. W. (ed.) (1974) *Economics of the Family*, Chicago: University of Chicago Press.

Scott, J. W. (1999) *Genber and the Politics of History*, Revised Edition, New York and Chichester: Columbia University Press.(ジョーン・W.スコット,荻野美穂訳,2004,『ジェンダーと歴史学』増補新版,平凡社)

Searle, G. R. (1971) *The Quest for National Efficiency: A Study in British Politics and Political Thought*, Oxford: Basil Blackwell.

Secretary of State for Social Security (1998) *New Ambitions for Our Country: A New Contract for Welfare*.

Secretary of State for Social Security (1999) *Opportunity for All: Tackling Poverty and Social Exclusion*.

Sen, A. (1989) "Cooperation, Inequality, and the Family," *Population and Development Review*, 15 (Supplement Rural Development and Population: Institutions and Policy), 61-76.

Sen, A. (1990) "Gender and Cooperative Conflicts," in I. Tinker ed., *Persistent Inequalities: Women and World Development*, New York: Oxford University Press.
Shklar, J. (1991) *American Citizenship: The Quest for Inclusion*, Cambridge, MA. and London: Harvard University Press.
Siin, B. (1987) "The Scandinavian welfare states—Towards sexual equality of a new kind of male domination?," *Acta Sociologica*, 30 (3/4), 255-270.
SPD-Parteivorstand (1997) *Arbeitmodelle*, SPD-Bundesparteitag, Leitantrag, Berlin, www.spd.de.
SPD-Parteivorstand (2001) *Zukunft der Arbeit*, Berlin, www.spd.de.
Spiegel (2006) „Kulturkampf um die Familie," Nr. 17/24. 4. 06.
Spiegel (2007) „Der Familienkrach," Nr. 9/26. 2. 07.
Statistisches Bundesamt (2008) *Öffentliche Sozialleistungen: Statistik zum Elterngeld, Anträge von Januar bis Dezember 2007*.
Stewart, K. (2009a) "Labour's Record on Inequality and the New Opportunities White Paper," *The Political Quarterly*, 80 (3), 427-433.
Stewart, K. (2009b) "A scar on the soul of Britain: Child poverty and disadvantage under New Labour," in Hills, Sefton and Stewart eds. (2009).
Stewart, K. (2013) "Labour's Record on the Under Fives: Policy, Spending and Outcomes 1997-2010," London: CASE (Center for Analysis of Social Exclusion, LSE).
Stewart, K., T. Sefton and J. Hills (2009) "Introduction," in Hills, Sefton and Stewart eds. (2009).
Strassmann, D. (1995) "Editorial: Creating a Forum for Feminist Economics Inquiry?" *Feminist Economics*, 1 (1), 1-5.
Strategaki, M. (2004) "The Cooptation of Gender Concepts in EU Policies: The Case of 'Reconciliation of Work and Family'," *Social Politics*, 11 (1), 30-56.
Surender, R. (2004) "Modern Challenges to the Welfare State and the Antecedents of the Third Way," in J. Lewis and R. Surender eds., *Welfare State Change: Towards a Third Way?*, New York: Oxford University Press.
Taylor-Gooby, P. (ed.) (2004) *New Risks, New Welfare: Transformation of the European Welfare State*, New York: Oxford University Press.
Thomas, C. (1993) "De-constructing concepts of care," *Sociology*, 27 (4), 649-669.
Thompson, E. P. (1980) *The Making of the English Working Class*, London: Penguin books. (エドワード・P. トムソン, 市橋秀夫・芳賀健一訳, 2003,『イングランド労働者階級の形成』青弓社)
Thompson, E. P. (1991) *Customs in Common*, Harmondsworth: Penguin Books.
Tomkins, A. (2011) "Review: Jane Humphries, *Childhood and Child Labour in the British Industrial Revolution*," *English Historical Review*, August, cxxvi. 521.
Trzcinski, E. (1995) "The Use and Abuse of Neoclassical Theory in the Political Arena: The Example of Family and Medical Leave in the United States," in E. Kuiper and J. Sap eds., *Out*

of the Margin: Feminist Perspective on Economics, London and New York: Routledge.

Tuttle, C. (2011), "Review: Jane Humphries, *Childhood and Child Labour in the British Industrial Revolution,*" *EH-net,* 17th January.

UNICEF Innocenti Research Centre (2012) *Measurment Child Poverty: New league tables of child poverty in the world's rich contries.*

United Nations (1995) *Fourth World Conference on Women* (draft).

Vincent, D. (1977) *Testaments of Radicalism: Memories of Working Class Politicians 1790-1885,* London: Europa Publications.

Vincent, D. (ed.) (1978) *Literacy and Popular Culture in England 1750-1914,* Cambridge: Cambridge University Press.

Vincent, D. (1981) *Knowledge and Freedom: A Study of Nienteenth-Century Working Class Autobiography,* London: Europa Publications. (デイヴィド・ヴィンセント，河北稔・松浦京子訳，1991,『パンと知識と解放と―― 19世紀イギリス労働者階級の自叙伝を読む』岩波書店)

Waerness, K. (1984) "Caring as women's work in the welfare state," in H. Holter ed., *Patriarchy in a Welfare Society,* Oslo: Universitetsforlaget.

Waring, M. (1988) *If Women Counted: New Feminist Economics,* San Francisco: Harper & Row. (マリリン・ウォーリング，篠塚英子訳，1994,『新フェミニスト経済学』東洋経済新報社)

White, S. (2000) "Review Article: Social Policy and the Social Contract―Political Theory and the New Welfare Politics," *British Journal of Political Science,* 30 (3), 507-532.

White, S. (ed.) (2001) *New Labour: The Progressive Future?,* Houndmills and New York: Palgrave.

White, S. (2003) *The Civic Minimum: On the Rights and Obligations of Economic Citizenship,* New York: Oxford University Press.

White, S. (2004) "Welfare Philosophy and the Third Way?" in J. Lewis, and R. Surender eds., *Welfare State Change: Towards a Third Way,* New York: Oxford University Press.

Williamson, O. E. (1975) *Markets and Hierarchies: Analysis and Antitrust Implications,* New York: Free Press.

Wrigley, C. (2011) "Review: Jane Humphries, *Childhood and Child Labour in the British Industrial Revolution,*" *History Today,* 13th July.

Yi, Yun-Ae (1996) "Margaret G. Reid: Life and Achievements," *Feminist Economics,* 2 (3), 17-36.

Рубин, И. И. (1930) Очерки по Теории Стоимости Маркса, с мовым дополнением к статье 《ОТВЕТ КРИТИКАМ》, ИЗДАНИЕ ЧЕТВЕРТОЕ, Государственное Идательство, Москва и Ленинград. (イサーク・イリイチ・ルービン，竹永進訳，1993,『マルクス価値論概説』法政大学出版局)

あとがき

　本書は，ジェンダーに関するテーマについて，2000年代以降に執筆した研究成果をまとめたものである。私の研究者としての出発点は，大学院時代における『資本論』研究，とくに蓄積論・労賃論の形成過程であった。その後，こうしてジェンダーに関する本書を刊行するまでには長い道のりがあった。

　私は大学院時代，刊行が開始されたばかりの『新マルクス・エンゲルス全集 (Marx=Engels Gesamt Ausgabe：新 MEGA)』の『資本論』草稿の研究を行った。その過程で，実は二つの問題について考えるようになった。一つは，資本蓄積過程における市場と家族の関係，とくに労働者階級家族の位置づけについてである。家族についての古典であるフリードリッヒ・エンゲルスの著書『家族・私有財産・国家の起源』(1884年) は，マルクスによるモーガンの『古代社会』(1877年) に関する抜粋ノートに基づいて，マルクスが「もはや果たせなくなってしまったことにたいする埋め合わせ」(エンゲルス，1884=1965：訳9)，マルクスの「遺言の執行」(同上) として執筆された。
　エンゲルスは，一方で，「歴史における究極の規定要因は，直接的な生命の生産と再生産」(同上：9) であるとして，資本主義的生産と家庭における人間自身の生産からなる二つの生産過程を同等に位置づけた。けれども，他方では，所有論の観点から，ブルジョア階級家族は財産の世代的継承という意味において家族を持続させる正当な根拠があるが，それに対して，労働者階級家族は無産であり，家族の存続の根拠が存在しないという。そして「生産手段の共同所有への移行とともに，個別家族は社会の経済単位であることをやめる。私的家計は一つの社会的産業に転化する。子どもたちの養育や教育は公的な事項となる」(同上：100)，という。私の疑問は，マルクスは実際に「経済学批判体系プラン」における「賃労働」においてエンゲルスのいうような市場と家族の関係

を展開しようとしていたのか，現実には資本主義社会が確立して約200年の間，家族は多様化しながらも存続しているではないか，その存在の根拠は何かということであった。

　もう一つの問題は，「直接的な生命の生産と再生産」において重要な役割を演じる，家庭内における無償労働の位置づけについてである。当時，イギリスや日本における「家事労働論争」との関連において，賃金の「価値分割論」，あるいは家族賃金論をめぐる議論は無償労働を論じながらも労働市場の観点を強調することによって，家族の内部における福祉の生産や生活水準の問題を事実上，議論の外においやっているのではないかということである。それに対して，ハンフリーズとルベリの議論（Humphries, 1977; Humphries and Rubery, 1984）は，景気循環の不況局面における実質賃金の低下のもとで，家族は無償労働によって生活水準を上昇させようと資本蓄積に主体的に働きかけること，それは実質賃金の低下から生活水準を守るための方策であることなどを主張したものであり，歴史に裏づけられた理論は新鮮であった。そこで展開された家族の相対的自律性論は，現在も私のジェンダーに関する理解に大きな影響を与えている。

　その後，私は，法政大学海外研修員制度によって1997年にケンブリッジ大学経済学部に客員研究員として滞在し，ジェーン・ハンフリーズ氏（当時はケンブリッジ大学経済学部，現在はオックスフォード大学歴史学部）のもとで研究を進めた。また，「批判的経済学」による現代経済学批判のプロジェクト「ケンブリッジ存在論グループ」を率いておられたトニー・ローソン氏のワークショップへ参加したことは，方法論としてのジェンダー研究の可能性を学ぶ場にもなった。2005年に再びケンブリッジ大学に留学した際には，トニー・ローソン氏の下で研究を行った。

　こうして私のジェンダー研究は，理論的研究を出発点に置くものであった。しかし，2000年代に入ってから法政大学比較経済研究所の「グローバリゼーションとジェンダー」プロジェクトや，大原社会問題研究所の「福祉国家と家族」プロジェクト，「子どもの労働と貧困」プロジェクトにおける共同研究によって，私の問題関心はしだいに，理論から政策へと射程を広げていった。本

あとがき

書は「ジェンダーの政治経済学」という大きなテーマに対する，現時点での問題意識とそれに基づくささやかな研究成果にすぎないが，今後はそれをさらに発展させていこうと思う。

本書完成に至るまでに，実に多くの方々からのご支援があった。まず，私の研究者への道を形作ってくださった，学部時代の恩師・故花田仁伍先生，大学院時代の恩師・故都留大治郎先生，故宮川謙三先生，逢坂充先生にお礼申し上げたい。また横浜国立大学の故佐藤金三郎先生のもとで1年間，演習に参加させていただいた。ルービンをめぐる議論を懐かしく思い出す。勤務先の法政大学経済学部は常に自由な研究環境を与えてくれた。また法政大学比較経済研究所の元所長・増田壽男先生は私の研究を応援してくださり，叢書刊行の機会を与えてくださった。大原社会問題研究所の早川征一郎先生，相田利雄先生，五十嵐仁先生は，叢書刊行とともに私が研究所で仕事を継続する機会を与えてくださった。

さらに多くの研究会や学会でいただいたご意見は研究の糧であった。とくに独占論研究会（独占研）の故高須賀義博先生，故高山満先生，本間要一郎先生，鶴田満彦先生，長島誠一先生，重田澄男先生をはじめ皆様に感謝申し上げたい。独占研は学派を超えた自由闊達で厳しくも温かな議論の場を提供してくれた。また，武蔵大学で開かれていた，故加藤榮一先生，故馬場宏二先生，林健久先生，柴垣和夫先生，兵藤釗先生，佐々木隆雄先生が開催される研究会や，櫻井毅先生が主催される研究会では，福祉国家論や経済学理論の最先端のご意見をお聞きすることができた。さらに2013年から参加させていただいている「再生マルクス主義フェミニズム研究会」では，女子労働論研究の先駆者である竹中恵美子先生と久場嬉子先生を囲んで，大変貴重で楽しい時間を過ごさせていただいている。これらの研究会の皆様に感謝申し上げたい。

本書の刊行計画は，2007年に有斐閣書籍編集第二部元部長・鹿島則雄氏にお話しして実現したものである。その後，同編集部の長谷川絵里氏と有斐閣アカデミアの伊藤真介氏に煩雑な編集の労をとっていただいた。予定をこのよう

に大幅に遅れた執筆を寛容に待っていただき，出版してくださったことに心よりお礼申し上げたい。なお，本書は，2005 年度の関科学技術振興記念財団の出版助成金を得て刊行されるものである。ジェンダー研究を始めたばかりの時期に，このような助成金を与えていただいたことは，その後の研究の励みになった。お礼を申し上げるとともに，大幅な遅れを心よりお詫び申し上げる。

最後に，夫・竹田茂夫と娘・杏子はいつも私を支えてくれた。そして犠牲を惜しまずに協力してくれた。感謝の念でいっぱいである。

本書を亡き両親・原嘉彦と昭子に捧げます。

2015 年 10 月

原　　伸　子

初 出 一 覧

　各章の主な初出一覧は下記のとおりである。なお，本書収録にあたっては，それぞれ大幅に加筆・修正を行っている。

序　章：書き下ろし

第 1 章：「『市場と家族』再考（1）」『経済志林』第 69 巻第 3 号，259-304（2001 年）

第 2 章：「ジェンダーと『経済学批判』——ケアの経済学に向けて」法政大学比較経済研究所／原伸子編『市場とジェンダー——理論・実証・文化』所収，法政大学出版局，3-26（2005 年）

第 3 章：「『市場と家族』再考（1）」『経済志林』第 69 巻第 3 号，259-304（2001 年）

第 3 章・補論：「書評，Jane Humphries, *Childhood and Child Labour in the British Industrial Revolution*」『大原社会問題研究所雑誌』No. 651, 65-71（2013 年）

第 4 章：「福祉国家と家族政策の『主流』化——『ワーク・ライフ・バランス』の論理とジェンダー平等」『大原社会問題研究所雑誌』No. 594, 1-18（2008 年）

第 5 章：「福祉国家の変容と子どもの貧困——労働のフレキシビリティとケア」『大原社会問題研究所雑誌』No. 649, 30-46（2012 年）

第 6 章：「福祉国家の変容と社会的ケア——雇用・家族・ジェンダー」『季刊 経済理論』第 50 巻第 3 号，31-40（2013 年）

第 7 章：「ドイツにおける家族政策の『転換』と企業の対応——Robert Bosch Stiftung, *Unternehmen Familie,* 2006 における家族」『経済志林』第 75 巻 3 号，371-394（2007 年）

第 8 章：「福祉国家の変容と家族政策——公私二分法とジェンダー平等」法政大学大原社会問題研究所／原伸子編著『福祉国家と家族』所収，法政大学出版局，57-85（2012 年）

第 9 章：「ワーク・ライフ・バランス政策の論理——批判的考察」『経済志林』第 78 巻第 4 号，165-194（2011 年）

第 10 章：「福祉国家の『変容』と『ワーク・ライフ・バランス』の論理——雇用・家族・ジェンダー」『季刊 経済理論』第 45 巻第 4 号，45-56（2009 年）

索　引

事　項

アルファベット

AAW → 女性の地位向上のための同盟
ADC → 要扶養児童世帯扶助
AHEA → アメリカ家政学会
CCs → Children's Center
CELJ → 学術ジャーナル編集者会議
Children's Center　128, 129
CSE → 社会主義経済学者会議
CTC → 児童タックス・クレジット
IAFFE → 国際フェミニスト経済学会
IRSEPs → 不完全に合理的でいくぶん経済人
JAFFE（Japan Association for Feminist Economics）　60
PRWORA → 個人責任および就労機会調整法
REM → 合理的経済人
SEU → 社会的排除防止局
SSLP → Sure Start Local Programmes
Sure Start Local Programmes　128, 129
TANF → 貧困世帯一時扶助
WBG → 女性予算グループ
WFB → ワーク・ファミリー・バランス
WFB 政策 → ワーク・ファミリー・バランス政策
WFTC → 勤労者家族タックス・クレジット
WLB → ワーク・ライフ・バランス
WLB 政策 → ワーク・ライフ・バランス政策
WTC → 勤労者タックス・クレジット

あ　行

アファーマティブ・アクション　28, 36, 61, 75
アメリカ家政学会（AHEA）　14
アメリカ経済学会　21, 39
新たな社会的リスク　8, 101, 161, 185, 188, 229, 241
アンダークラス　123, 124
育児・介護休業法　185, 211, 227
　――の改正　208, 209
　改正――　217, 225
育児休暇　9, 134, 231, 234, 237, 240
育児休業　208
　――取得率　209, 226
育児休業法　185, 217
育児手当　157, 158, 167, 174, 177, 181, 226
育児手当法および育児休暇法 → 連邦育児手当法
育児に関する勧告　6, 233, 234
育児の市場化　165
依存者　41-43, 161
依存の系譜学　42
1.57 ショック　216, 217
ウェルフェア・マザー　108, 109, 124, 149

273

ウーマン・パワー政策　1, 2
ウルストンクラフトのジレンマ　44, 62, 187, 188, 204
親休暇および家族的理由による休暇に関する指令 → 親休暇指令
親休暇指令　6, 185, 233, 234
親時間　167, 177, 181
親時間法　241
親手当　156, 158, 162, 163, 167, 170-172, 174, 176, 177, 181, 182, 226
親手当法　161, 170, 181, 241

か 行

介護保険制度　4, 5, 54, 59, 60, 162, 193, 243
改正児童扶養手当法　205
階層化指標　44, 62, 147, 165
開放的調整政策　232, 233
学術ジャーナル編集者会議（CELJ）　60
家計生産関数　15, 21, 24
家計生産モデル　14, 18, 22, 23, 25, 67
家計内生産物　23
家事労働　16, 20, 23, 45, 47, 58, 62, 86, 178, 180
　　――の計測　16
　　――の市場化　48, 49, 58
　　――の社会化　48, 53
　　――の二分化　50, 59
家事労働論争　3, 4, 11, 38, 45-48, 57-59, 62, 63, 75, 86
家政学　7, 11, 13-17, 19, 20, 36, 41, 67
家政学運動　14
下層階級　105
家族　67-70, 75, 77, 78
　　――の経済学　11, 13, 20, 67
　　――の相対的自律性　3, 4, 7, 78, 84, 86, 98
　　――の相対的自律性アプローチ　79, 80, 82
　　――の組織分析　4, 41, 45, 69
　　制度としての――　78, 81
家族・医療休暇法　83
家族クレジット　56, 57, 65, 143
家族形態の多様化　187, 189
家族政策の主流化　36, 101, 119, 187, 190, 204, 229
家族賃金　76-78, 98
家族賃金キャンペーン　77, 96
家族賃金論争　75, 76, 86
家族のための地域同盟　160
価値論論争　45, 47-49, 58, 59, 63, 64
家庭志向型　218, 221, 222, 225
家父長制　3, 46, 63, 67-69, 76, 77, 86
環境調和的予算　52
環境予算　64
還元主義　70, 85
機会主義　73
機会の平等　85
企業としての家族　172-175, 177, 180
『企業としての家族』　168, 169, 172, 179
擬似家族　87, 98
擬似市場　177, 179, 182
擬似親族的結合　78, 81
機能主義的社会民主主義　196, 198-200, 206
機能的フレキシビリティ　135
逆選択　214-216
求職者協定　197, 201
求職者手当　197
緊急保育対策等5か年事業　217
勤勉革命　88
勤労者家族タックス・クレジット（WFTC）　56, 57, 121, 143
勤労者タックス・クレジット（WTC）

索引

　　　130, 132, 139, 143
クォーター制　　28, 61
ケア　　3, 6, 20, 120, 153, 154, 178, 183
　——の意味　　213
　——の市場化　　116, 162
　——の質　　6
　——の質の低下　　121-123, 139, 140, 165
　——の社会化　　48, 151, 177
　——の脱家族化　　107
　——の発見　　164
　——の不足　　8, 119, 121-123, 133, 139, 140-143, 242
ケア政策　　217, 218
ケアレジーム　　146, 156, 161, 162
ケアレジーム論　　8, 9, 241
ケア労働　　2, 4, 38, 41, 43, 47-50, 53-55, 57, 59, 68, 75, 106, 114, 115, 122, 149, 152, 153, 180, 208, 224, 238
　——の意味　　142, 225
　——の概念化　　102, 116, 208, 235
　——のコスト　　54, 55, 59
　——の市場化　　48, 53, 58, 60, 113, 152
　——の質の低下　　60
　——の社会化　　46, 59, 152
　——の評価　　176, 181
　——の不足　　55
　——の分析　　44-50, 57-59, 63, 67
経済的シチズンシップ　　8, 99, 102-108, 110, 112-116, 118, 164, 229
形成の自由　　158, 181, 182
ケイパビリティ・アプローチ　　60
ゲーム理論　　3, 7, 21, 23, 28, 35, 38, 60, 61, 68, 69, 74, 86
現実的抽象　　49, 58, 59
限定された合理性　　73
公私二分法　　44, 45, 62, 119, 188, 204, 229
交渉ゲーム　　32-36

交渉モデル　　68, 69
拘束の構造　　68-73
公的扶助　　148, 150, 163, 164
高度専門能力活用型グループ　　144, 211, 225
合理的経済人（REM）　　70
合理的経済人仮説　　42
合理的選択　　70, 71, 73
合理的選択理論　　220, 221
合理的フェミニズム　　69
国際フェミニスト経済学会（IAFFE）　　11, 39, 41, 60, 227
国連世界女性会議　　1, 11, 243
個人責任および就労機会調整法（PRWORA）　　61, 126, 194, 205
子ども・子育て関連3法　　4
子ども・子育て支援新制度　　4, 5, 54
子どもの貧困　　2, 56, 59, 96, 97, 99, 119-123, 128-131, 133, 138, 140-143, 188, 204-206, 224, 235, 240, 242
　——対策　　130, 131, 133, 138, 139, 141
コモンズ理論　　73
雇用柔軟型グループ　　144, 211, 225
雇用政策　　208, 210, 216, 218, 223, 225, 230, 237, 240, 242
雇用対策法　　210, 217
雇用の多様化　　210
雇用のポートフォリオ論　　144, 208, 211
雇用（の）ポートフォリオ戦略　　209, 217, 218, 225
今後の子育て支援のための施策の基本的方向について　　217

さ　行

サテライト勘定　　47, 63, 227
産業革命期における教育の役割　　95
産業革命期の児童労働　　87-92, 97

産業革命期の労働者階級家族　87
ジェンダー・インパクト評価　51, 52, 56
ジェンダー化されたイマジネーション　110, 113
ジェンダー主流化　1, 6, 7, 11, 14, 51, 55, 64, 65, 227, 234, 243
ジェンダー秩序　110, 111, 113, 149, 150, 161
ジェンダー平等　1, 2, 4-6, 8-10, 61, 74, 85, 99, 101-103, 107, 108, 112, 116, 120, 122, 134, 138, 162, 180, 181, 185, 187, 190, 203, 204, 208, 210, 213, 216-218, 225, 229, 230, 232-237, 240, 242, 243
ジェンダー平等政策　232
ジェンダー不平等　2, 56, 57, 62, 117, 203, 206, 229
ジェンダー予算　51-53, 59, 64
時間政策　9, 156, 157, 161, 168-171, 177, 180, 224, 230, 232, 240
時間の三分法　9, 178, 180, 183
時間の二分法　9, 178, 180
時間配分の理論　13-15, 18, 19, 36, 37
時間予算　174, 177-180
仕事志向型　218, 221, 222, 224, 225
資産ベースの平等主義　127, 189, 201-203
次世代育成支援対策推進法　208, 211, 217, 218
下からの歴史　90, 91
シチズンシップ　8, 62, 99, 106-110, 112, 113, 116, 125, 145, 147, 149, 164, 188, 194, 201
シチズンシップ論　44
失業手当Ⅱ　163, 164
児童タックス・クレジット（CTC）　121, 129, 130, 139, 143, 202
児童手当　180
児童扶養手当　205

児童法　188, 189
児童養育法　188
市民憲章　195
市民的シチズンシップ　103, 105, 109, 110, 112, 115
市民的諸権利　103-105, 109-112, 115, 145, 149
社会行動計画　233
社会主義経済学者会議（CSE）　47, 63
社会主義フェミニズム　69, 192
社会生活の二分化　136, 137
社会的ケア　8, 99, 116, 117, 119, 146, 153-156, 160-162, 187, 205, 241
　――の意味　188
　――の概念化　230
　――の準市場化　5
　――の不足　99, 101, 161, 185, 187, 188, 204, 206, 229
社会的ケアレジーム　241
社会的シチズンシップ　103-105, 108-116
社会的諸権利　103-105, 111, 112, 115, 145, 147-149, 151, 152, 160, 162, 164
社会的投資アプローチ　10, 120-123, 126-128, 138, 140, 141, 143, 144, 185, 189, 190, 201, 203, 204, 208, 235, 238
社会的排除　101, 105, 142, 165, 185, 188, 189, 192, 201-204, 241
社会的排除への取り組みにむけての監視　202
社会的排除防止局（SEU）　121, 142
社会的包摂　127, 141, 165, 190, 201-204, 235, 242, 243
社会的包摂論　201, 237, 243
社会保険　145, 148, 150, 151, 156, 160, 164
社会民主主義　44, 143, 195, 196, 198, 200, 201, 243
社会民主主義的福祉国家　147

シュア・スタート・プログラム　127, 202
自由主義的福祉国家　147
柔軟性の権利　134, 138, 144, 231, 239, 240, 242
柔軟な働き方　234
出生率上昇　217
準市場　5, 162, 165, 182, 193
準市場化　54, 59
少子化社会対策基本法　217
少子化対策　8, 9, 21, 24, 25, 36, 171, 185, 208, 209, 211, 216-219, 222, 225, 230, 240, 242
少子化プラスワン　217
承認と再分配　190
消費共同体　23
消費経済学　7, 11, 14, 15
職業分断　26
職場復帰する権利　9, 134, 231, 234, 240
女性活躍推進法　1, 2, 4, 10
女性差別撤廃条約　1
女性の仕事に対する満足度　220
女性の選好　6, 218-221, 224, 225
女性の選択　223
女性の地位向上のための同盟（AAW）　15, 16, 63
女性予算グループ（WBG）　51, 52, 55, 65
所得の再分配による包摂　243
新家庭経済学　3, 4, 7, 11, 13-15, 18-22, 25, 26, 28, 29, 35-37, 40, 41, 44, 46, 61, 67, 74, 89, 98, 169, 214
シングル・マザー → 一人親の母親
人口学上のパラドックス　171
新古典派経済学　3, 4, 11, 13, 19-22, 27-30, 32, 36, 38, 40-42, 55, 61, 62, 67-71, 73, 75, 82, 84, 88, 89, 220
新古典派制度学派　71-73

新時代の「日本的経営」　210, 217, 225
新制度学派　21, 35, 38, 61, 67-70, 73, 74, 82, 84-86
人的資本理論　13, 26, 29, 31, 36, 41, 175, 179, 182, 235
数量的フレキシビリティ　135
生活水準論争　88, 92
生産共同体　23
政治的シチズンシップ　109, 110
政治的諸権利　104, 105, 109, 145
成人稼ぎ主モデル　107, 112, 119, 187, 229, 238
制度学派　17, 37, 73
制度派経済学　20
世界行動計画　1
世話手当　162, 163
選好理論　3, 9, 209, 218, 219, 221, 224-226
相対的貧困　2, 141
相対的貧困率　121, 129, 133, 242

た 行

待機児童　165
第三次男女雇用機会均等計画　6, 233
第三の道　5, 8, 120, 122, 123, 127, 138, 140, 141, 185, 189, 190, 192-196, 198-206, 237, 243
『第七次家族報告書』　156, 168, 170, 171, 177, 179-182
第二派フェミニズム　11, 45, 85, 190
タイム・バインド　123, 138, 140
多世代の家プロジェクト　160
脱家族化　152, 238
脱家族化指標　62, 147, 148, 151, 152
タックス・クレジット　143
脱商品化　107, 114, 115, 145-150, 152, 164, 238

──の程度　114
脱商品化指標　8, 44, 62, 99, 147, 148, 150-153, 160, 161
多様な働き方　8, 99, 121, 134, 135, 138, 141, 207, 208, 211-213, 218, 234, 236, 237, 240
多様な労働条件　208, 211, 218
男女間賃金格差　2, 31, 215, 216, 227
男女共同参画社会の実現に重要かつ緊急の課題　217
男女雇用機会均等法　1, 9, 205
男女賃金差別　213, 215
男女同一賃金原則　233
男性稼ぎ主家族　93-98
男性稼ぎ主モデル　3, 8, 45, 56, 68, 111, 115, 117, 119, 149, 150, 153, 161, 164, 187-189, 229, 238
チャイルド・トラスト・ファンド　127, 202, 223
抽象的労働　64
抽象的労働論　48-50, 57-59
長期蓄積能力活用型グループ　144, 211, 225
テイラー主義化　122, 140, 141
適応型　218, 221, 222, 224, 225
ドイツにおける家族政策　156, 169, 170
ドイツにおける少子化　170, 171
ドイツの合計特殊出産率　170
同一労働・同一賃金　212, 219
統計的差別　192, 209, 213-216, 227
　　　──の解消　209, 215, 216, 219
統計的差別解消の論理　213
統計的差別に基づく潜在的訓練投資量差仮説　31
統計的差別理論　26
道徳的包摂　243
徒弟制度　95

取り込み　232
取引費用理論　7, 21, 23, 28, 32, 35, 36, 38, 60, 61, 68, 69, 73, 74, 86

な 行

内部労働市場　193, 206
二重システム論　69, 85
日本評価学会　65
ニューライト　122, 123, 125, 126, 141, 165, 243
ニューリベラリズム　198
ニューレイバー　5, 65, 106, 120-123, 126, 127, 130-132, 138, 139, 141-143, 165, 192, 201, 204, 237, 238, 242
ネオ・マルクス学派　68, 69, 71-73

は 行

パートタイム労働指令　234
パパ・クォータ（制）　155, 158, 161, 162, 181, 185, 208, 217, 240, 241
パパ・ママ育休プラス　217, 226
パレート最適　221
犯罪と騒乱に関する法律　128, 203
反社会的行動に関する法律　128, 203
比較生産性原理　20, 41, 46, 67, 98
非正規社員比率　227
一人親世帯　2
一人親の母親（女性）　2, 8, 43, 55, 58, 92, 93, 95-97, 99, 106, 111, 115, 116, 119-123, 132, 133, 138-140, 149, 150, 163, 204, 224, 227, 235, 236, 238, 240
　　　──の就業率　224
批判的実在論　61
貧困緩和予算　52
貧困世帯一時扶助（TANF）　126, 194
ファミリー・フレンドリー・エコノミクス　82, 84

ファミリー・フレンドリー経済学 → ファミリー・フレンドリー・エコノミクス
ファミリー・フレンドリー施策　82, 83
フェミニスト・アプローチ　71, 72
フェミニスト経済学　2-7, 9, 11, 15, 18, 20-22, 28, 29, 32, 38-47, 50, 57, 59-61, 63, 65, 67, 74, 84, 85, 153, 164
フェミニスト新古典派経済学　21, 22, 28, 30-32, 35, 36, 40, 60, 61, 74, 76, 85
フェミニスト政治経済学　40
不完全に合理的でいくぶん経済人（IRSEPs）　70, 85
不寛容な契約　196
福祉依存者　43, 61, 149
福祉国家　115
　——の契約主義化　118
　——の縮減　2, 4, 54, 102, 103, 105, 108, 115, 164, 193, 227, 229, 233
　——の主流化　129
　——の動態化　8, 153-155, 161, 164, 241
　——の変容　4, 36, 42, 62, 102, 103, 120, 122, 123, 140, 141, 162, 185, 187, 189, 204, 207, 218, 224, 237, 243
　——の類型化　151, 164
福祉国家動態論　146, 160
福祉国家類型論　8, 44, 99, 145, 146, 149
福祉国家レジーム論　54
福祉の契約主義　99, 115, 116, 119, 120, 122, 123, 138, 141, 142, 165, 189, 190, 193-196, 198-201, 204, 224, 225, 227, 237, 238
福祉の契約主義化　99, 103, 106, 108, 115, 151, 162, 164, 207, 230, 232
福祉の混合経済　101
父性レジーム論　241
扶養家族　43
フレキシブルな働き方　135

プロ・ファミリー運動　83
北京世界女性会議　1, 5, 6, 14, 51, 227
『ベバリッジ報告』　123, 194
保育所サミット　160
保育タックス・クレジット　56, 57
保育の市場化　5, 132, 243
保育の社会化　65, 243
保育の準市場化　10, 243
方法論的個人主義　27-29, 31, 32, 61, 85, 221, 223, 224
保険連合　23
母子家庭の母及び父子家庭の父の就業支援に関する特別措置法　205
保守主義的福祉国家　147
保障賃金差モデル　32
ホーム・エコノミクス　14

ま　行

マルクス・ルネサンス　11, 45, 63
無業者　105, 118
無償経済　53
無償のケア労働　51, 53, 58, 76, 236
無償労働　2, 4, 7, 14, 15, 17, 18, 20, 41, 46, 51, 58, 59, 63, 67, 106, 113, 146, 149, 162, 178, 208
　——の可視化　11, 49, 58
　——の算定　14, 63
　——の市場化　46, 178
　——の社会化　47, 179
　——の二分化　48
　——の発見　11, 43, 45, 47, 49, 60
　——の評価　47, 117
　——の分析　43
目的的選択　69-71, 73

や　行

有給の出産休暇　9, 134, 138, 231, 234,

239, 240
有償経済　51, 53
要扶養児童世帯扶助（ADC）　126, 194
予言の自己成就　214-216
横浜方式　65, 165, 243

ら　行

ラッダイト　231, 243
リベラル・フェミニスト　188
リベラル・フェミニズム　62, 69, 190
両親在宅育児手当　222
両性稼ぎ主モデル　174
レトリカル・エコノミクス　61
連邦育児手当法　158
労働基準法　9
　——改正　2, 10
労働規律　134, 136, 137, 140-142, 231
労働市場改革　209, 211-213
労働市場のフレキシビリティ　102
労働市場の分断化　26, 27, 111, 219-221
労働市場分断化論　3, 75, 221
労働者憲章　6, 233
労働者の基本的権利のためのコミュニティ・チャーター　202
労働者派遣法　9, 205
　——改正　2, 9
労働による包摂　243
労働の三分法　241
労働の二分法　240
労働のフレキシビリティ　8-10, 99, 122, 123, 133-138, 140, 141, 168, 229, 236,

241, 242
労働力の女性化　10, 48-50, 58, 187, 204, 205
ロバート・ボッシュ財団　8, 168, 171, 179, 181

わ　行

ワーク・ファミリー・バランス（WFB）　209, 210, 230, 234, 242, 243
ワーク・ファミリー・バランス（WFB）政策　6, 102, 209, 229, 232-237, 240, 242
ワーク・ファミリー・フレンドリー　209, 226
ワークフェア　122, 123, 126, 128, 129, 132, 133, 139, 141
ワークフェア政策　56, 99, 106, 119, 120, 123, 127, 138-140, 163, 188, 197, 202, 204, 238
ワーク・ライフ・バランス（WLB）　106, 112, 115, 116, 135-137, 160, 185, 210, 213, 215, 230, 232, 241-243
ワーク・ライフ・バランス憲章　83, 207-210
ワーク・ライフ・バランス（WLB）政策　4, 8, 9, 25, 36, 38, 83, 102, 121, 134, 138, 140, 141, 144, 157, 161, 168, 169, 180, 185, 192, 207-209, 211, 212, 214, 215, 217, 218, 224-226, 229-232, 234, 236-240, 242

―――――――
人　名
―――――――

あ　行

青木昌彦　10

足立真理子　60
アトキンソン，アンソニー・B.（Anthony

索　引

B. Atkinson)　165
生垣琴絵　7, 14, 17, 37
池本美香　219
イングランド，ポーラ（Paula England）　61, 70
ウィリアムソン，オリバー・E.（Oliver Williamson）　73
ヴィンセント，デイヴィド・B.（David B. Vincent）　90
上野千鶴子　63
ヴェブレン，ソースタイン（Thorstein Veblen）　17, 20, 37
ウォーリング，マリリン（Marilyn Waring）　16, 63
宇沢弘文　206
ウルストンクラフト，メアリ（Mary Wollstonecraft）　188
エイゼンシュテイン，ヘスター（Hester Eisenstein）　191, 192
エヴァリンハム，クリスティーン（Christine Everingham）　9, 136, 137, 140, 144, 232, 242
エスピン-アンデルセン，イエスタ（Gøsta Esping-Andersen）　8, 44, 62, 99, 114, 145-153, 160, 161, 163-165, 203
衛藤幹子　62
エントフォーフェン，アラン（Alain Entforfen）　206
大石亜希子　24, 205, 210
大山博　206
奥野正寛　10
オコナー，ジェーン（Jane O'Connor）　152
オズボーン，ジョージ（George Osborne）　223
オトゥ，ヌスバウム（Nussbaum Ott）　23, 29, 30, 35, 61, 76
オルロフ，アン・S.（Ann S. Orloff）　112, 152

か行

カーク，ヘーゼル（Hazel Kyrk）　7, 11, 13, 15-17, 19, 20, 36, 37, 40, 67
ガーディナー，ジーン（Jean Gardiner）　47, 101
神尾真知子　182
キースター，リサ・A.（Lisa A. Keister）　104
ギデンズ，アンソニー（Anthony Giddens）　143, 201, 226, 227, 242
木本喜美子　76, 86, 87
キャンベル，メアリー（Mary Campbell）　102, 168, 180, 236
キング，デスモンド（Desmond King）　196-198, 200, 201
グスタフソン，シフ（Siv Gustafsson）　28-30, 40, 61, 76
クズネッツ，サイモン（Simon Kuznets）　16
久場嬉子　10, 60
クリントン，ビル（Bill Clinton）　83, 125, 194
グレナスター，ハワード（Howard Glennerster）　193
ケインズ，ジョン・M.（John M. Keynes）　123
ケスラー-ハリス，アリス（Alica Kessler-Harris）　102, 103, 108-110, 112-116
権丈英子　219, 224
コース，ロナルド・H.（Ronald H. Coase）　73
ゴードン，リンダ（Linda Gordon）　42, 43, 61

小林正弥　62
駒村康平　5
コモンズ，ジョン・R.（John R. Commons）
　　73
コリンズ，ヒュー（Hugh Collins）　9,
　　134, 138, 143, 144, 185, 230, 231, 234,
　　238-240, 242

さ 行

斎藤修　98
サッチャー，マーガレット・H.（Margaret
　　H. Thatcher）　164
佐藤博樹　226
シグノー，アレッサンドロ（Alessandro
　　Cigno）　36
下夷美幸　65
シュクラー，ジュディス・N.（Judith N.
　　Shklar）　111
シュミット，レナーテ（Renate Schmidt）
　　156, 168, 170, 182
シュルツ，セオドア・W.（Theodore W.
　　Suhultz）　7, 11, 13, 15, 18, 20, 21, 36,
　　37, 40, 43, 67
ジョーンズ，マーガレット（Margaret
　　Jones）　126
スコット，ジョーン・W.（Joan W. Scott）
　　16, 37
スティードマン，イアン（Ian Steedman）
　　58
ストラスマン，ダイアナ（Diana Strass-
　　mann）　39
ストラティガキ，マリア（Maria Stratega-
　　ki）　232
スミス，アダム（Adam Smith）　17
スミス，ジョン（John Smith）　194
セインズベリー，ダイアン（Diane Sains-
　　bury）　45, 54, 153

セン，アマルティア（Amartya Sen）
　　38, 60, 61, 68

た 行

高木剛　225
竹中恵美子　3, 10, 43, 60, 63
田中洋子　181, 182
テイラー・グービー，ピーター（Peter
　　Taylor-Gooby）　101
デイリー，メアリー（Mary Daly）　8,
　　54, 146, 153-155, 160, 161
トゥルチンスキー，アイリーン（Eileen
　　Trzcinski）　83, 84
トーニー，リチャード・H.（Richard H.
　　Tawney）　198, 201
トムスン，エドワード・P.（Edward P.
　　Thompson）　81, 134, 136, 230, 231,
　　238, 240, 242

な 行

永瀬伸子　31, 32
中田善文　31
ナーディネリ，クラーク（Clark Nardine-
　　lli）　88, 89
西沢保　206
ネグリ，アントニオ（Antonio Negri）
　　10

は 行

ハーヴェイ，デヴィッド（David Harvey）
　　41
ハキム，キャサリン（Catherine Hakim）
　　9, 209, 218-226
萩原久美子　218, 227
パーソンズ，タルコット（Talcott Par-
　　sons）　94
ハート，マイケル（Michael Hardt）　10

索 引

ハートマン，ハイジ（Heidi Hartmann）
    62, 76, 77, 86
バーネット，ジョン（John Burnet）　90
原伸子　60
バーンバウム，ボニー・G.（Bonnie G. Birnbaum）　18, 37
ハンフリーズ，ジェーン（Jane Humphries）　3, 4, 7, 8, 28, 32, 34, 38, 61-63, 67, 68, 74-80, 82, 84-87
樋口美雄　213, 225
ヒメルワイト，スーザン（Suzan Himmelweit）　7, 45, 47-50, 53, 57, 58, 65
ファーバー，マリアンヌ・A.（Marianne A. Ferber）　18, 37
フィールド，フランク（Frank Field）　143
フォリー，ダンカン・K.（Dancan K. Foley）　64
フォルブレ，ナンシー（Nancy Folbre）　7, 14, 15, 21, 38, 61, 67-74, 85
フォン・デア・ライエン，ウルズラ（Ursula G. von der Leyen）　156, 160, 165, 169, 170, 182
藤原千沙　10
ブスマン，エリザベス（Erizabeth Bußmann）　158, 181
ブッシュ，ジョージ・H. W.（George H. W. Bush）　83
ブラウン，ジェームス・ゴードン（James Gordon Brown）　241
フリードランド，マーク（Mark Freedland）　196-198, 200, 201
ブレア，トニー（Tony Blair）　120, 127, 128, 142, 192, 194, 199
フレイザー，ナンシー（Nancy Fraser）　42, 43, 61, 85, 190-192, 205
ペイトマン，キャロル（Carole Pateman）　44, 187, 188, 204
ペイン，トーマス（Thomas Paine）　103, 104
ベッカー，ゲーリー（Gary Becker）　7, 11, 13, 15, 18-26, 28-31, 33, 36-38, 40, 43, 67, 169, 214, 221
ベバリッジ，ウィリアム・H.（William H. Beveridge）　101, 117, 242
ベルトラム，ハンス（Hans Bertram）　169, 171, 182
ベン-ポラス，ヨラム（Yoram Ben-Porath）　23
ホイト，エリザベス（Elizabeth Hoyt）　7, 11, 13, 15-17, 19, 20, 40
ポーコック，バーバラ（Babara Pocock）　140, 243
ホックシールド，アーリー・R.（Arlie R. Hochschild）　139, 142, 144
ホブソン，ジョン（John Hobson）　198, 201
ホブソン，バーバラ（Barbara Hobson）　112, 153, 196, 207
ホブハウス，レオナルド・T.（Leonard T. Hobhouse）　198, 199, 201
ポラチェク，ソロモン・W.（Solomon W. Polachek）　26, 27
ポラック，ロバート・A.（Robert A. Pollak）　61
ポランニー，カール（Karl Polanyi）　146, 147, 149, 164
ホワイト，スチュアート（Stuart White）　102-106, 108, 113, 115, 127, 164, 196, 198-201, 204
本田一成　137, 227

ま　行

マクレイト，エレイン（Elaine McCrate）

283

70
マーシャル, アルフレッド (Alfred Marshall) 117
マーシャル, トマス・H. (Thomas H. Marshall) 8, 44, 99, 103-106, 110, 112-114, 116, 117, 145, 147, 164, 201
マルクス, カール (Karl Marx) 4, 49, 62, 85, 146, 164
マレー, チャールズ (Charles Murray) 124-126, 143, 149, 165
御手洗富士夫 225
ミード, ローレンス (Lawrence Mead) 125, 126, 165
宮本太郎 189, 205
ミュッケンベルガー, ウルリヒ (Urillich Mückenberger) 157, 161, 169, 170, 177
ミリバント, エドワード (Edward Milliband) 143
ミル, ジョン・スチュアート (John Stuart Mill) 17, 69
ミンサー, ジェイコブ (Jacob Mincer) 7, 11, 13, 36, 40, 43, 67
村松安子 64
メルケル, アンゲラ・D. (Angela D. Merkel) 170, 182
モハン, サイモン (Simon Mohun) 48, 49, 57, 58

や 行

八代尚宏 211-213, 216, 227
山口一男 213-216, 219, 226, 227
山田和代 10
山森亮 60

ら 行

ラスキ, ハロルド・J. (Harold J. Laski) 198
ラスキン, ジョン (John Ruskin) 17, 19, 20, 37
ラスボーン, エレノア (Eleanoa Rathbone) 117
ラスレット, ピーター (Peter Laslett) 94
リスター, ルース (Ruth Lister) 143, 203
リッジ, テス (Tess Ridge) 139, 142
リード, マーガレット・G. (Margaret G. Reid) 7, 11, 13-20, 36, 37, 40
リネル, マグヌス (Magnus Ryner) 205
ルイス, ジェーン (Jane Lewis) 8, 45, 54, 102, 107, 114, 116, 146, 151, 153-155, 160, 161, 168, 180, 188, 189, 206, 223, 233, 236, 238
ルグラン, ジュリアン (Julian Le Grand) 5, 193
ルービン, イサーク・イリイチ (Исаак Ильич Рубин) 48, 49, 57, 64
ルベリ, ジル (Jill Rubery) 3, 4, 6, 7, 10, 28, 38, 55, 61, 65, 67, 68, 74, 75, 78, 79, 81, 84, 86, 98, 137
レヴィタス, ルース (Ruth Levitas) 243
レーガン, ロナルド・W. (Ronald W. Reagan) 164
ロウ, ロドニー (Rodney Lowe) 126
ロセン, オサ (Åsa Rosén) 29-31, 61, 76

わ 行

ワグナー, ロバート (Robert Wagner) 110

〈著者紹介〉

原　伸子（はら　のぶこ）

九州大学大学院経済学研究科博士課程単位取得退学
現在, 法政大学経済学部教授, 大原社会問題研究所所長（2012〜15 年度）
主要著書に,『資本論体系第 1 巻』（共著, 有斐閣, 2000 年),『現代経済と経済学 (新版)』（共著, 有斐閣, 2007 年),『市場とジェンダー——理論・実証・文化』（共編著, 法政大学出版局, 2005 年),『福祉国家と家族』（共編著, 法政大学出版局, 2012 年),『現代社会と子どもの貧困——福祉・労働の視点から』（共編著, 大月書店, 2015 年) など。

訳書に, A. Ю. チェプレンコ著『現代『資本論』論争——イギリス・西ドイツ・日本』（共訳, 大月書店, 1989 年), ダンカン・K. フォーリー著『資本論を理解する』（共訳, 法政大学出版局, 1990 年), K. マルクス著『資本論草稿集 9』（共訳, 大月書店, 1994 年), スティーブ・フリートウッド著『ハイエクのポリティカル・エコノミー——秩序の社会経済学』（共訳, 法政大学出版局, 2006 年) など。

ジェンダーの政治経済学──福祉国家・市場・家族
The Political Economy of Gender: Welfare State, Market and Family

2016 年 2 月 25 日　初版第 1 刷発行

著　者　　原　　伸　子

発行者　　江　草　貞　治

発行所　　株式会社　有　斐　閣

郵便番号 101-0051
東京都千代田区神田神保町 2-17
電話　(03)3264-1315〔編集〕
　　　(03)3265-6811〔営業〕
http://www.yuhikaku.co.jp/

制作・株式会社有斐閣アカデミア
印刷・株式会社三陽社／製本・大口製本印刷株式会社
Ⓒ 2016, Nobuko Hara.
Printed in Japan
落丁・乱丁本はお取替えいたします。

★定価はカバーに表示してあります。
ISBN 978-4-641-17401-6

JCOPY　本書の無断複写（コピー）は, 著作権法上での例外を除き, 禁じられています。複写される場合は, そのつど事前に, (社)出版者著作権管理機構（電話03-3513-6969, FAX03-3513-6979, e-mail:info@jcopy.or.jp）の許諾を得てください。